U0929143

关于朝辉（私募）投资管理机构

朝辉（私募）投资管理机构由国内顶级操盘大师伍朝辉先生于1999年在广州发起创立，是一个纯民间私募投资理财组织。朝辉（私募）投资管理机构主要为内部会员提供个性化投资决策、全权委托理财服务，并由伍朝辉先生直接负责指挥操盘。

机构自创立以来，与国内多家证券公司、投资机构均有不同深度的合作，如广发证券、中投证券、联合证券、湘财证券、大鹏证券、光大证券等；近10年来，组织大量资金跟进每波主流行情，内部会员获利极为丰厚。仅2005年以来，内部钻石会员的平均收益率达到468%！白金会员的平均收益率达到300%以上！普通会员平均收益率达到190%以上（普通会员以随机调查取样统计结果）。以2006年12月11日入会的钻石会员邓先生为例：入市资金为132万元，截止2007年12月，资产总额已经达到1595万元，收益率超过10倍！

朝辉（私募）投资管理机构经过10多年的发展，由最初仅1800万元启动资金5个钻石会员客户，到如今，已经拥有200亿以上资金总量，并在全国20个省80多个城市100余家证券公司拥有会员交易账户，从而成为华南地区特大型民间私募组织之一。

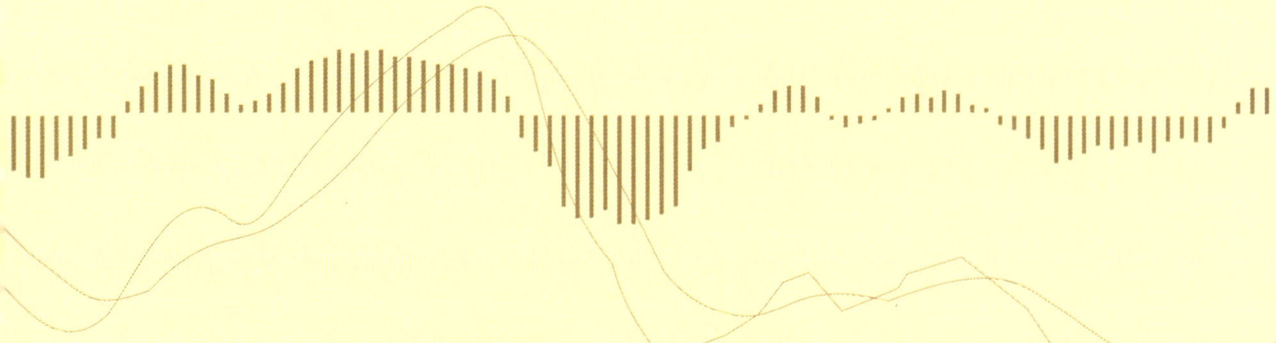

特大型私募机构职业操盘手培训教程

《中国证券职业操盘培训教程》系列丛书

道破选股天机

伍朝辉 著

彩图版

（上册）

必将为你带来终生财富的工具书

广东省出版集团
广东经济出版社
·广州·

图书在版编目（CIP）数据

道破选股天机：彩图版．上册／伍朝辉著．—广州：广东经济出版社，2013.6

（《中国证券职业操盘培训教程》系列丛书）

ISBN 978－7－5454－2305－1

Ⅰ．①道…　Ⅱ．①伍…　Ⅲ．①股票投资—基本知识　Ⅳ．①F830.91

中国版本图书馆 CIP 数据核字（2013）第 106397 号

出版发行	广东经济出版社（广州市环市东路水荫路 11 号 11～12 楼）
经销	全国新华书店
印刷	佛山市浩文彩色印刷有限公司（南海狮山科技工业园 A 区）
开本	787 毫米×1092 毫米　1/16
印张	16.5　2 插页
字数	293 000 字
版次	2013 年 6 月第 1 版
印次	2013 年 6 月第 1 次
印数	1～10 000 册
书号	ISBN 978－7－5454－2305－1
定价	88.00 元

如发现印装质量问题，影响阅读，请与承印厂联系调换。

发行部地址：广州市环市东路水荫路 11 号 11 楼

电话：(020) 38306055　38306107　邮政编码：510075

邮购地址：广州市环市东路水荫路 11 号 11 楼

电话：(020) 37601950　营销网址：http://www.gebook.com

广东经济出版社新浪官方微博：http://e.weibo.com/gebook

广东经济出版社常年法律顾问：何剑桥律师

《中国证券职业操盘培训教程》策划手记

《中国证券职业操盘培训教程》系列丛书是我国第一套以证券职业操盘技术为基础、以提高普通投资者投资技能为手段、以规避投资风险为要领、以创造神奇绩效为目的的系统性专业化培训教材。它将开创我国首次将证券职业操盘技术作为一门学科进行理论化研究应用的先例。《中国证券职业操盘培训教程》全套教材设想共分为10大系列80分册，合计超过1680余万字数，超过18880幅股票实战图谱，全部按照职业化、系统化、细节化、工具化和模块化的思路来架构，并本着简洁明了、通俗易懂的行文方式来写作。力求做到简明实用、针对性强，以便对投资者有切实的帮助，进而达到职业操盘手的专业水准。

一、《中国证券职业操盘培训教程》系列丛书的显著特色

本套教材具有系统化、模块化、工具化、细节化和职业化等特色。所谓系统化，是指教材根据股市投资操盘技术的各个方面进行系统化分类展开创作和出版。所谓模块化，是指教材的行文格式全面采用图文结构的模块思路。所谓工具化，是指教材的用途力求做到成为中小投资者的操盘技术指导工具。所谓细节化，是指教材根据系统化分类原则，对各个操盘技术分别进行细节性描述，力求精练易懂易学实用。所谓职业化，是指教材突出职业化培训特色，打造职业化投资者队伍，培养投资者的职业素质。

二、《中国证券职业操盘培训教程》系列丛书的发展目标

我们策划出版这套丛书，希望能够成为我国第一套基于中小投资者职业技能与素质教育的培训教材。希望能够获得政府机关、监管部门、行业机构和广大中小投资者一致认可。希望能够成为机构投资者首选职业技能培训教材。而且希望能够争取发行量达到 100 万套以上。这是我们的追求，这是我们的宏愿，希望能够得到广大朋友们的鼎力支持。

三、《中国证券职业操盘培训教程》系列丛书的出版计划

《中国证券职业操盘培训教程》系列丛书全套教材共 80 册，每册约 20 万字和 240 幅实战图谱，总字数为 1600 万，共 19320 幅图谱左右。本教材计划分为 10 辑，第 1 辑为入门知识篇，共 12 册，计划于 2012 年 12 月创作完毕并交稿，并于 2013 年 12 月出版完毕。以后每年出版一批，力争在 10 年内完成所有工作。

四、《中国证券职业操盘培训教程》系列丛书的写作规划

《中国证券职业操盘培训教程》系列丛书规模宏大，册数众多，按照规划，将首先出版最基础的入门教程，分别涵盖盘口技术、短线技术、涨停技术、趋势技术、K 线技术和选股技术几个方面，这部分内容是最重要的基础知识，将在《道破股市天机》系列丛书的基础上修订，并于 2013 年完成所有工作。这是第一辑。接下来，还将出版的教材详细计划参见下边的表格所示，这里列举一个例子，供大家参考。例如盘口波形就包括以下内容：

序号	核心教程	内容方案
第 1 册	试盘波	技术理论、图谱讲解、实战案例
第 2 册	冲击波	技术理论、图谱讲解、实战案例
第 3 册	攻击波	技术理论、图谱讲解、实战案例
第 4 册	回头波	技术理论、图谱讲解、实战案例
第 5 册	脉冲波	技术理论、图谱讲解、实战案例
第 6 册	蚯蚓波	技术理论、图谱讲解、实战案例
第 7 册	震仓波	技术理论、图谱讲解、实战案例
第 8 册	假升波	技术理论、图谱讲解、实战案例
第 9 册	瀑布波	技术理论、图谱讲解、实战案例
第 10 册	跌停波	技术理论、图谱讲解、实战案例

等等，因为内容众多，限于篇幅，不作一一列举，敬请谅解。

《中国证券职业操盘培训教程》系列丛书全套教材通过模块化、工具化、细节化、职业化和系统化的教学程序，让所有的读者得到更全面的指导和更加系统化的职业教育。

《中国证券职业操盘培训教程》系列丛书作为操盘学研究会在新的市场背景下对中国股市作出的重要贡献，同时，也是为我们的机构即将到来的阳光化建立良好的品牌形象。

《中国证券职业操盘培训教程》系列丛书将由操盘学研究会管理人伍朝辉先生授权广东经济出版社独家出版发行，是广东经济出版社在中国证券市场新的发展时期的经典之作。《中国证券职业操盘培训教程》系列丛书既是对中国证券界的杰出奉献，更是里程碑之作。它将标志着我国股民在接受职业化、专业化、系统化投资教育方面步入了一个崭新的时期。因为这套教材的出版问世，将极大地提高普通投资者在中国股市的实战投资技能和抗风险能力，这对我国股市任重道远的风险投资教育而言，起到了一个巨大的推动作用。

各位读者在学习和使用《中国证券职业操盘培训教程》系列丛书的过程中，如果遇到什么问题，可以联系操盘学院有关人员，寻求援助。读者交流园地 QQ 群号码是 114991640，业务邮箱是 caopanxue@ qq. com。

《道破选股天机》彩图版上册前言

为什么说“选股决定成败”？因为“选股”是在股市投资环节中最重要的组成部分，也是最核心最关键的一环！绝大部分股民之所以炒股失败，主要原因就出在“选股不对”的问题上。股市里有一句话，叫“会买的是徒弟，会卖的是师傅”。笔者对这句话不敢苟同。通过多年来在股市里打拼，及所见所闻，笔者总结一条心得就是：会买会卖才是师傅，会买不会卖则是徒弟，会卖不会买仅仅刚入门！为什么会这样讲？原因很简单。会买，说明投资者已经能够精选目标品种，制订正确的投资策略。会卖，说明已经能够坚守投资原则，正确把握股价的技术价值，在合理的盈利目标预期基础上抛出持仓品种。而这一动作，只有成熟的投资人才能做得到。能做到既会买，又会卖者，当然是当之无愧的师傅了。

选股，其实大有学问！为什么有些人一买就会涨？而很多人一买就会跌？其核心问题的症结并不是出在前者掌握了重要的内部消息，而是因为前者在“选股”这方面下了巨大的心血和工夫！那么，选股，应该怎么选？究竟如何选才能成功？才能做到事半功倍？这就是本书所要说的详细内容。

本书的最大特点乃在于适合各种投资策略和投资原则的职业投资者或非职业投资者阅读、借鉴和学习。因为，本书将从即时盘口选股来捕捉股价的异动，从而出击短线或中线波段行情；通过二十强选股法则和技术指标选股，可以及时捕捉刚刚启动或正在上升通道中的目标品种，从而把握最好的操盘时机，获取巨大收益；而通过基金持仓组合选股策略，可以在阶段低点发现价值投资机会，提前入场布局，是较大资金的投资者与主力共舞的不二法宝。

前面开头第一段文字就讲过，选股，是股市投资环节中最重要的组成部分，也是最核心最关键的一环！这段话之所以要这样讲，是因为选股跟打仗一样，是捕捉战机最重要的一个技术环节，脱离了这个环节，所有的炒股技术就无从谈起。可以这样说，选股决定成败！这是铁定的事实，也是股市投资格言！

传统意义上关于选股的技术书籍很多，大部分说法均较一致，无非就是分为“技术面和基本面”两大部分。这其实是泛泛而谈！并没有讲到选股真正要从哪些方面去下工夫，并且如何用最简单最快速最有效的手段来完成“选股”这项复杂而伟大的工作。

为什么这个世界上只有一个“巴菲特”？是因为巴菲特有他自己独特的投资原则。为什么这个世界上只有一个“江恩”？是因为江恩经过长期的磨炼后形成了自己一套独特投资技术系统。他们都是成功者！他们的成功乃在于通过自己的投资技术和策略，敏锐地捕捉到投资的战机，迅速果敢出击，获取了最大的投资收益。因此，本书既适合中长线价值型投资者阅读，更适合短线技术型投资者借鉴学习。长期练习，坚持原则，必然会获得巨大的成功！

在学习和使用本书的过程中，如果遇到什么问题，可以联系操盘学院，寻求援助。操盘学院在新浪设有学习交流博客，网址是：http：//blog. sina. com. cn/aice-hua，另外还设有读者交流园地 QQ 群，号码是 114991640，业务邮箱是 caopanxue @ qq. com。

目　录

第一章

职业选股模型

所谓工欲善其事，必先利其器。普通投资者与职业投资者之间的重大区别，在于对同一市场采取不同的角度来观察问题。普通投资者总是在纷纭的市场中无法看清市场的真相。而职业投资者总是采用最简单最有效的方法迅速发现市场的内在本质，从而捕捉最佳的投资机会。职业化选股模型就是其中的标志之一。本章的学习要点主要有以下几个方面：

一、对沪深 A 股市场进行合理化分类

二、如何设置选股盘口模块

三、如何设置盘口跟踪模块

四、职业选股模型的技术性分类

第一节　职业选股模型核心要领

一、对沪深 A 股市场进行合理化分类

在常规交易软件设计中，绝大部分选股软件均对目前股市的股票品种作了大范围标准化规范化的分类，以方便投资者及时跟踪盘面交易动态的变化情况。尽管如此，大而全的设计模式仍未能达到专业化选股的方便与科学境界。所谓方便与科学，即是指尽量减少市场交易信号的多变性，及超级大盘股挟持指数的误区，准确地且更精确地发现和判断市场真实的交易动态，捕捉最佳的投资机会！这段话的解释还是有些不尽如人意，可能很多人有“摸不着北”的感觉。我们来对市场进行新一轮合理化分类，读者就会迅速明白其中的意思了。我们将沪深 A 股市场 2400 多只股票（截至 2013 年 5 月 1 日）根据其流通盘的大小，进行机动性分类，一共分为三个大类的品种，具体如下：

第一类，大盘股。指流通盘在 10 亿股以上的品种。

第二类，中盘股。指流通盘在 1 亿股以上 10 亿股以下的品种。

第三类，小盘股。指流通盘在 1 亿股以下的品种。

通过上述这三个分类，我们发现当前市场的主体板块是 10 亿股以下 1 亿股以上的中盘股。我们知道，市场主体在哪里，机会也将出现在哪里。在这三个分类中，经常能够获得操作机会的自然属于中盘股板块和小盘股板块。传统的交易软件分类设计中，由于没有对各个流通盘规模的分类进行区别，因此容易混淆投资者的分析和判断。

经过上述分类之后，我们还会发现，大盘股虽然数量不多，但其流通市值规模最大，因而容易影响大盘指数的运行方向。而中盘股和小盘股虽然在数量上占主体，但由于流通市值规模较小，影响大盘指数能力则相对较弱。尤其是小盘股板块，根本无法影响大盘指数的运行趋势。基于这个分析，我们也发现，当前所依据的大盘指数其实已经不能真实地反映市场内在的交易动态变化与市场趋势方向。因此，上证指数与深证成份指数其实已经是在一种失真的状态下运行。普通投资者和一些所谓的分析师们盲目对这种已经失去真实性的大盘指数进行趋势判断和投资策略制定，其实是一种非常可笑的幼稚行为。而最好的明智做法是，分别将大盘股、中盘股和小盘股设置成三个大盘指数，从而可以确保各大板块市场运行的真实趋势。也可以确保投资者基于这三个大盘指数制定正确的投资策略。

值得指出的是，为了保证上述分类的质量与真实性，因此必须运用严格的筛选程序，以体现机动灵活的特性。具体有以下几点，应引起大家的注意：

●严格剔除 ST 和停牌退市的品种，这是为了保证分类板块品种的质量，为减少选股误区而做的前期筛选工作。

●由于大小非解禁后，将会导致流通盘规模发生变化，必须经常调整因流通盘规模增大后的分类，以保证各板块的真实度。

●当 ST 获得摘帽之后，应随时将其纳入相应分类板块之中。而一旦各分类板块中出现新的 ST，则应及时剔除出该板块。

●新股上市之日，根据其流通盘规模的大小，应及时将其纳入相应板块之中。

下边就如何设计流通盘大小看盘版面做一个比较详细的图解。

【道破选股天机】实训图谱 001

系统 功能 深度 报价 分析 全球 教具 宏观 资讯 工具 帮助

行情报价 | 资金驱动 | 资金博弈 | DDE排名 | 多空阵线 | SUP统… | …告 | 预测评级 | 机构研究

工具菜单：辅助区 / 功能树 / 工具栏 / 状态栏 / 滚动资讯栏 / 盯盘精灵 / 最前端显示 / 画线工具 Alt+F12 / 显隐行情信息 Ctrl+L / 显隐图形标识 / 自动换页 / 监控剪贴板 / 测量距离 33 / 屏幕截图 35 / 股票组合计算 / 所属板块 Ctrl+R / 重仓持股基金 36 / 上市公司网站 37 / 标记当前证券 / 加入到自选股 Alt+Z / 加入到板块股 Ctrl+Z / 从板块中删除 Alt+D / 用户板块设置 / 系统设置 Ctrl+D

第1步

第2步

	代码	名称		涨幅%	振幅%	量比	买入价				涨速%	换手%
1	600519	贵州茅台	R	0.09	1.11	0.56	163.5				0.03	0.21
2	600436	片仔癀	R	-1.18	2.78	0.74	117.9				0.09	0.44
3	000661	长春高新		-1.60	4.01	0.71	82.3				-0.36	1.53
4	000538	云南白药	R	-1.43	4.01	1.18	80.8				-0.76	0.29
5	300347	泰格医药		-1.54	3.66	0.83	78.7				-0.35	6.68
6	300288	朗玛信息⑤		-3.19	3.76	0.82	76.9				-0.05	4.82
7	002310	东方园林		[illegible]	4.46	0.74	75.1				0.00	1.79
8	000895	双汇发展	R	-5.71	6.62	2.88	72.6				0.12	1.21
9	002353	杰瑞股份⑤		-1.52	3.42	0.97	71.4				-0.13	0.73
10	300291	华录百纳		1.93	3.41	0.74	71.3				0.00	1.92
11	002456	欧菲光		-1.19	7.40	1.18	70.4				-0.55	6.24
12	002635	安洁科技		-0.70	5.77	0.98	68.5				0.02	1.98
13	600315	上海家化	R	-1.48	4.24	1.36	67.3				0.28	0.48
14	002236	大华股份	R	1.84	6.60	1.48	66.3				-0.15	1.22
15	600535	天士力	R	-1.84	2.91	1.12	65.7				-0.22	0.70
16	002422	科伦药业	R	0.02	3.91	0.94	61.1				-0.01	0.39
17	002304	洋河股份③	R	-0.25	2.30	0.48	61.0				0.06	0.58
18	002672	东江环保		-2.46	4.26	1.41	59.9				0.00	5.98
19	002038	双鹭药业	R	0.89	3.75	1.40	56.1				0.71	1.35
20	300346	南大光电		-1.89	6.08	1.23	[illegible]				0.00	3.77
21	300343	联创节能⑤		-0.52	2.17	0.54	53.5				-0.03	3.53
22	300228	富瑞特装		-2.00	7.25	1.20	53.1				0.60	4.20
23	300070	碧水源	R	-2.82	2.95	1.28	50.00	50.10	33174	573	0.20	1.30
24	000423	东阿阿胶	R	-0.70	2.20	0.72	49.58	49.60	45862	195	-0.18	0.70
25	002294	信立泰		-1.32	3.92	0.79	48.57	48.60	15263	124	0.00	0.80
26	000049	德赛电池		-3.06	6.02	1.24	48.12	48.18	34771	157	-0.65	2.54
27	600259	广晟有色	R	-1.20	3.09	0.69	47.88	47.90	23757	29	-0.04	0.95
28	300204	舒泰神		0.47	1.89	0.66	47.38	47.39	5724	67	0.00	1.64

常规▲ | 分类▲ | 资金模型▲ | 个股拉升 | 板块吸筹 | 板块拉升 | 即时决策 | 先锋模型 | 决策信号 | A股 | 中小 | 创业 | B股 | 基

图例 001　设计流通盘大小看盘版面第 1 环节

操作步骤解说如下：

（1）点击顶栏上的【工具】菜单。

（2）出现下拉条，找到【用户板块设置】子菜单。

（3）点击一下，即可进行用户板块设置。

【道破选股天机】实训图谱 002

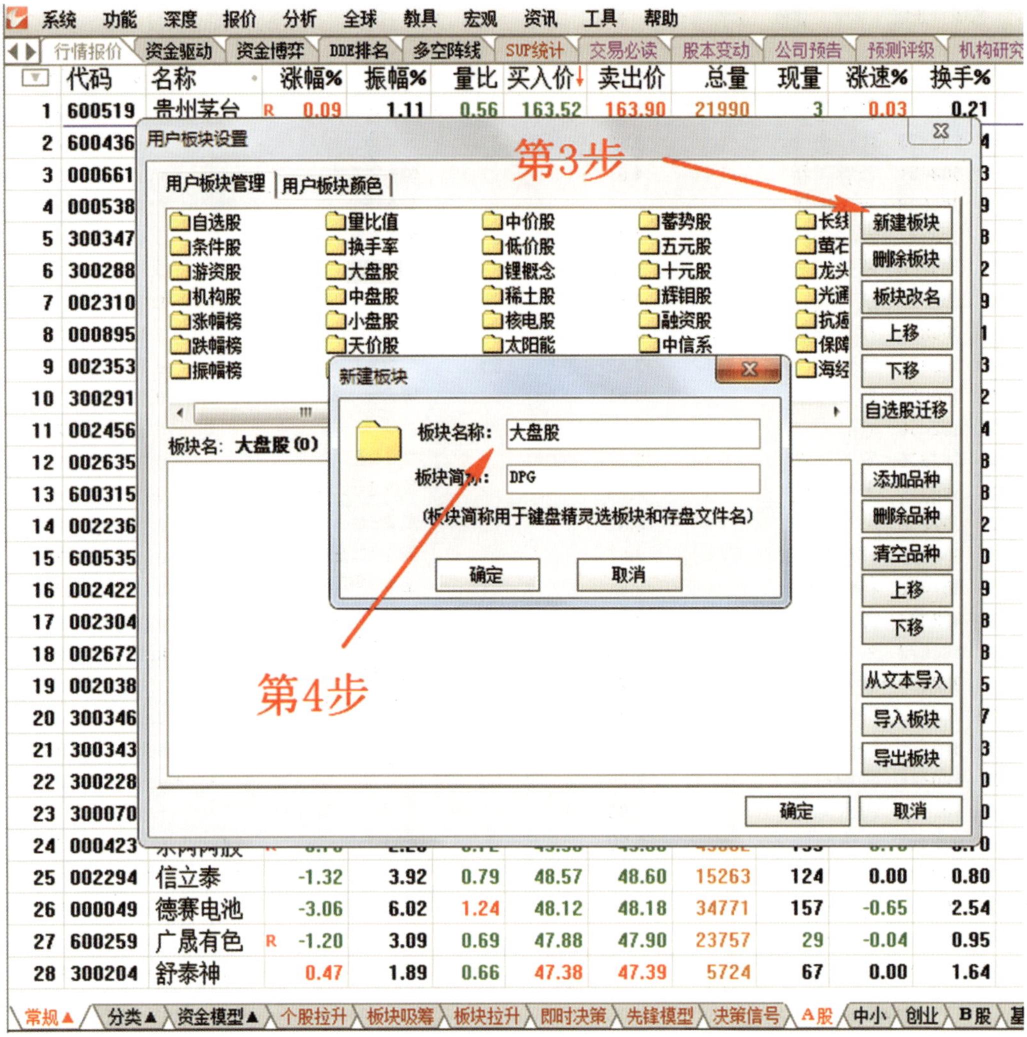

图例 002 设计流通盘大小看盘版面第 2 环节

操作步骤解说如下：

（1）点击【用户板块设置】子菜单，出现弹窗，如图例 002 所示。

（2）找到右边顶上【新建板块】按钮，点击一下，再跳出弹窗。

（3）在弹窗【板块名称】后边的空白条里，填写大盘股字样。

（4）点击【确定】，即可完成设置。

（5）中盘股、小盘股的自定义方式，与此相同。

【道破选股天机】实训图谱 003

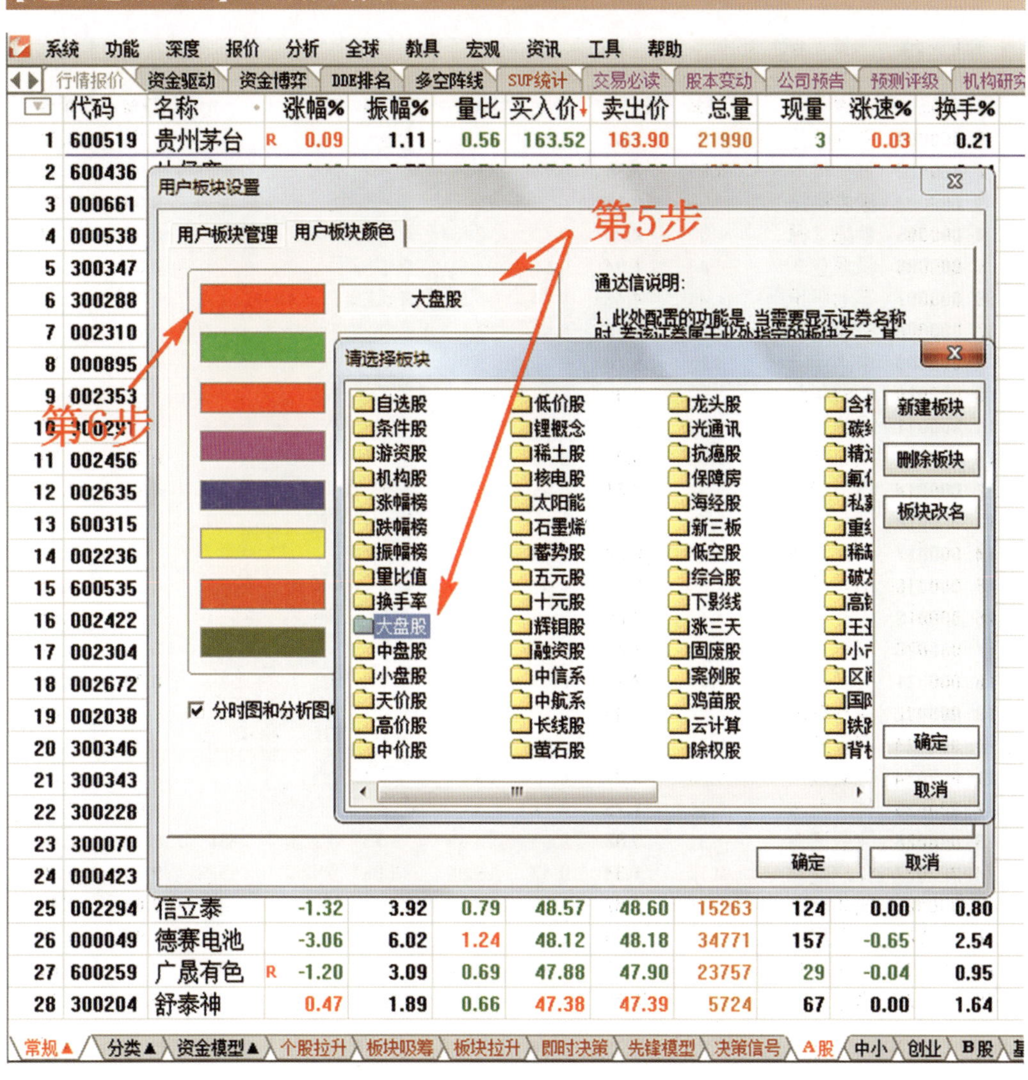

图例 003 设计流通盘大小看盘版面第 3 环节

操作步骤解说如下：

（1）点击弹窗【用户板块颜色】，在合适的位置点击灰色填写框。

（2）点击一下，选择已经设置好的大盘股板块，选中它，然后确定。

（3）点击左边的颜色选择框，选择自己喜欢的颜色。

（4）完成上边的步骤之后，在最下边的小方框里打个勾。

（5）再点击右下角的【确定】，完成设置。

【道破选股天机】实训图谱 004

系统 功能 深度 报价 分析 全球 教具 宏观 资讯 工具 帮助

行情报价 资金驱动 资金博弈 DDE排名 多空阵线 SUP统计 … 预测评级 机构研究

	代码	名称		涨幅%	振幅%	量比	买入价				涨速%	换手%
1	000001	平安银行	R	0.05	2.35	0.38	20.4				-0.04	0.72
2	000002	万 科A	R	0.00	3.75	0.74	11.2				-0.08	0.56
3	000004	国农科技		4.89	10.18	4.76	10.2				0.00	7.08
4	000005	世纪星源		-1.83	2.20	0.73	2.6				0.00	0.32
5	000006	深振业A		-1.43	1.94	0.66	4.6				0.00	0.42
6	000007	零七股份		-1.48	4.45	0.64	15.9				-0.06	2.49
7	000008	ST宝利来		-3.79	5.66	0.68	13.9				-0.28	1.35
8	000009	中国宝安	R	-3.15	5.70	0.66	9.8				-0.10	2.19
9	000010	S ST华新		–	0.00	0.00	–				–	0.00
10	000011	深物业A		-1.24	2.95	0.53	6.3				-0.15	1.03
11	000012	南 玻A	R	-1.09	3.00	0.56	7.2				0.00	0.70
12	000014	沙河股份		-3.84	4.61	0.65	8.7				-0.11	2.90
13	000016	深康佳A		-2.45	3.68	1.17	3.1				0.00	1.00
14	000017	*ST中华A		–	0.00	0.00	–				–	0.00
15	000018	ST中冠A		-1.06	2.47	0.87	8.3				0.23	0.27
16	000019	深深宝A		0.87	2.69	2.10	8.2				-0.24	1.17
17	000020	深华发A		4.20	7.43	6.19	6.4				0.46	4.82
18	000021	长城开发	R	-1.59	2.73	0.82	4.3				0.00	0.27
19	000022	深赤湾A		-0.22	1.93	0.60	13.4				-0.14	0.40
20	000023	深天地A		-0.46	2.76	0.58	6.4				0.46	0.63
21	000024	招商地产	R	-1.76	3.87	0.72	[illegible]				0.15	1.49
22	000025	特 力A		-0.95	1.75	0.72	6.2				0.00	0.18
23	000026	飞亚达A		-1.91	3.08	0.67	6.69	6.70	21284	496	0.14	1.44
24	000027	深圳能源	R	-0.50	1.34	0.43	5.95	5.96	25206	557	0.00	0.26
25	000028	国药一致		-1.67	2.97	0.32	34.15	34.24	11524	32	0.00	0.49
26	000029	深深房A		-1.37	2.75	0.63	3.58	3.59	15364	9	0.00	0.17
27	000030	*ST盛润A		-2.74	4.18	0.81	8.14	8.15	13957	305	-0.24	0.75
28	000031	中粮地产		-0.76	2.29	0.57	3.90	3.91	49801	340	0.00	0.27

辅助区
功能树
工具栏
状态栏
滚动资讯栏
盯盘精灵
最前端显示
画线工具 Alt+F12
显隐行情信息 Ctrl+L
显隐图形标识
自动换页
监控剪贴板
测量距离 33
屏幕截图 35
股票组合计算
所属板块 Ctrl+R
重仓持股基金 36
上市公司网站 37
标记当前证券
加入到自选股 Alt+Z
加入到板块股 Ctrl+Z
从板块中删除 Alt+D
用户板块设置
系统设置 Ctrl+D

第7步

第8步

常规▲ 分类▲ 资金模型▲ 个股拉升 板块吸筹 板块拉升 即时决策 先锋模型 决策信号 A股 中小 创业 B股 基

图例 004 设计流通盘大小看盘版面第 4 环节

操作步骤解说如下：

（1）点击顶栏【工具】菜单，出现下拉条。

（2）在下拉条最下端，找到【系统设置】子菜单。

（3）点击一下，跳出弹窗，进行系统设置。

（4）注意，在设计的时候，可以根据自己的爱好，选择不同的背景色。

（5）其他系统选项，也是在这里设置的，顺便说一下。

【道破选股天机】实训图谱 005

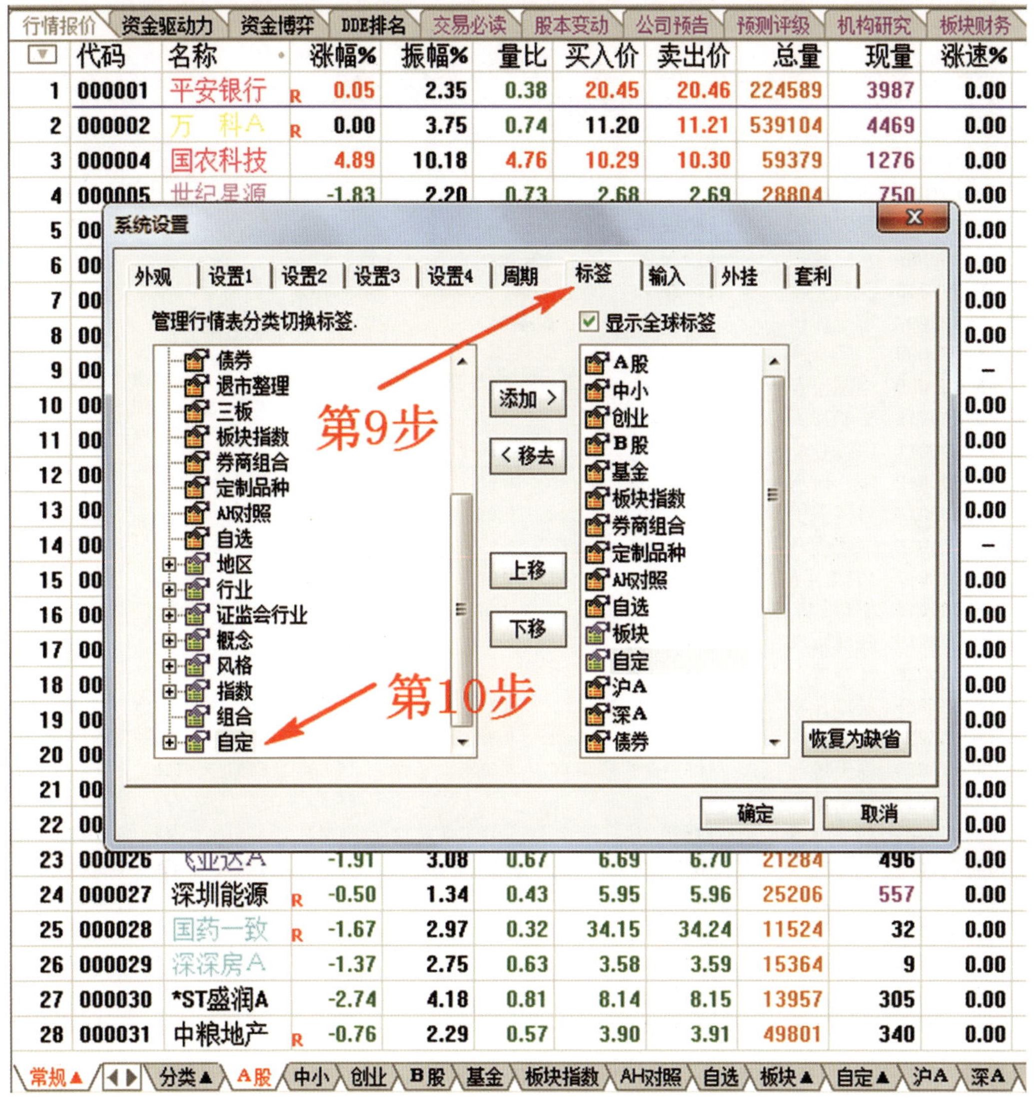

图例 005　设计流通盘大小看盘版面第 5 环节

操作步骤解说如下：

(1) 在系统设置弹窗里，找到【标签】按钮，点击一下。

(2) 在左边白框里找到【自定】标签。

(3) 在弹窗的中间找到【添加】按钮，点击一下。

(4) 将【自定】标签添加到右边的白框里。

(5) 再找到上移按钮，调整标签的位置。

（6）如果不喜欢，也可以删掉这些标签，会恢复缺省设置。

【道破选股天机】实训图谱 006

图例 006　设计流通盘大小看盘版面第 6 环节

操作步骤解说如下：

（1）将鼠标放在报价界面的表头位置上。

（2）按鼠标右键，出现下拉条。

（3）找到【基本设置】按钮，出现次级下拉条。

（4）找到【流通股本】，点击一下，即可在表头上添加流通股本。

（5）点击表头流通股本，出现排序，可以正序，也可以逆序。

【道破选股天机】实训图谱 007

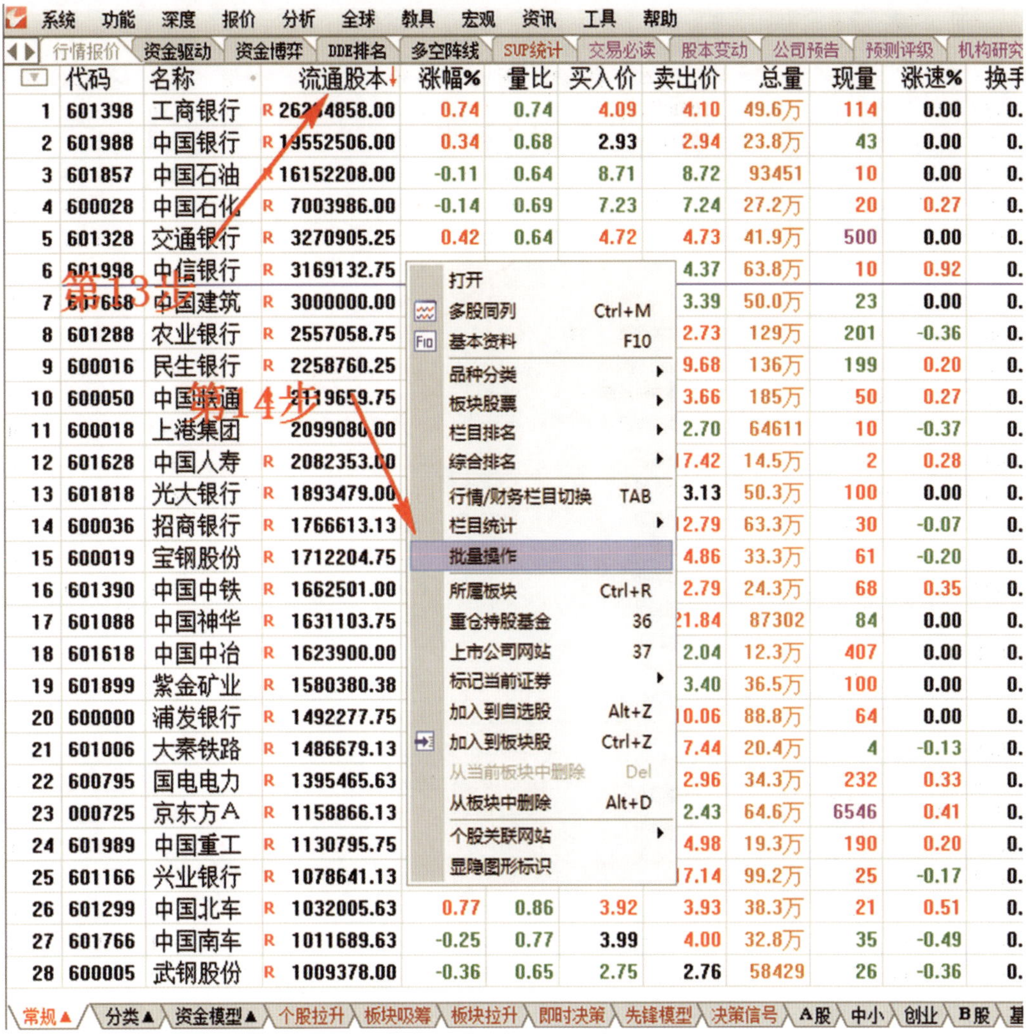

系统 功能 深度 报价 分析 全球 教具 宏观 资讯 工具 帮助

行情报价 | 资金驱动 | 资金博弈 | DDE排名 | 多空阵线 | SUP统计 | 交易必读 | 股本变动 | 公司预告 | 预测评级 | 机构研究

	代码	名称	流通股本↓	涨幅%	量比	买入价	卖出价	总量	现量	涨速%	换手
1	601398	工商银行	R 262[illegible]4858.00	0.74	0.74	4.09	4.10	49.6万	114	0.00	0.
2	601988	中国银行	R 19552506.00	0.34	0.68	2.93	2.94	23.8万	43	0.00	0.
3	601857	中国石油	R 16152208.00	-0.11	0.64	8.71	8.72	93451	10	0.00	0.
4	600028	中国石化	R 7003986.00	-0.14	0.69	7.23	7.24	27.2万	20	0.27	0.
5	601328	交通银行	R 3270905.25	0.42	0.64	4.72	4.73	41.9万	500	0.00	0.
6	601998	中信银行	R 3169132.75				4.37	63.8万	10	0.92	0.
7	601668	中国建筑	R 3000000.00				3.39	50.0万	23	0.00	0.
8	601288	农业银行	R 2557058.75				2.73	129万	201	-0.36	0.
9	600016	民生银行	R 2258760.25				9.68	136万	199	0.20	0.
10	600050	中国联通	R 2119659.75				3.66	185万	50	0.27	0.
11	600018	上港集团	2099080.00				2.70	64611	10	-0.37	0.
12	601628	中国人寿	R 2082353.00				17.42	14.5万	2	0.28	0.
13	601818	光大银行	R 1893479.00				3.13	50.3万	100	0.00	0.
14	600036	招商银行	R 1766613.13				12.79	63.3万	30	-0.07	0.
15	600019	宝钢股份	R 1712204.75				4.86	33.3万	61	-0.20	0.
16	601390	中国中铁	R 1662501.00				2.79	24.3万	68	0.35	0.
17	601088	中国神华	R 1631103.75				21.84	87302	84	0.00	0.
18	601618	中国中冶	R 1623900.00				2.04	12.3万	407	0.00	0.
19	601899	紫金矿业	R 1580380.38				3.40	36.5万	100	0.00	0.
20	600000	浦发银行	R 1492277.75				10.06	88.8万	64	0.00	0.
21	601006	大秦铁路	R 1486679.13				7.44	20.4万	4	-0.13	0.
22	600795	国电电力	R 1395465.63				2.96	34.3万	232	0.33	0.
23	000725	京东方A	R 1158866.13				2.43	64.6万	6546	0.41	0.
24	601989	中国重工	R 1130795.75				4.98	19.3万	190	0.20	0.
25	601166	兴业银行	R 1078641.13				17.14	99.2万	25	-0.17	0.
26	601299	中国北车	R 1032005.63	0.77	0.86	3.92	3.93	38.3万	21	0.51	0.
27	601766	中国南车	R 1011689.63	-0.25	0.77	3.99	4.00	32.8万	35	-0.49	0.
28	600005	武钢股份	R 1009378.00	-0.36	0.65	2.75	2.76	58429	26	-0.36	0.

第13步

第14步

打开
多股同列 Ctrl+M
基本资料 F10
品种分类 ▸
板块股票 ▸
栏目排名 ▸
综合排名 ▸
行情/财务栏目切换 TAB
栏目统计 ▸
批量操作
所属板块 Ctrl+R
重仓持股基金 36
上市公司网站 37
标记当前证券 ▸
加入到自选股 Alt+Z
加入到板块股 Ctrl+Z
从当前板块中删除 Del
从板块中删除 Alt+D
个股关联网站 ▸
显隐图形标识

常规▲ | 分类▲ | 资金模型▲ | 个股拉升 | 板块吸筹 | 板块拉升 | 即时决策 | 先锋模型 | 决策信号 | A股 | 中小 | 创业 | B股 | 基

图例 007 设计流通盘大小看盘版面第 7 环节

操作步骤解说如下：

（1）把鼠标停留在流通股本表头上。

（2）按鼠标右键，出现下拉条。

（3）找到【批量操作】，点击一下，即可批量添加。

（4）中盘股、小盘股的添加方式，比照进行即可。

【道破选股天机】实训图谱 008

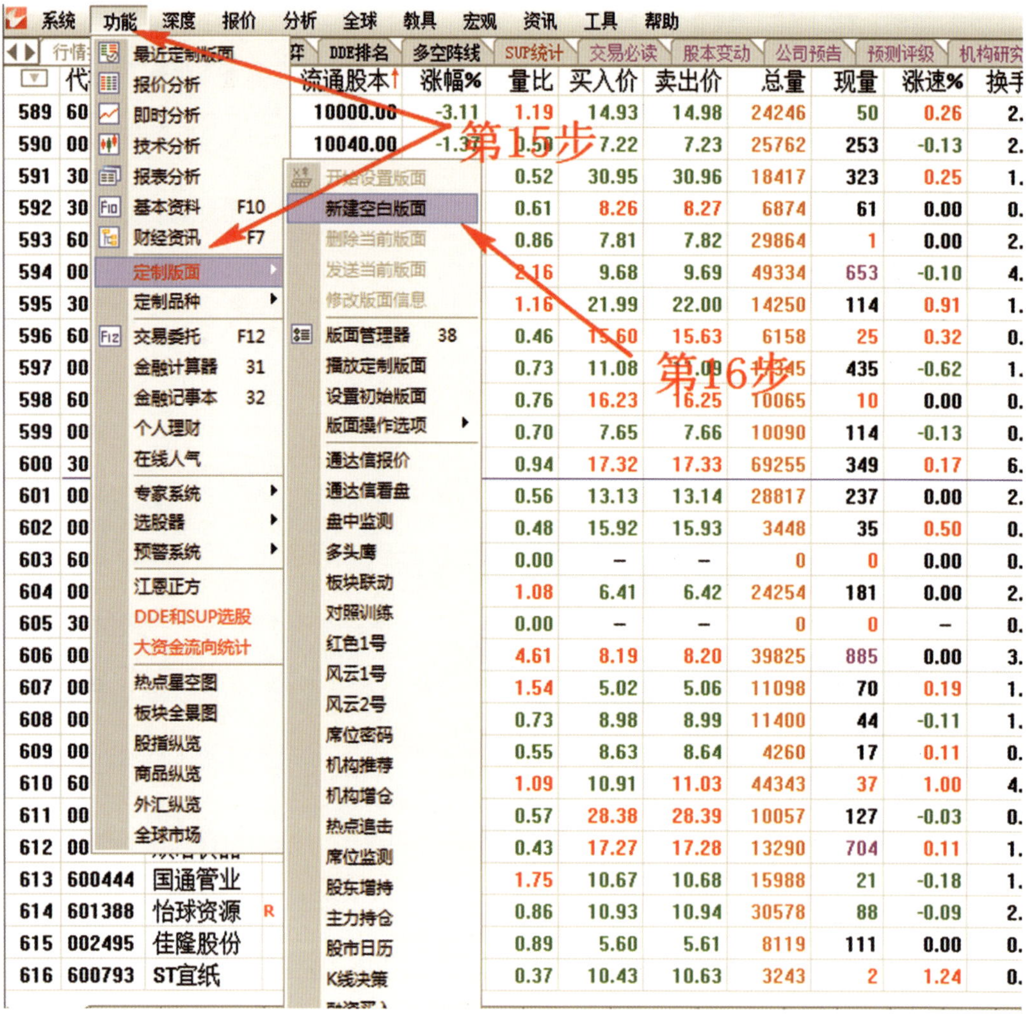

图例 008　设计流通盘大小看盘版面第 8 环节

操作步骤解说如下：

（1）点击顶栏上的【功能】菜单，出现下拉条。

（2）找到【定制版面】子菜单，出现次级下拉条。

（3）再找到新建空白版面，设定自己的流通盘版面。

（4）根据弹窗提示，进一步完成版面的后续设置。

（5）根据自己的实际需要，命名这个看盘面板。

【道破选股天机】实训图谱 009

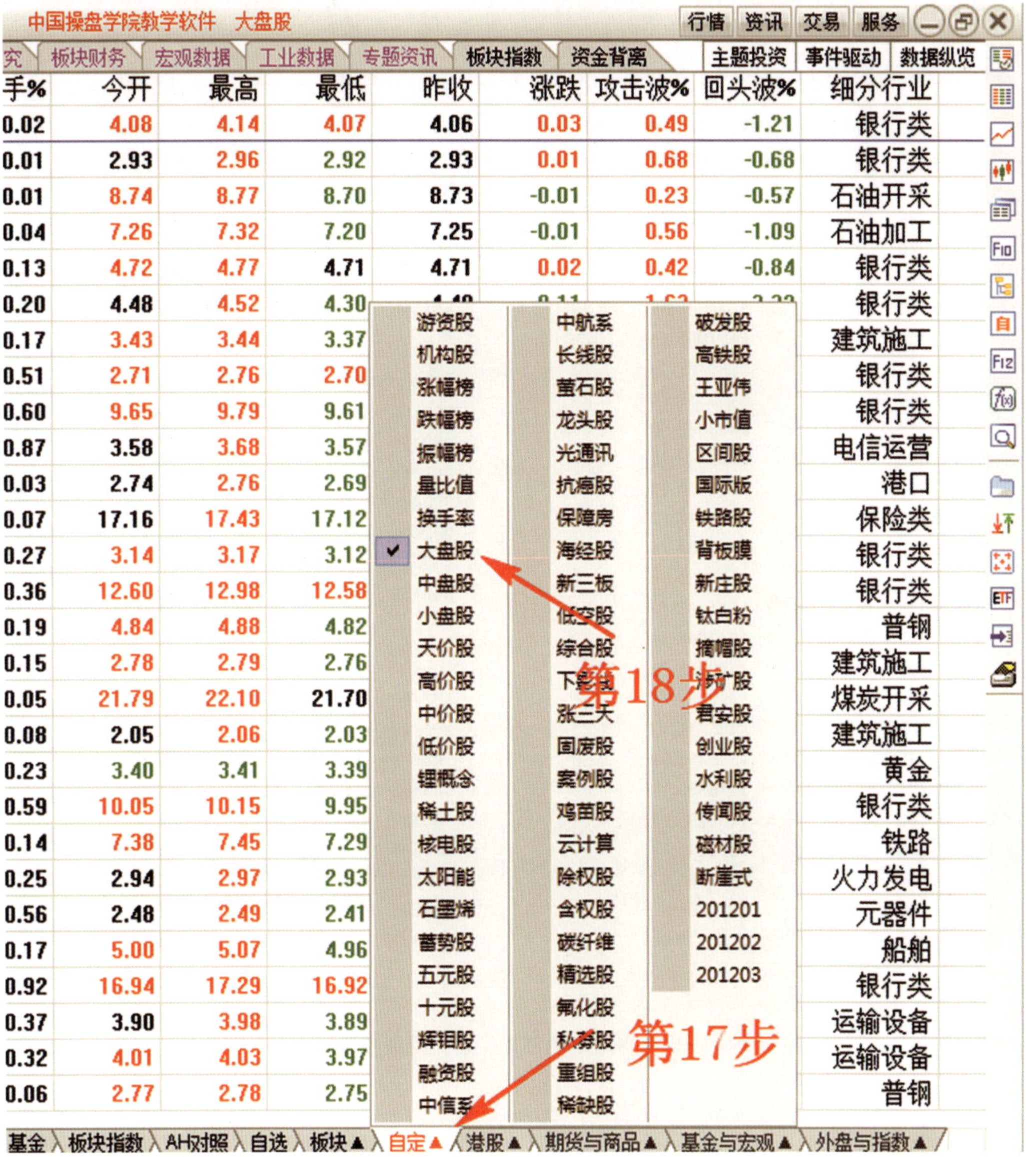

图例 009　设计流通盘大小看盘版面第 9 环节

操作步骤解说如下：

（1）在底栏工具条上找到【自定】菜单。

（2）点击一下，出现上拉条。

（3）找到已经设置好的大盘股自定义板块。

（4）点击一下，即可显示大盘股的报价界面。

（5）中盘股、小盘股的操作方式，可以比照进行。

【道破选股天机】实训图谱 010

定制版面 | 通达信报价 | 通达信看盘 | 盘中监测 | 多头鹰 | 板块联动 | 对照训练 | 红色1号 | 风云1号 | 风云2号 | 退

	代码	名称	流通股本↓	涨幅%
1	601398	工商银行① R	26284858.00	0.74
2	601988	中国银行① R	19552506.00	0.34
3	601857	中国石油① R	16152208.00	-0.11
4	600028	中国石化① R	7003986.00	-0.14
5	601328	交通银行① R	3270905.25	0.42
6	601998	中信银行① R	3169132.75	-2.46
7	601668	中国建筑① R	3000000.00	-0.29
8	601288	农业银行① R	2557058.75	1.49
9	600016	民生银行① R	2258760.25	0.52
10	600050	中国联通① R	2119659.75	2.23
11	600018	上港集团①	2099080.00	-1.82
12	601628	中国人寿① R	2082353.00	1.52
13	601818	光大银行① R	1893479.00	0.00
14	600036	招商银行① R	1766613.13	1.83
15	600019	宝钢股份① R	1712204.75	0.41
16	601390	中国中铁① R	1662501.00	0.72
17	601088	中国神华① R	1631103.75	0.69
18	601618	中国中冶① R	1623900.00	-0.49
19	601899	紫金矿业① R	1580380.38	-0.58
20	600000	浦发银行① R	1492277.75	0.30
21	601006	大秦铁路① R	1486679.13	1.23
22	600795	国电电力① R	1395465.63	0.68
23	000725	京东方A① R	1158866.13	-2.02
24	601989	中国重工① R	1130795.75	0.20
25	601166	兴业银行① R	1078641.13	1.78
26	601299	中国北车① R	1032005.63	0.77
27	601766	中国南车① R	1011689.63	-0.25
28	600005	武钢股份① R	1009378.00	-0.36

分类▲ | 资金模型▲ | 个股拉升 | 板块吸筹 | 板块拉升

	代码	名称	流通股本↓	涨幅%
1	601398	工商银行① R	26284858.00	0.74
2	601988	中国银行① R	19552506.00	0.34
3	601857	中国石油① R	16152208.00	-0.11
4	600028	中国石化① R	7003986.00	-0.14
5	601328	交通银行① R	3270905.25	0.42
6	601998	中信银行① R	3169132.75	-2.46
7	601668	中国建筑① R	3000000.00	-0.29

大盘股▲

	代码	名称	流通股本↓	涨幅%
1	600793	ST宜纸	10530.00	-2.76
2	002495	佳隆股份	10530.00	-1.75
3	601388	怡球资源 R	10500.00	-2.06
4	600444	国通管业	10500.00	-6.40
5	002481	双塔食品	10474.20	0.35
6	002663	普邦园林	10444.79	1.07
7	600136	道博股份	10429.40	0.36

中盘股▲

	代码	名称	流通股本↓	涨幅%
1	002702	腾新食品	1770.00	-1.12
2	300286	安科瑞	1734.00	-0.33
3	300329	海伦钢琴	1677.00	-1.09
4	300352	北信源	1670.00	1.24
5	300320	海达股份⑤	1667.00	-0.71
6	300308	中际装备	1667.00	-3.14
7	300237	美晨科技	1650.00	-3.13
8	300285	国瓷材料	1560.00	1.34
9	300331	苏大维格	1550.00	-1.51

小盘股▲

图例 010　设计流通盘大小看盘版面第 10 环节

操作步骤解说如下：

（1）在顶栏工具条上找到【功能】菜单，点击一下。

（2）出现下拉条，找到【定制版面】子菜单，找出设置好的流通盘版面。

（3）点击一下，即可看到如图例 010 所示的看盘版面。

（4）也可以从右边的边框工具条上最顶头的按钮上点击，出现看盘版面。

（5）如果需要，还可以把这个版面设定为开机初始版面。

二、如何设置选股盘口模块

设置选股的盘口模块，这是职业化投资要做的第二个重要工作。尽管这些工作会耗去投资者大量的娱乐时间，但这是必不可少的一道工序。就像炒菜如果不放盐，无论这道菜在菜谱上显得多么漂亮，也是没办法吃下去的。基于上述三个板块的分类特征，我们可以将三个板块的分类盘口根据自己的要求来进行设置。目前国内大部分交易软件均能自行设置个性化的盘口模块。我们以通达信交易软件为例来进行设置，如图例 011 所示。

【道破选股天机】实训图谱 011

席位密码 | 机构推荐 | 机构增仓 | 热点追击 | 席位监测 | 股东增持 | 主力持仓 | 股市日历 | 短线决策 | 融资买入 | 退

	代码	名称	涨幅%		代码	名称	涨幅%		代码	名称	涨幅%
1	601398	工商银行① R	0.74	1	002112	三变科技	2.50	1	300302	同有科技	5.23
2	601988	中国银行① R	0.34	2	300009	安科生物	2.42	2	300285	国瓷材料	1.34
3	601857	中国石油① R	-0.11	3	002663	普邦园林	1.07	3	300352	北信源	1.24
4	600028	中国石化① R	-0.14	4	600211	西藏药业	0.97	4	300348	长亮科技⑤	0.50
5	601328	交通银行① R	0.42	5	300018	中元华电	0.85	5	300321	同大股份	0.05
6	601998	中信银行① R	-2.46	6	600613	永生投资	0.81	6	300326	凯利泰	-0.32
7	601668	中国建筑① R	-0.29	7	600136	道博股份	0.36	7	300286	安科瑞	-0.33
8	601288	农业银行① R	1.49	8	002481	双塔食品	0.35	8	300343	联创节能⑤	-0.52
9	600016	民生银行① R	0.52	9	600751	SST天海	0.00	9	002558	世纪游轮	-0.68
10	600050	中国联通① R	2.23	10	300157	恒泰艾普	–	10	300320	海达股份⑤	-0.71
11	600018	上港集团①	-1.82	11	002403	爱仕达	-0.21	11	300329	海伦钢琴	-1.09
12	601628	中国人寿① R	1.52	12	002302	西部建设	-0.38	12	002702	腾新食品	-1.12
13	601818	光大银行① R	0.00	13	002539	新都化工	-0.58	13	300331	苏大维格	-1.51
14	600036	招商银行① R	1.83	14	300273	和佳股份	-0.93	14	300347	泰格医药	-1.54
15	600019	宝钢股份① R	0.41	15	002485	希努尔	-1.37	15	300353	东土科技⑤	-1.71
16	601390	中国中铁① R	0.72	16	002495	佳隆股份	-1.75	16	300338	开元仪器⑤	-1.72
17	601088	中国神华① R	0.69	17	002544	杰赛科技	-1.94	17	300220	金运激光⑤	-1.73
18	601618	中国中冶① R	-0.49	18	002434	万里扬	-2.05	18	002703	浙江世宝	-1.79
19	601899	紫金矿业① R	-0.58	19	601388	怡球资源 R	-2.06	19	300319	麦捷科技⑤	-1.82
20	600000	浦发银行① R	0.30	20	002585	双星新材	-2.18	20	300346	南大光电	-1.89
21	601006	大秦铁路① R	1.23	21	603167	渤海轮渡	-2.37	21	300349	金卡股份	-2.85
22	600795	国电电力① R	0.68	22	600793	ST宜纸	-2.76	22	300340	科恒股份	-2.91
23	000725	京东方A① R	-2.02	23	002420	毅昌股份	-2.88	23	300237	美晨科技	-3.13
24	601989	中国重工① R	0.20	24	300170	汉得信息	-2.91	24	300308	中际装备	-3.14
25	601166	兴业银行① R	1.78	25	603366	日出东方	-3.11	25	300288	朗玛信息⑤	-3.19
26	601299	中国北车① R	0.77	26	002143	高金食品	-3.46	26	002684	猛狮科技	-3.50
27	601766	中国南车① R	-0.25	27	002329	皇氏乳业	-3.65	27	300324	旋极信息	-6.16
28	600005	武钢股份① R	-0.36	28	600444	国通管业	-6.40	28	300354	东华测试⑤	-9.61

大盘股▲ | 中盘股▲ | 小盘股▲

图例 011　自行设置个性化的盘口模块

在图例 011 的盘口模块中，我们把一个大的盘口平面分为三个模块，命名为“. 005”，并分别在每个模块中置入所要显示的目标板块详细行情报表。这样，就可以在同一盘口平面中，清晰地高效率地观察到大盘股、中盘股和小盘股三大板块的即时动态交易情况。

三、如何设置盘口跟踪模块

通过上述三个分类板块盘口模块的设置之后，接下来应针对目标板块设置好更精细更专业的盘口跟踪模块，这是职业看盘必不可少的第三个重要工作。投资者可以根据自己的喜好进行个性化的盘口跟踪模块设置。笔者特别设置了以下几个跟踪模块，供读者参考。

【道破选股天机】实训图谱 012

红色一号 股票池

本股票池是遵循仓位系统管理和中线选股策略，通过计算机检索、统计、分析、运算等方式，进行整理、加工和集成的专分析工具。在使用过程中，务必严格执行仓位管理，并做好止盈止损，防范风险，任何方法均无法避免证券交易过程中的险，股票池的结果仅作为参考，无法保证绝对盈利或不会亏损。祝投资者保持良好心态，稳健操作，获得理想收益！

备选跟踪池

代码	名称	最新
601139	深圳燃气	10.25
600985	雷鸣科化	11.18
600978	宜华木业	5.70
600692	亚通股份	8.07
600678	四川金顶	8.68
600658	电子城	8.31
600637	百视通	17.19
600592	龙溪股份	8.44
600513	联环药业	13.50
600488	天药股份	5.37
600422	昆明制药	22.90
600352	浙江龙盛	9.65
600336	澳柯玛	7.00
600201	金宇集团	18.41
600200	江苏吴中	9.81
600170	上海建工	8.80

英雄榜（收益超过10%进入英雄榜）

代码	名称	入选时间
300228	富瑞特装	12.12.31
600987	航民股份	12.12.13
300057	万顺股份	12.12.28
600388	龙净环保	13.01.25
002450	康得新	12.12.14
600315	上海家化	12.12.05

入选池

代码	名称	最新	当日涨幅	状态	入选时
002322	理工监测	21.14	3.58%	正常	13.04.0
600674	川投能源	9.24	1.76%	正常	13.04.0
000153	丰原药业	7.75	4.73%	正常	13.04.0
600664	哈药股份	6.85	2.85%	正常	13.04.0
000756	新华制药	5.64	9.73%	正常	13.04.0
600522	中天科技	9.19	-1.29%	正常	13.04.0
000049	德赛电池	48.18	-3.06%	正常	13.03.2
000002	万 科A	11.20	0.00%	正常	13.03.2

本盘口跟踪模板的特点如下：

（1）该模版有三大块组成，分别是备选跟踪池、英雄榜和入选池。

（2）备选股跟踪池是用来跟踪备选的品种的，由计算机完成跟踪。

（3）英雄榜就是设定买入条件时候，收益率超过 10% 的品种。

（4）入选池是跟踪品种的优化，满足系统条件的自动进入池子。

【道破选股天机】实训图谱013

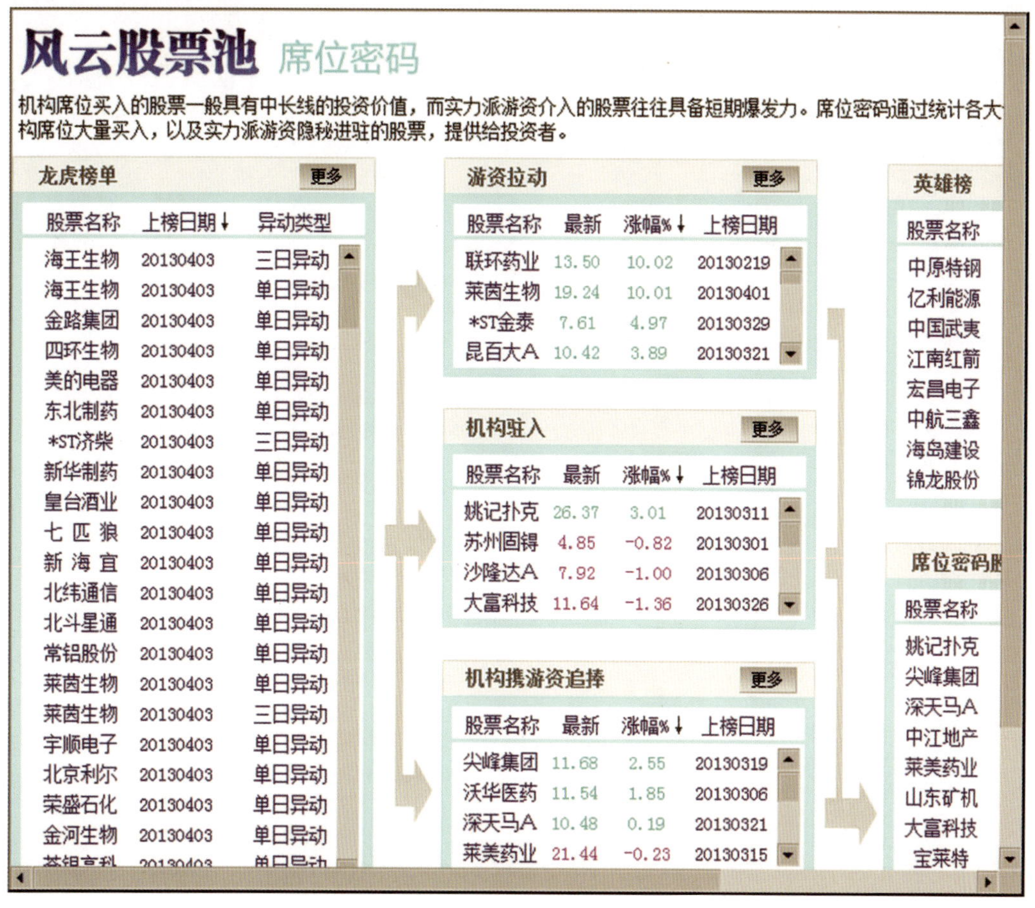

本盘口跟踪模板的特点如下：

（1）该版面揭示的是席位密码的基本内容。

（2）版面分为左中右三大块，用来跟踪盘面资金动态。

（3）左边是龙虎榜单，用来跟踪出现异动的品种。

（4）中间自上至下分别是游资拉动、机构入驻和机构携游资追捧的品种。

（5）右边分为上下两大块，分别是英雄榜和席位密码股票池。

（6）这个版面最适合超短线投资者观察资金动向使用。

【道破选股天机】实训图谱 014

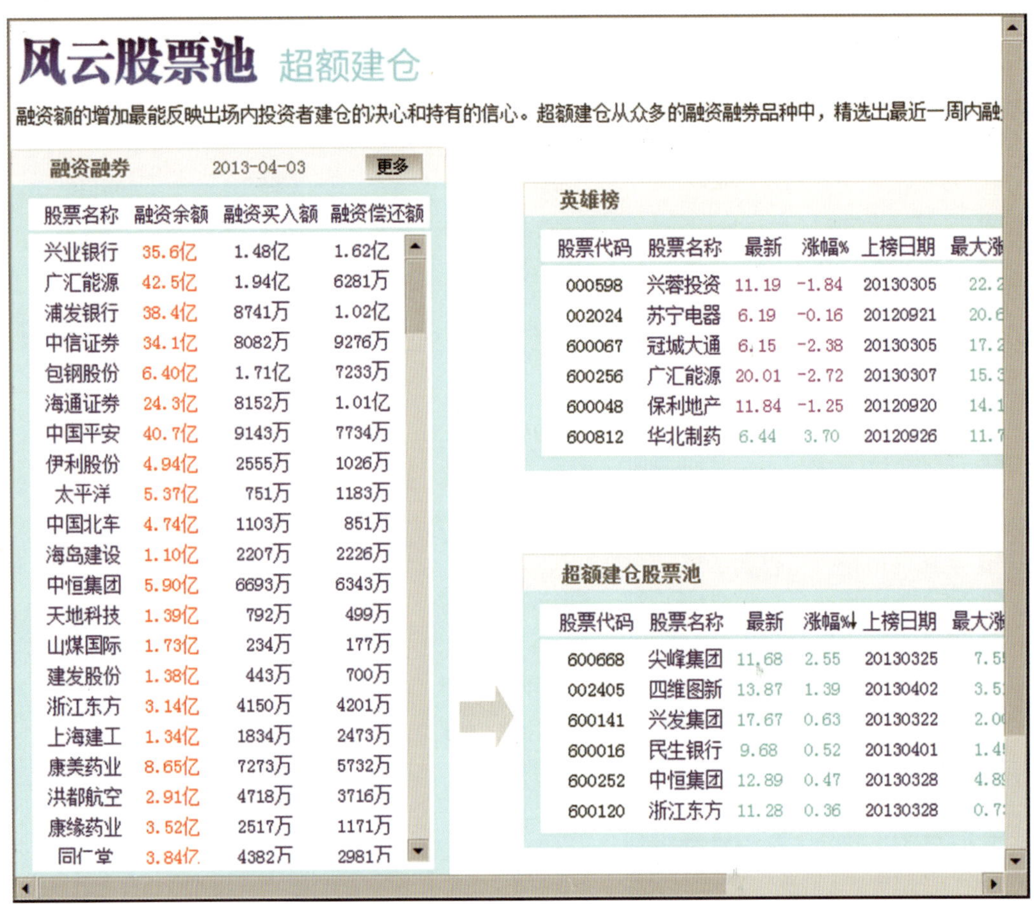

风云股票池 超额建仓

融资额的增加最能反映出场内投资者建仓的决心和持有的信心。超额建仓从众多的融资融券品种中，精选出最近一周内融

融资融券 2013-04-03 更多

股票名称	融资余额	融资买入额	融资偿还额
兴业银行	35.6亿	1.48亿	1.62亿
广汇能源	42.5亿	1.94亿	6281万
浦发银行	38.4亿	8741万	1.02亿
中信证券	34.1亿	8082万	9276万
包钢股份	6.40亿	1.71亿	7233万
海通证券	24.3亿	8152万	1.01亿
中国平安	40.7亿	9143万	7734万
伊利股份	4.94亿	2555万	1026万
太平洋	5.37亿	751万	1183万
中国北车	4.74亿	1103万	851万
海岛建设	1.10亿	2207万	2226万
中恒集团	5.90亿	6693万	6343万
天地科技	1.39亿	792万	499万
山煤国际	1.73亿	234万	177万
建发股份	1.38亿	443万	700万
浙江东方	3.14亿	4150万	4201万
上海建工	1.34亿	1834万	2473万
康美药业	8.65亿	7273万	5732万
洪都航空	2.91亿	4718万	3716万
康缘药业	3.52亿	2517万	1171万
同仁堂	3.84亿	4382万	2981万

英雄榜

股票代码	股票名称	最新	涨幅%	上榜日期	最大涨
000598	兴蓉投资	11.19	-1.84	20130305	22.2
002024	苏宁电器	6.19	-0.16	20120921	20.6
600067	冠城大通	6.15	-2.38	20130305	17.2
600256	广汇能源	20.01	-2.72	20130307	15.3
600048	保利地产	11.84	-1.25	20120920	14.1
600812	华北制药	6.44	3.70	20120926	11.7

超额建仓股票池

股票代码	股票名称	最新	涨幅%	上榜日期	最大涨
600668	尖峰集团	11.68	2.55	20130325	7.5
002405	四维图新	13.87	1.39	20130402	3.5
600141	兴发集团	17.67	0.63	20130322	2.0
600016	民生银行	9.68	0.52	20130401	1.4
600252	中恒集团	12.89	0.47	20130328	4.8
600120	浙江东方	11.28	0.36	20130328	0.7

本盘口跟踪模板的特点如下：

（1）该模版由三大块组成，分别是融资融券、英雄榜和超额建仓股票池。

（2）左边的是融资融券，揭示当前市场融资融券的最新数据。

（3）右上边的是英雄榜，揭示的是满足设定条件的最新品种。

（4）右下边的是超额建仓股票池，揭示的是被超额建仓的品种。

【道破选股天机】实训图谱 015

机构推荐

序号	股票代码	股票名称	最新	涨幅% ↓	日期	评级	评级变化	目标价	目标涨幅%	评级机构	每股 (20
1	600352	浙江龙盛	9.65	0.52	20130326	买入	维持	13.50	39.90	光大证券	0
2	002313	日海通讯	21.08	0.14	20130225	买入	调高	21.60	2.47	国金证券	0
3	601339	百隆东方	8.62	0.12	20130312	买入	维持	11.30	31.09	东方证券	1
4	300180	华峰超纤	12.70	0.00	20130402	买入	维持	15.87	24.96	海通证券	0
5	300075	数字政通	37.20	0.00	20130320	买入	维持	42.00	12.90	中信建投	0
6	002335	科华恒盛	10.28	-0.58	20130320	强烈推荐	维持	14.00	36.19	广证恒生	0
7	600143	金发科技	6.62	-0.90	20130324	买入		7.80	17.82	民族证券	0
8	600153	建发股份	7.04	-1.12	20130401	增持	维持	10.80	53.41	国泰君安	1
9	000656	金科股份	13.12	-1.13	20130327	强烈推荐	首次	15.70	19.66	招商证券	0
10	601888	中国国旅	29.82	-1.97	20130307	买入	维持	37.80	26.76	国金证券	0
11	300241	瑞丰光电	20.45	-2.15	20130225	买入	维持	20.70	1.22	光大证券	0
12	300170	汉得信息	22.00	-2.91	20130308	增持	未知	26.18	19.00	国泰君安	0
13	002065	东华软件	16.24	-2.99	20130206	买入	维持	20.00	23.15	安信证券	0
14	002045	国光电器	4.05	-3.57	20130315	买入	调高	5.50	35.80	宏源证券	0
15	600655	豫园商城	7.83	-6.12	20130331	买入	维持	12.35	57.73	东方证券	0

本盘口跟踪模板的特点如下：

（1）该版面主要是用来跟踪机构的推荐意见。

（2）从表头可以看出，主要关注机构的评级和评级的变化。

（3）对于机构给出的目标涨幅，不可迷信，只能参考。

（4）对于给出意见的机构，要主要分析他们的实力。

（5）平时还要多留意官方的观点，甄别这些机构的公正性。

【道破选股天机】实训图谱 016

机构增仓

序号	股票代码	股票名称	最新	涨幅% ↓	所属行业	报告期	机构类型	机构家数	持股占比变动%	增仓股数
1	600507	方大特钢	4.14	2.73	钢铁行业	20121231	基金	24	1.64	2137万
2	600079	人福医药	24.83	0.12	医药行业	20121231	基金	153	25.91	1.28亿
3	600557	康缘药业	26.64	0.08	医药行业	20121231	基金	115	12.44	5173万
4	002305	南国置业	6.74	0.00	房地产	20121231	基金	28	2.89	2773万
5	002317	众生药业	17.79	-0.34	医药行业	20121231	基金	20	3.87	697万
6	300054	鼎龙股份	15.96	-0.37	化工行业	20121231	基金	40	5.09	693万
7	002014	永新股份	9.77	-0.41	造纸印刷	20121231	基金	34	8.22	2679万
8	300343	联创节能	53.52	-0.52	化工行业	20121231	券商	3	3.62	145万
9	002571	德力股份	12.48	-0.95	玻璃陶瓷	20121231	基金	12	2.83	482万
10	300136	信维通信	19.68	-1.01	通讯行业	20121231	基金	43	13.43	1791万
11	002219	独一味	15.21	-1.23	医药行业	20121231	基金	21	1.55	664万
12	300115	长盈精密	22.74	-1.47	电子元件	20121231	基金	106	18.42	4753万
13	600594	益佰制药	26.99	-2.53	医药行业	20121231	基金	110	19.91	7181万
14	000826	桑德环境	28.53	-2.56	公用事业	20121231	基金	126	21.27	1.06亿
15	600570	恒生电子	11.42	-2.64	电子信息	20121231	基金	99	15.63	9748万
16	002106	莱宝高科	21.98	-2.83	电子元件	20121231	基金	125	14.07	8445万
17	600805	悦达投资	13.74	-5.31	汽车行业	20121231	基金	87	14.49	1.03亿

本盘口跟踪模板的特点如下：

（1）该模版介绍的是机构增仓的最新情况。

（2）模版中机构的类型包括基金、券商、QFII 和社保之类。

（3）模版中机构家数是指持有该股的机构数量汇总。

（4）模版中持股占比变动数是指持股比例的变化情况。

（5）模版中增仓股数是指最新一期的仓位变化数量。

（6）使用的时候，需要注意所属股票的行业和更新时间。

【道破选股天机】实训图谱 017

热点追击

序号	股票代码	股票名称	最新	涨幅%↓	3日涨幅%	5日涨幅%	所属板块	板块涨幅%	板块3日涨幅%	统计日
1	600658	电子城	8.31	5.06	8.20	4.92	房地产	-1.29	1.07	2013040
2	600678	四川金顶	8.68	2.60	11.57	3.70	水泥建材	-0.60	2.18	2013040
3	601601	中国太保	18.64	2.03	1.91	-0.27	保险	1.43	1.01	2013040
4	601628	中国人寿	17.42	1.52	1.57	0.29	保险	1.43	1.01	2013040
5	600391	成发科技	13.49	1.20	-1.32	-5.00	航天航空	1.23	1.23	2013032
6	000801	四川九洲	10.38	0.58	-4.33	1.47	家电行业	0.75	3.73	2013040
7	601318	中国平安	40.76	0.57	-2.42	-3.25	保险	1.43	1.01	2013032
8	600801	华新水泥	14.75	0.55	10.99	8.22	水泥建材	-0.60	2.18	2013040
9	000100	TCL集团	2.66	0.38	1.53	-0.75	家电行业	0.75	3.73	2013031
10	601688	华泰证券	9.61	-0.41	1.16	-6.43	券商信托	-1.12	0.95	2013030
11	600184	光电股份	25.64	-0.50	-1.08	-2.73	航天航空	1.23	1.23	2013032
12	600291	西水股份	9.15	-0.54	2.12	-9.50	水泥建材	-0.60	2.18	2013013
13	600010	包钢股份	5.19	-0.76	1.37	-2.99	钢铁行业	-0.29	0.51	2013032
14	600765	中航重机	13.11	-0.91	-7.55	-10.02	航天航空	1.23	1.23	2013032
15	600999	招商证券	12.28	-1.76	1.74	-7.88	券商信托	-1.12	0.95	2013032
16	601901	方正证券	7.33	-2.14	2.95	-5.91	券商信托	-1.12	0.95	2013032
17	002467	二六三	17.60	-2.17	-2.17	-4.14	通讯行业	0.22	0.82	2013032
18	600782	新钢股份	4.45	-2.20	-5.92	-7.10	钢铁行业	-0.29	0.51	2013032
19	300175	朗源股份	4.34	-2.47	2.36	-0.46	农牧饲渔	-1.40	0.69	2013022
20	000829	天音控股	4.22	-2.54	-2.31	-6.64	通讯行业	0.22	0.82	2013011
21	002035	华帝股份	10.39	-2.90	-5.37	-7.23	家电行业	0.75	3.73	2013032

本盘口跟踪模板的特点如下：

（1）该模版介绍的是当前市场的热点情况。

（2）使用的时候，需要观察目标品种的当日涨幅、3 日涨幅、5 日涨幅。

（3）同时观察板块涨幅，以便观察该股所属板块的市场表现。

（4）将板块涨幅、板块 3 日涨幅和个股对应起来，更有利于分析。

（5）使用的时候，注意观察板块联动的情形，分析协同作战的品种。

【道破选股天机】实训图谱 018

龙虎榜监测　返回席位密码首页

序号	股票代码	股票名称	最新	涨幅% ↓	龙虎榜	上榜日期	最大涨幅%	异动类型	上榜看点
1	600513	联环药业	13.50	10.02	详细	20130219	18.94	单日异动	实力游资席位买入
2	002166	莱茵生物	19.24	10.01	详细	20130401	16.89	单日异动	实力游资席位买入
3	600385	*ST金泰	7.61	4.97	详细	20130329	11.26	三日异动	实力游资席位买入
4	000560	昆百大A	10.42	3.89	详细	20130321	12.04	单日异动	实力游资席位买入
5	002163	中航三鑫	4.94	3.35	详细	20130222	33.91	三日异动	实力游资席位买入
6	002605	姚记扑克	26.37	3.01	详细	20130311	4.73	单日异动	机构席位买入
7	600668	尖峰集团	11.68	2.55	详细	20130319	9.91	单日异动	机构、实力游资买入
8	002107	沃华医药	11.54	1.85	详细	20130306	18.09	单日异动	机构、实力游资买入
9	600277	亿利能源	8.35	0.60	详细	20130226	53.85	单日异动	实力游资席位买入
10	300276	三丰智能	13.73	0.22	详细	20130226	16.40	单日异动	实力游资席位买入
11	000050	深天马A	10.48	0.19	详细	20130321	5.59	单日异动	机构、实力游资买入
12	600053	中江地产	8.21	0.00	详细	20130308	0.00	单日异动	实力游资席位买入
13	300006	莱美药业	21.44	-0.23	详细	20130315	1.74	单日异动	机构、实力游资买入
14	002079	苏州固锝	4.85	-0.82	详细	20130301	16.18	单日异动	机构席位买入
15	000553	沙隆达A	7.92	-1.00	详细	20130306	18.67	单日异动	机构席位买入
16	002526	山东矿机	6.69	-1.04	详细	20130328	7.37	单日异动	实力游资席位买入
17	300134	大富科技	11.64	-1.36	详细	20130326	2.66	单日异动	机构席位买入
18	300246	宝莱特	19.98	-1.53	详细	20130305	8.73	单日异动	实力游资席位买入
19	002562	兄弟科技	10.20	-1.54	详细	20130328	2.88	单日异动	实力游资席位买入
20	000712	锦龙股份	14.20	-1.59	详细	20130318	30.88	单日异动	实力游资席位买入
21	000977	浪潮信息	20.20	-1.66	详细	20130225	24.07	单日异动	机构席位买入

本盘口跟踪模板的特点如下：

（1）该模版介绍的是龙虎榜监测情况，适合于超短线投资者使用。

（2）点击模版中的【详细】，可以查看龙虎榜的详细数据。

（3）观察模版中的【异动类型】，可以了解异动的持续情况。

（4）而上榜看点，则是指上榜的原因是因为什么力量炒作。

（5）该模版最适合跟踪分析热门品种，狙击最热门的飙升品种。

【道破选股天机】实训图谱 019

融资买入 返回超额建仓首页

序号	股票代码	股票名称	最新	涨幅% ↓	融资明细	最新融资日	最大涨幅%	最新融资余额	占流通市值%
1	600668	尖峰集团	11.68	2.55	详细	20130325	7.55	2.17亿	5.42
2	002405	四维图新	13.87	1.39	详细	20130402	3.51	2.54亿	4.83
3	600141	兴发集团	17.67	0.63	详细	20130322	2.00	2.03亿	2.82
4	600016	民生银行	9.68	0.52	详细	20130401	1.45	57.9亿	2.65
5	600252	中恒集团	12.89	0.47	详细	20130328	4.89	5.42亿	3.80
6	600120	浙江东方	11.28	0.36	详细	20130328	0.73	2.90亿	4.67
7	600000	浦发银行	10.06	0.30	详细	20130307	4.83	33.7亿	2.10
8	600170	上海建工	8.80	0.11	详细	20130401	2.83	1.80亿	2.89
9	600557	康缘药业	26.64	0.08	详细	20130320	0.73	2.89亿	3.14
10	000001	平安银行	20.45	0.05	详细	20130306	-0.54	31.4亿	4.17
11	600518	康美药业	16.86	-0.94	详细	20130326	3.88	8.44亿	2.13
12	600153	建发股份	7.04	-1.12	详细	20130329	2.53	1.26亿	0.79
13	000063	中兴通讯	11.10	-1.25	详细	20130401	1.23	4.57亿	1.44
14	000598	兴蓉投资	11.19	-1.84	详细	20130305	22.27	2.15亿	3.30
15	600067	冠城大通	6.15	-2.38	详细	20130305	17.24	1.81亿	2.62
16	600332	广州药业	30.98	-2.49	详细	20130325	7.10	3.23亿	1.74
17	600256	广汇能源	20.01	-2.72	详细	20130307	15.34	42.1亿	10.74
18	000009	中国宝安	9.85	-3.15	详细	20130401	5.54	8.07亿	7.53

本盘口跟踪模板的特点如下：

（1）该模版介绍的是最新融资融券情况，供临盘实战参考。

（2）目前市场环境变了，需要时刻注意融资融券的最新数据。

（3）使用的时候，注意最新融资日期，了解多头的最新动向。

（4）点击【详细】可以进一步查看详细的融资数据。

（5）注意观察最新融资余额、占流通市值比例的数据变化。

第二节 职业选股模型的技术性分类

根据笔者多年来从事私募基金管理的实践经验，习惯于将日常选股模型按技术化进行分类，共分为十六个基础性选股模型，这十五个基础选股模型基本结合了动态与静态的双重技术特征，能够及时、迅速地体现职业选股的专业化和高效率，具备了巨大的实战操作价值。职业选股模型的技术性分类如下：

第一类，开盘大单选股。

第二类，开盘15分钟选股。

第三类，开盘30分钟选股。

第四类，收盘前30分钟选股。

第五类，盘口异常大单选股。

第六类，盘口5分钟涨速选股。

第七类，盘口主流焦点选股。

第八类，涨幅20强选股。

第九类，换手20强选股。

第十类，量比20强选股。

第十一类，振幅20强选股。

第十二类，跌幅20强选股。

第十三类，MACD主流技术指标选股。

第十四类，VOL主流技术指标选股。

第十五类，基金持仓组合选股。

在本书的以下各大章节中，笔者将根据上述十五个分类选股进行详细的技术性描述与讲解。有位先哲说过，人的命运等同于思维能力和自控能力！所有结果都是自身素质和能力决定的，不是外界诱导的！请各位读者和学员根据每一章节中的技术要求与特征，在每个交易日进行不间断坚持练习，然后再根据《道破股市天机》彩图版系列、《操盘学》彩图系列与《操盘大智慧》彩图版系列等相关作品中的技术要素作出买进与卖出的正确决策。

第二章

开盘大单选股

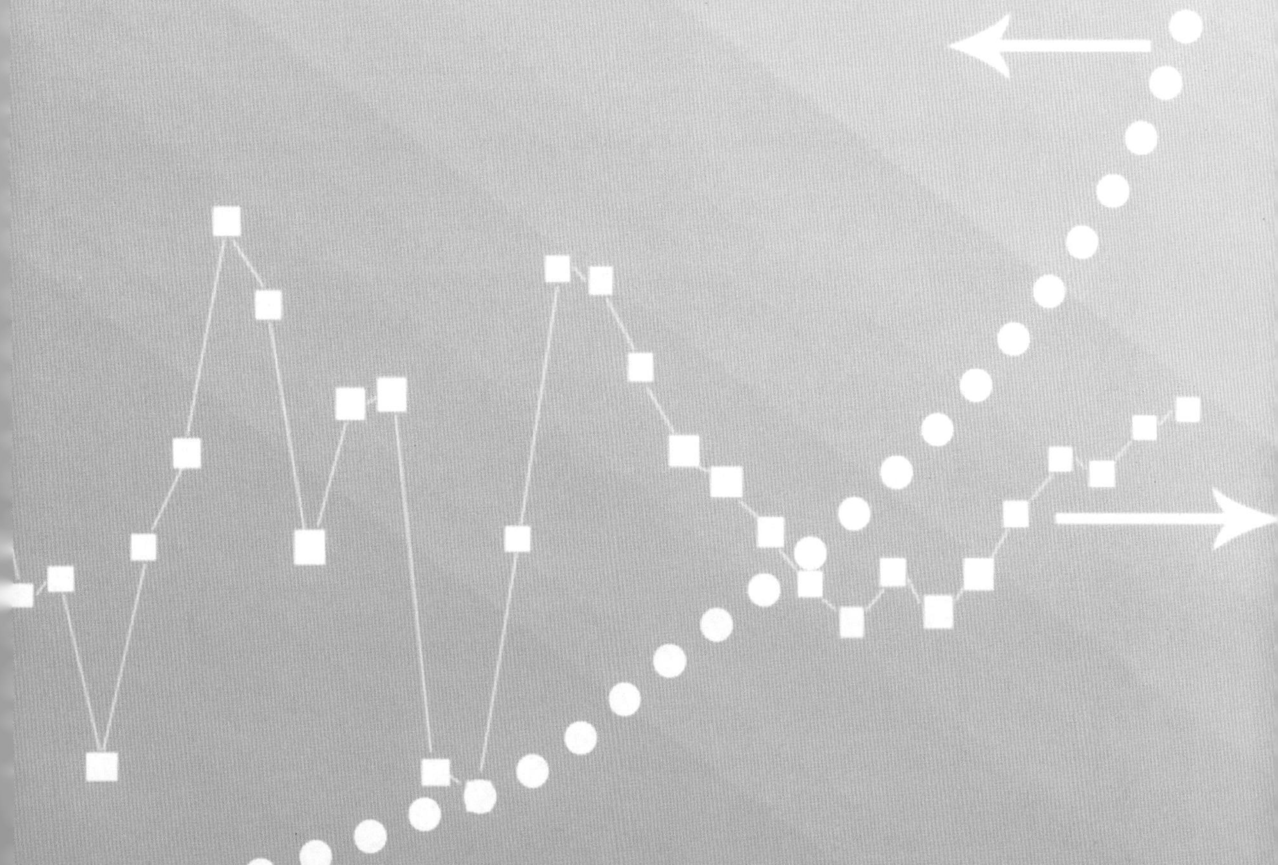

开盘，是一天交易的开始，也是市场投资各方角力博弈的开始。许多主力在早盘开盘时，便已经决定了当天目标股股价的运行趋势。主力对待当天股价趋势的态度，直接取决于早盘集合竞价时投入资金量的大小。这个特征，从开盘的大单就可以有一个最基本的判断。本章的学习要点主要有以下几个方面：

一、名词解释：大单与开盘大单

二、开盘大单的技术成因

三、主力基本操盘计划判断

四、四大买进技术特征

五、开盘大单分类

六、选股程序

七、选股鉴别

八、选股特别提醒

九、开盘大单案例集锦

第一节　开盘大单选股核心要领

一、名词解释：大单与开盘大单

大单，通常是指单笔成交手数在500手以上，基本符合大单标准。本章所指大单是指单笔成交在1000手以上。所有成交大单均是投资大户的操盘行为。但散户型的投资大户在日常交易过程中不会出现持续大单交易。因而，如果盘中出现连续性成交大单，则可基本断定是主力机构的操盘行为。开盘大单，则是指早盘9：25分~9：30分之间第一时间段进行集合竞价时出现的单笔成交手数在1000手以上的成交大单。如图例020所示。

开盘大单已经作为一个特殊的盘面现象而存在，其所表现的量与价在短时间内发生剧烈波动，就像在平静的湖面投下了一块巨石产生了激烈的浪花冲溅，导致波涛汹涌。因此，开盘大单从来就不是一个孤立的量价异动事件。关于这一技术特征在笔者所著的《操盘学》彩图版一书中有详细讲解，有兴趣的读者不妨作进一步学习了解。

【道破选股天机】实训图谱 020

席位密码 | 机构推荐 | 机构增仓 | 热点追击 | 席位监测 | 股东增持 | 主力持仓 | 股市日历 | K线决策 | 融资买入 | 退

	代码	名称	现量↓		代码	名称	现量↓		代码	名称	现量↓
1	000616	亿城股份	3040	1	600580	卧龙电气⑤	1169	1	300136	信维通信	700
2	600886	国投电力 R	1004	2	600351	亚宝药业	1014	2	002433	太安堂	528
3	601901	方正证券 R	834	3	000048	康达尔	803	3	300279	和晶科技	471
4	000572	海马汽车	759	4	002005	德豪润达	800	4	300149	量子高科	344
5	000718	苏宁环球 R	619	5	600499	科达机电	742	5	300099	尤洛卡	306
6	000528	柳　工 R	500	6	002083	孚日股份	500	6	300312	邦讯技术	200
7	601688	华泰证券 R	337	7	600432	吉恩镍业	408	7	300089	长城集团	158
8	601600	中国铝业 R	270	8	600866	星湖科技	345	8	000004	国农科技	155
9	600837	海通证券 R	262	9	600806	昆明机床	320	9	300264	佳创视讯	150
10	601988	中国银行① R	237	10	002242	九阳股份	288	10	300192	科斯伍德	150
11	600873	梅花集团	197	11	000913	钱江摩托	268	11	300042	朗科科技	129
12	600175	美都控股	150	12	000726	鲁　泰A	251	12	300112	万讯自控	121
13	601989	中国重工① R	135	13	600257	大湖股份 R	248	13	002591	恒大高新	120
14	600978	宜华木业	133	14	600460	士兰微	247	14	002409	雅克科技	116
15	000021	长城开发 R	130	15	000429	粤高速A	217	15	002555	顺荣股份	104
16	601607	上海医药 R	129	16	600509	天富热电	214	16	300335	迪森股份	100
17	002024	苏宁云商 R	126	17	002065	东华软件	208	17	300025	华星创业	93
18	600022	山东钢铁 R	122	18	600281	太化股份	207	18	300062	中能电气	90
19	000594	国恒铁路	120	19	600829	三精制药	200	19	002412	汉森制药	86
20	600569	安阳钢铁	117	20	600737	中粮屯河	200	20	300250	初灵信息	84
21	600381	ST贤成	117	21	600073	上海梅林	200	21	002688	金河生物	84
22	000012	南　玻A R	114	22	002079	苏州固锝	200	22	300113	顺网科技	82
23	600111	包钢稀土 R	107	23	000597	东北制药	200	23	002670	华声股份	70
24	000063	中兴通讯 R	107	24	000533	万 家 乐	200	24	300229	拓尔思	68
25	600503	华丽家族 R	105	25	600398	凯诺科技	195	25	002683	宏大爆破	67
26	600018	上港集团①	102	26	002187	广百股份	185	26	300310	宜通世纪	66
27	600352	浙江龙盛	100	27	600879	航天电子	181	27	300299	富春通信	66
28	600322	天房发展	100	28	002140	东华科技	176	28	300323	华灿光电	65

大盘股▲ | 中盘股▲ | 小盘股▲

图例 020　开盘大单示意图

二、开盘大单的技术成因

开盘大单的形成，有以下几个因素：

（1）昨日在盘中已经形成上涨的价格趋势。

（2）前几日已经形成震荡盘升（或反复震荡止跌）的价格趋势。

（3）股价出现加速下跌趋势，尤其是昨日在盘中跌停。

（4）成交量在昨日（或前几日）已经悄悄温和放大。

（5）最后一个情况是：上市公司突然公布利好或利空消息。

三、主力基本操盘计划判断

基于上述技术成因，纯粹抛开利好或利空消息的因素刺激之外，其他三个技术因素所致的开盘大单均是由主力操盘计划而产生的价格推力。

主力操盘计划存在以下方向性的思路：

（1）如果股价处于历史性大底阶段，则因建仓的需要，而必须发动阶段性拉高建仓式操盘计划，因此，会有一波短线上涨行情。

（2）如果股价处于大跌之后的阶段性底部区域，因补仓或抢反弹的需要，则会启动一轮短线反弹行情。行情基调以反弹为主要特征。

（3）如果股价处于三个月时间长度的横盘胶持阶段，则因做差价滚动操盘的需要，主力以小波段短线拉升行情为主。

（4）如果股价处于长期横盘六个月或一年以上，则因筹码沉淀度过高，主力基础仓位已经建立完毕，因此会发动一轮较大级别的中线波段行情。

（5）如果大盘环境转暖，大部分当日大单开盘个股均会在当天形成较好的上涨趋势，并引导后续行情的发展。这是主力先知先觉迅速启动行情做差价利润的操盘需要。

四、四大买进技术特征

（1）经过一轮大级别熊市行情之后，股价处在历史性大底区域。攻击线和操盘线发生金叉，生命线或决策线在股价经过前期数次反弹之后构成一定的支撑。KDJ 在 20 ~ 50 值区域形成金叉向上状态。当日出现开盘大单，股价将在当天产生短线小级别上涨行情。

（2）股价经过一波大跌之后的阶段性底部区域，攻击线和操盘线构成下降通道，KDJ 处于 20 值以下区域，其中 J 值进入负值区域。K 线形态出现一组止跌 K 线结构。当日出现开盘大单，股价将在当天出现震荡盘升的反弹行情。但上档阻力分布于攻击线和操盘线区域，股价反弹至这两个阻力区将会见顶回落。

（3）股价在阶段性底部横盘整理时间长度达到三个月以上，市场处于平衡震荡整理时期。攻击线和操盘线在生命线或决策线之上发生金叉现象，KDJ 在 20 – 50 值区域形成金叉向上状态。当日出现开盘大单，股价将在当天和后续数日内产生短线小波段上涨行情。

（4）股价在阶段性底部横盘整理时间长度达到六个月或一年以上，市场长期处于平衡震荡整理状态。攻击线、操盘线和生命线分别在决策线或趋势线之上发生金叉现象，KDJ 在 20 – 50 值区域形成金叉向上状态。当日出现开盘大单，股价将在当天和后续数日内启动一轮中线较大级别的波段上涨行情。

五、开盘大单分类

根据当天集合竞价所表现的股价走势特征，开盘大单一共分为三个主要类型：

其一，高开大单。

其二，平开大单。

其三，低开大单。

六、选股程序

（1）早盘9：20分时，将软件界面设定成“A股三大板块综合行情报表”，直接在通达信软件界面中输入相关数字键即可出现深沪两市A股三大板块综合行情报表。

（2）早盘9：25分时，深沪股市进入集合竞价时间段，直接点按现量，即可出现“现量排名”。开盘大单以量大顺序排名靠前。

（3）临盘在9：25分~9：30分之间迅速将第一版单笔成交量1000手以上个股日K线图浏览一遍，从中筛选出符合四大买进技术特征的目标品种。

七、选股鉴别

（1）高开大单是上涨特征，属于一级优先对象。

（2）低开大单，则是下跌或调整特征，属于备选对象。

（3）如果在当日开盘大单排名中，出现板块性行情特征，则应以高开幅度最大的个股为重要目标。因为该股极有可能是领涨龙头。

（4）如果在当日开盘大单排名中，没有板块行情特征，则也应以高开幅度较大的个股为重要目标。

（5）在大盘反复震荡，趋势不太明朗的普通行情中，以流通盘最小的品种优先，流通盘大的品种仅作备选。以前几日温和放量的品种优先，以初次放量的品种备选。

八、选股特别提醒

当日高开大单出现时，如波段涨幅达到30%以上，临盘则应谨慎。当日低开大单出现时，如股价刚刚进入波段下跌阶段，则跌势将会加速，临盘则应谨慎。

第二节　开盘大单案例集锦

【道破选股天机】实训图谱 021

行情报价 | 资金驱动 | 资金博弈 | DDE排名 | 多空阵线 | SUP统计 | 交易必读 | 股本变动 | 主题投资 | 事件驱动 | 数据纵览

	代码	名称	现量	涨幅%	买入价	卖出价	总量	振幅%	涨速%	换手%	细分行业
1	000527	美的电器	36.0万	9.98	13.44	–	36.0万	0.00	9.98	1.06	家用电器
2	000518	四环生物	48236	0.00	4.64	4.65	48236	0.00	0.00	0.47	生物制药
3	600789	鲁抗医药	34260	4.79	5.68	5.69	34260	0.00	4.78	0.59	化学制药
4	000078	海王生物	30242	0.21	9.49	9.50	30242	0.00	0.21	0.46	生物制药
5	600466	迪康药业	28952	1.18	5.99	6.00	28952	0.00	1.18	0.66	中成药
6	600030	中信证券	R20506	-2.64	11.79	11.80	20506	0.00	-2.64	0.02	证券类
7	000735	罗 牛 山	19677	-7.26	5.99	6.00	19677	0.00	-7.26	0.22	农业综合
8	600050	中国联通①	R19300	-1.64	3.60	3.61	19300	0.00	-1.63	0.01	电信运营
9	601901	方正证券	R19263	-3.00	7.11	7.12	19263	0.00	-3.00	0.06	证券类
10	601288	农业银行①	R17644	-1.10	2.70	2.71	17644	0.00	-1.09	0.01	银行类
11	601328	交通银行①	R16438	-1.06	4.67	4.68	16438	0.00	-1.05	0.01	银行类
12	601099	太平洋	R14658	-0.51	5.89	5.90	14658	0.00	-0.50	0.09	证券类
13	601607	上海医药	R14643	2.99	13.42	13.45	14643	0.00	2.98	0.08	生物制药
14	600016	民生银行①	R14598	-3.10	9.37	9.38	14598	0.00	-3.09	0.01	银行类
15	601818	光大银行①	R14122	-0.96	3.09	3.10	14122	0.00	-0.95	0.01	银行类
16	002566	益盛药业	13185	10.03	18.09	18.10	13185	0.00	10.03	1.19	中成药
17	600351	亚宝药业	13058	2.47	5.76	5.80	13058	0.00	2.47	0.21	中成药
18	002603	以岭药业	12750	10.01	29.66	–	12750	0.00	10.01	1.51	中成药
19	600837	海通证券	R12603	-2.67	9.83	9.84	12603	0.00	-2.67	0.02	证券类
20	601166	兴业银行①	R11978	-2.04	16.80	16.81	11978	0.00	-2.04	0.01	银行类
21	000716	南方食品	11370	-9.92	10.63	11.44	11370	0.00	-9.91	0.66	食品
22	000739	普洛股份	10619	1.45	13.94	14.00	10619	0.00	1.44	0.41	化学制药
23	600000	浦发银行①	R10429	-1.89	9.86	9.87	10429	0.00	-1.88	0.01	银行类
24	600435	北方导航⑤	R10116	-0.68	11.69	11.70	10116	0.00	-0.67	0.14	专用机械
25	601618	中国中冶①	R10045	-0.98	2.02	2.03	10045	0.00	-0.98	0.01	建筑施工
26	002166	莱茵生物⑤	9631	0.00	19.23	19.24	9631	0.00	0.00	1.01	中成药
27	600332	广州药业	R 9601	3.94	32.18	32.20	9601	0.00	3.93	0.16	中成药
28	600115	东方航空	R 9577	-2.90	3.00	3.01	9577	0.00	-2.90	0.01	空运

常规▲ | 分类▲ | 资金模型▲ | 个股拉升 | 板块吸筹 | 板块拉升 | 即时决策 | 先锋模型 | 决策信号 | 板块指数 | A股 | 中小 | 创业

图例 021　早盘集合竞价现量排行榜即时图谱

高开大单选股解码：

从今天的集合竞价来看，板块热点比较集中：排名第一的是美的电器（000527），题材股，不构成板块联动的情形。接着是生物制药板块，上榜的有四环生物（000518）、鲁抗医药（600789）、海王生物（000078）。证券类的上榜了4

个，分别是中信证券（600030）、方正证券（601901）、太平洋（601099）和海通证券（600837）。今天上榜品种最多的是中成药板块，有6个，分别是迪康药业（600466）、上海医药（601607）、益盛药业（002566）、亚宝药业（600351）、以岭药业（002603）、莱茵药业（002166）和广州药业（600332）等。从集合竞价的数据来分析，今天的药业股值得高度关注。

【道破选股天机】实训图谱 022

图例 022　以岭药业（002603）日 K 线走势图谱

技术特征解码：

板块热点：早盘出现中成药板块联动迹象。

技术形态：早盘以 12750 手天量大单于涨停价开盘，气势惊人。

买进策略：开盘以集合竞价排队买进第一单。盘中如果开板时，迅速买进第二单。保留一半仓位资金量，防范市场不确定性风险。如果次日出现高开低走，则在今天的涨停价附近继续买进，滚动操作。

【道破选股天机】实训图谱 023

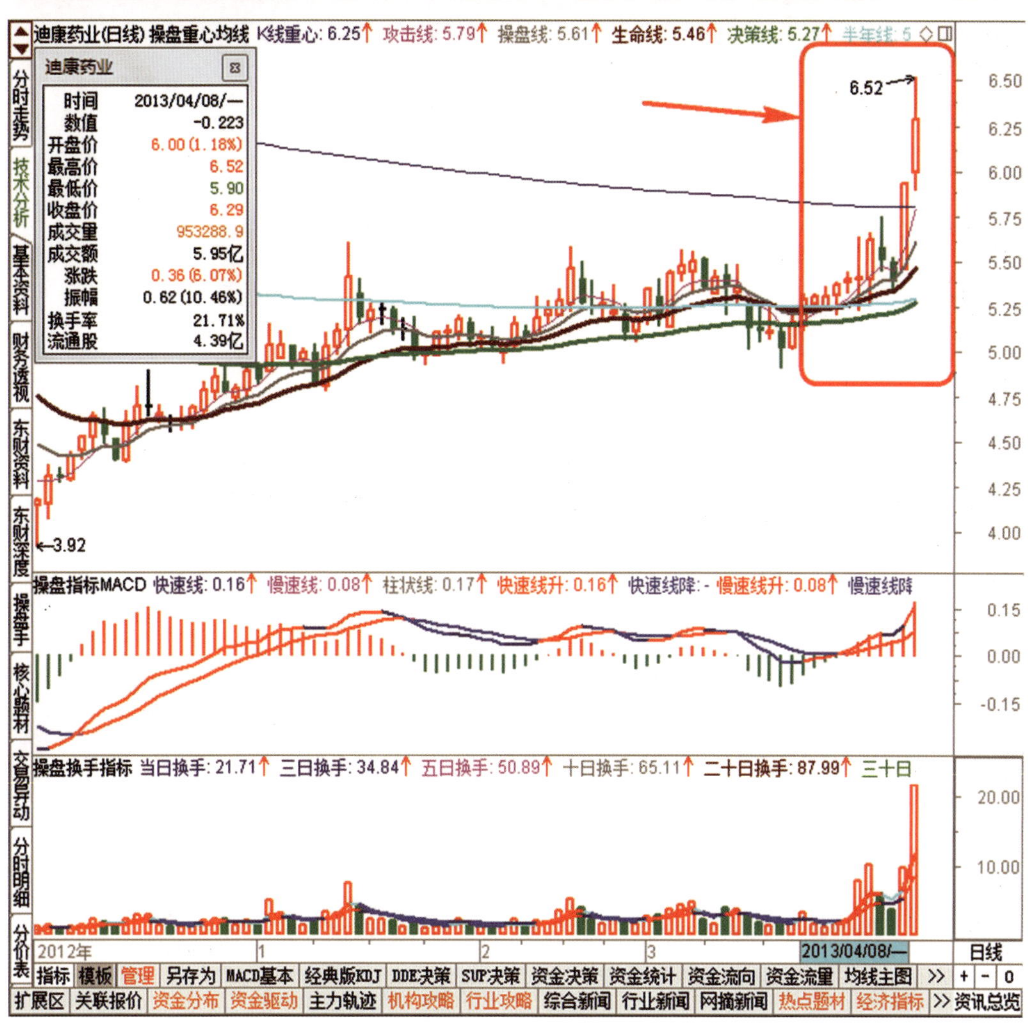

图例 023　迪康药业（600466）日 K 线走势图谱

技术特征解码：

板块热点：早盘出现中成药板块联动迹象。

技术形态：早盘以 28952 手天量大单小幅度高开开盘。股价在上周五放量突破年线，形成强势腾飞点的特征。均线系统的攻击线、操盘线、生命线和决策线构成良好的上升通道。

买进策略：开盘以集合竞价直接买进第一单。如盘中出现快速下挫时，则可以在回调过程中不再下跌时买进第二单。保留一半仓位资金量，防范市场不确定性风险。

【道破选股天机】实训图谱 024

图例 024 鲁抗医药（600789）日 K 线走势图谱

技术特征解码：

板块热点：早盘出现药业股板块联动迹象。

技术形态：早盘以 34260 手巨量大单高开。股价在上周五缩量涨停，形成上升第三个涨停板上涨特征。盘中出现开板，说明今天必然洗盘。

买进策略：开盘集合竞价时，保持观望，盘中直接在上周五开盘价位置下方买进第一单。盘中向下攻击回调低于周五收盘价的低点时可买进第二单。或者在不创新低的时候加码买进。保留三分之一仓位资金量，防范市场不确定性风险。

【道破选股天机】实训图谱 025

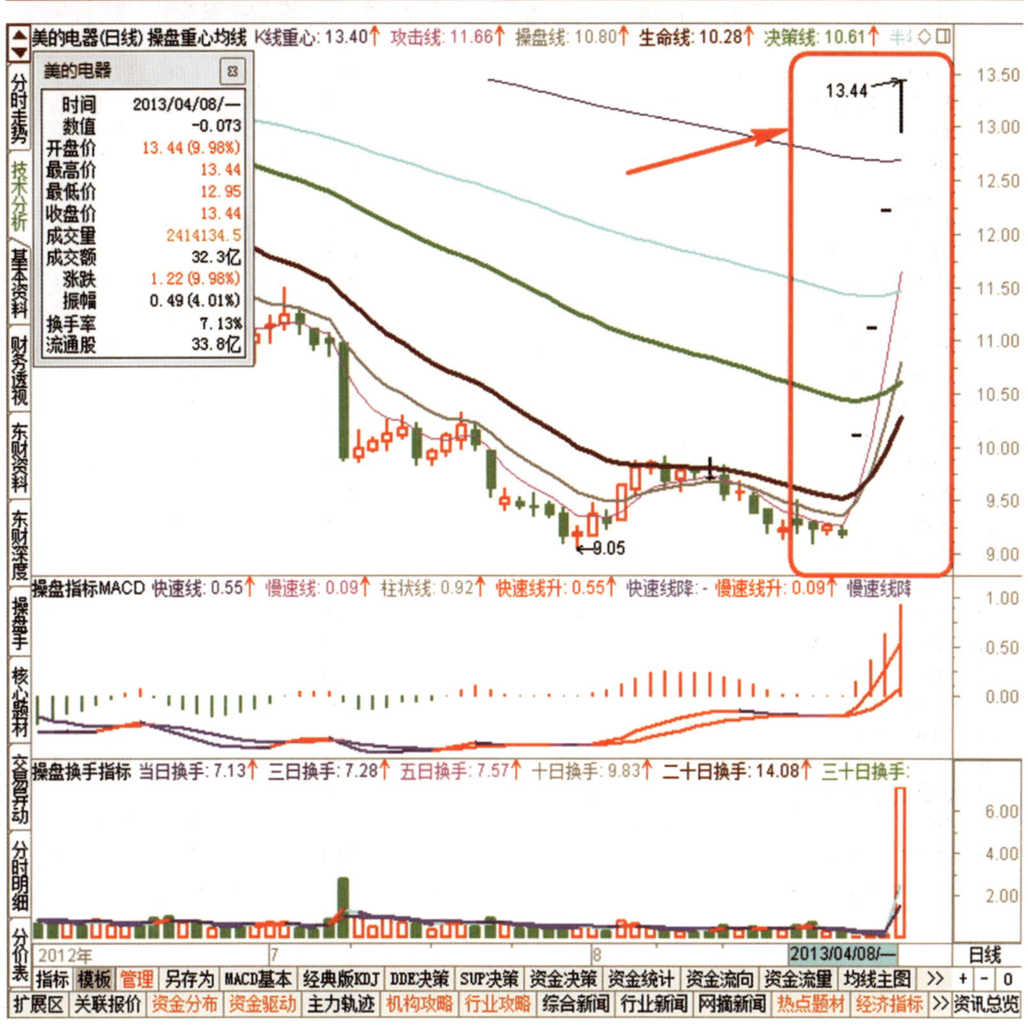

图例 025　美的电器（000527）日 K 线走势图谱

技术特征解码：

板块热点：早盘没有出现家电板块联动迹象。说明这是个股行为。

技术形态：早盘以 36 万手天量大单涨停价开盘。这是复牌后的第四个涨停板，今天已经接近前方套牢盘密集区，因此，集合竞价时间段保持观望比较明智。

买进策略：在上一个涨停位置附近买进第一单。如盘中出现急速下挫回调时，则可以在回调过程中不再下跌时买进第二单。保留七成仓位资金量，防范市场不确定性风险。

【道破选股天机】实训图谱 026

行情报价 资金驱动 资金博弈 DDE排名 多空阵线 SUP统计 交易必读 股本变动 主题投资 事件驱动 数据纵览

	代码	名称	现量	涨幅%	买入价	卖出价	总量	振幅%	涨速%	换手%	细分行业
1	600256	广汇能源	R85939	-9.15	18.18	18.21	85939	0.00	-9.14	0.43	综合类
2	000100	TCL 集团	R48560	3.02	2.73	2.74	48560	0.00	3.01	0.06	家用电器
3	600337	美克股份	31477	0.00	7.15	7.17	31477	0.00	0.00	0.54	家居用品
4	600157	永泰能源	R29975	-5.49	9.30	9.31	29975	0.00	-5.48	0.21	煤炭开采
5	000527	美的电器	21105	0.45	13.48	13.50	21105	0.00	0.44	0.06	家用电器
6	600226	升华拜克	18186	3.62	7.14	7.15	18186	0.00	3.62	0.45	农药化肥
7	600649	城投控股	R17768	-0.82	6.01	6.05	17768	0.00	-0.81	0.06	水务
8	600673	东阳光铝	17675	10.07	7.97	7.98	17675	0.00	10.06	0.21	铝
9	000404	华意压缩	16816	5.07	6.42	6.43	16816	0.00	5.07	0.74	专用机械
10	002566	益盛药业	16320	8.73	18.78	18.80	16320	0.00	8.73	1.47	中成药
11	600249	两面针	13718	-7.17	5.56	5.57	13718	0.00	-7.16	0.30	日用化工
12	002603	以岭药业	13253	3.51	30.70	30.71	13253	0.00	3.50	1.57	中成药
13	002030	达安基因	11590	2.49	10.31	10.32	11590	0.00	2.48	0.29	生物制药
14	600980	*ST北磁	11270	-4.75	9.02	9.03	11270	0.00	-4.75	0.87	元器件
15	600789	鲁抗医药	10252	-5.19	5.65	5.66	10252	0.00	-5.19	0.18	化学制药
16	600222	太龙药业	8457	1.65	6.14	6.15	8457	0.00	1.65	0.21	中成药
17	601018	宁波港	8189	0.40	2.50	2.51	8189	0.00	0.39	0.03	港口
18	000735	罗 牛 山	6870	-1.53	5.78	5.79	6870	0.00	-1.53	0.08	农业综合
19	002320	海峡股份	6867	4.75	11.24	11.25	6867	0.00	4.74	0.16	水运
20	601901	方正证券	R 6734	1.11	7.25	7.26	6734	0.00	1.11	0.02	证券类
21	000011	深物业A	6394	9.97	6.84	–	6394	0.00	9.96	0.36	区域地产
22	600466	迪康药业	6085	-4.45	6.01	6.02	6085	0.00	-4.45	0.14	中成药
23	300101	国腾电子	6067	3.26	17.39	17.42	6067	0.00	3.26	0.37	通信设备
24	300002	神州泰岳	5907	3.45	20.40	20.41	5907	0.00	3.44	0.29	软件服务
25	000518	四环生物	5760	-2.89	4.69	4.70	5760	0.00	-2.89	0.06	生物制药
26	600666	西南药业	5732	1.88	7.58	7.59	5732	0.00	1.88	0.20	化学制药
27	600839	四川长虹	R 5587	0.00	2.00	2.01	5587	0.00	0.00	0.01	家用电器
28	600580	卧龙电气	5130	3.67	5.64	5.65	5130	0.00	3.66	0.07	电气设备

常规▲ 分类▲ 资金模型▲ 个股拉升 板块吸筹 板块拉升 即时决策 先锋模型 决策信号 板块指数 A股 中小 创业

图例 026 早盘集合竞价现量排行榜即时图谱

高开大单选股解码：

今天集合竞价的情况显示出热点散乱，没有明显的板块联动，也没有集中性的新热点。昨天的热点药业股，经过连续几天的炒作，也已经进入了出货周期，因此，这类品种没有参与价值，需要谨慎回避为好。

从集合竞价的情况来看，业绩预增概念板块可能会被反复炒作，其中华意压缩（000404）以 16816 手强势高开，今天继续保持攻击势头，可以继续跟进。前期恶炒过的海峡股份（002320），则参与的价值不大。

【道破选股天机】实训图谱 027

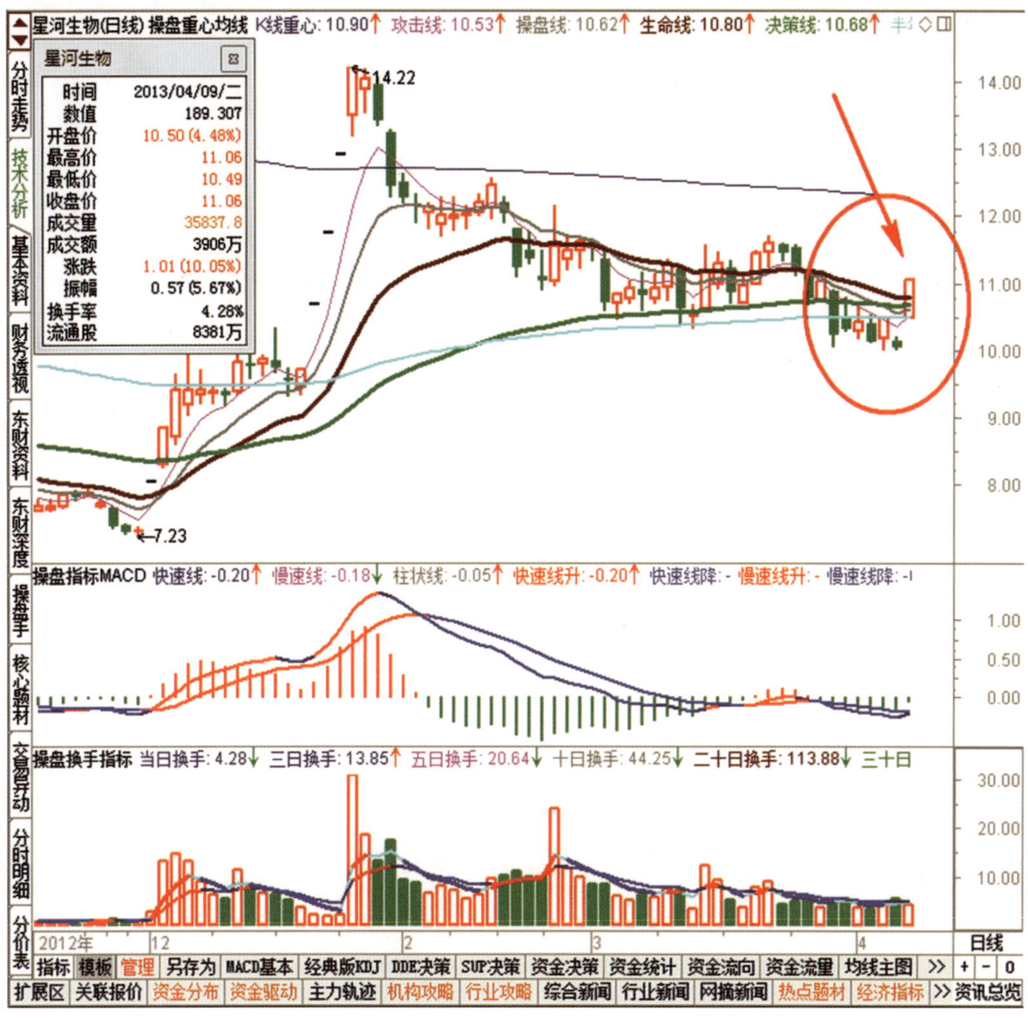

图例 027　星河生物（300143）日 K 线走势图谱

技术特征解码：

板块热点：早盘没有出现生物板块联动迹象，因此属于个股行为。

技术形态：

早盘以 3055 手大量大单强势开盘。股价突破决策线后，已经形成芙蓉出水 K 线结构特征。今日高开，股价在关键技术点位企稳。攻击线与操盘线尚未形成金叉，宜跟踪观察。

买进策略：集合竞价开盘时买进第一仓，在回调不破均价线时买进第二仓。保留一半仓位资金量，防范市场不确定性风险。

【道破选股天机】实训图谱 028

图例 028　神州泰岳（300002）日 K 线走势图谱

技术特征解码：

板块热点：早盘没有出现软件服务板块联动迹象，属于个股行为。

技术形态：早盘以 5907 手大量大幅度跳高开盘。股价在突破前期高点后，形成了腾飞点形态。这是未经消化获利盘而突发的拉升，需要谨慎对待。

买进策略：集合竞价开盘时买进第一单。如盘中震荡下跌，则在尾盘收盘时，再买进第二单。由于该股具备龙头特征，保留三分之一仓位资金量，防范市场不确定性风险即可。

【道破选股天机】实训图谱 029

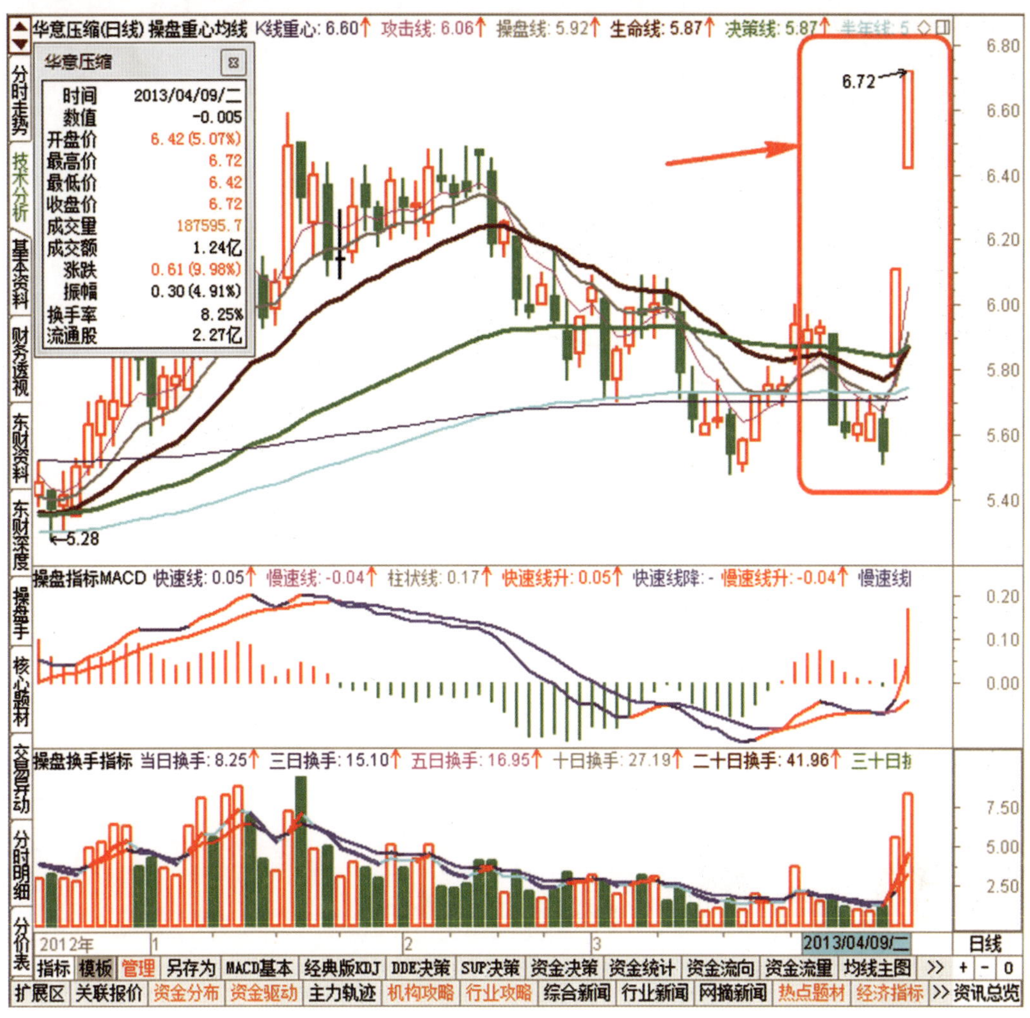

图例 029　华意压缩（000404）日 K 线走势图谱

技术特征解码：

板块热点：早盘未出现业绩预增板块联动迹象，属于个股异动。

技术形态：早盘以 16816 手天量大单跳空高开开盘。股价前期在突破整理平台后，已经走出腾飞点 K 线结构特征。今日高开，股价向上升的概率比较大。

买进策略：开盘在集合竞价的时候买进第一单。回调不破均价线，买进第二仓。由于是面临平台压力，因此必须保留一半仓位资金量，防范市场不确定性风险。

【道破选股天机】实训图谱 030

图例 030 深物业 A（000011）日 K 线走势图谱

技术特征解码：

板块热点：早盘未出现深圳本地股板块联动迹象，属于个股异动。

技术形态：早盘以 6394 手天量大单直接以涨停价开盘。股价面临年线压制，需要注意回调风险，因此，宜谨慎对待。

买进策略：集合竞价时间段排队买进，如盘中出现开板，则在第一波回调不破当日开盘价或昨天收盘价时买进第二单。由于是面临年线压力，因此必须保留一半仓位资金量，防范市场不确定性风险。

【道破选股天机】实训图谱031

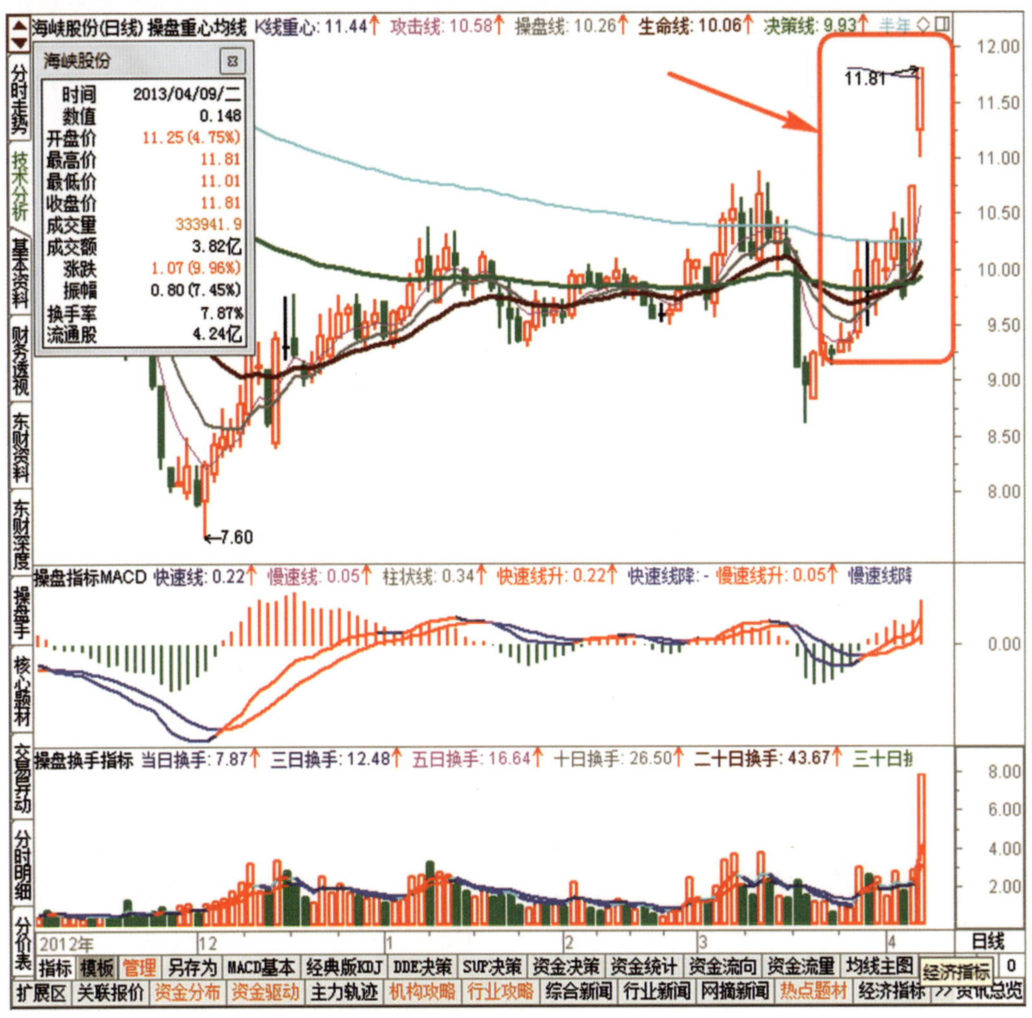

图例031　海峡股份（002320）日K线走势图谱

技术特征解码：

板块热点：早盘未出现海南板块联动迹象，属于个股异动。

技术形态：早盘以6867手巨量大单跳空开盘。股价前期在突破前期高点后，已经走出了腾飞点K线结构特征。

买进策略：开盘在股价回调击穿开盘价时买进第一单。如盘中向下打压，则在击穿昨天收盘价并不再创当日新低时买进第二单。由于是处在前期高点附近，因此，可在次日开盘后再补进第三单。临盘保留三分之一仓位资金量，防范市场不确定性风险。

【道破选股天机】实训图谱 032

图例 032　东阳光铝（600673）日 K 线走势图谱

技术特征解码：

板块热点：早盘未出现有色板块联动迹象，属于个股异动。

技术形态：早盘以 17675 手巨量大单跳空开盘，并创出近期新高。股价前期在突破近期高点后快速回落，走出了典型的假阴线 K 线结构特征。今日高开低走有明显的洗盘味道。买进策略：在股价回调击穿前开盘价时买进第一单。如盘中继续向下打压，则在击穿昨天收盘价上方不再创当日新低时买进第二单。由于形态健康，并有热点题材支撑，可在次日开盘后再补进第三单。临盘保留一半仓位资金量，防范市场不确定性风险。

【道破选股天机】实训图谱 033

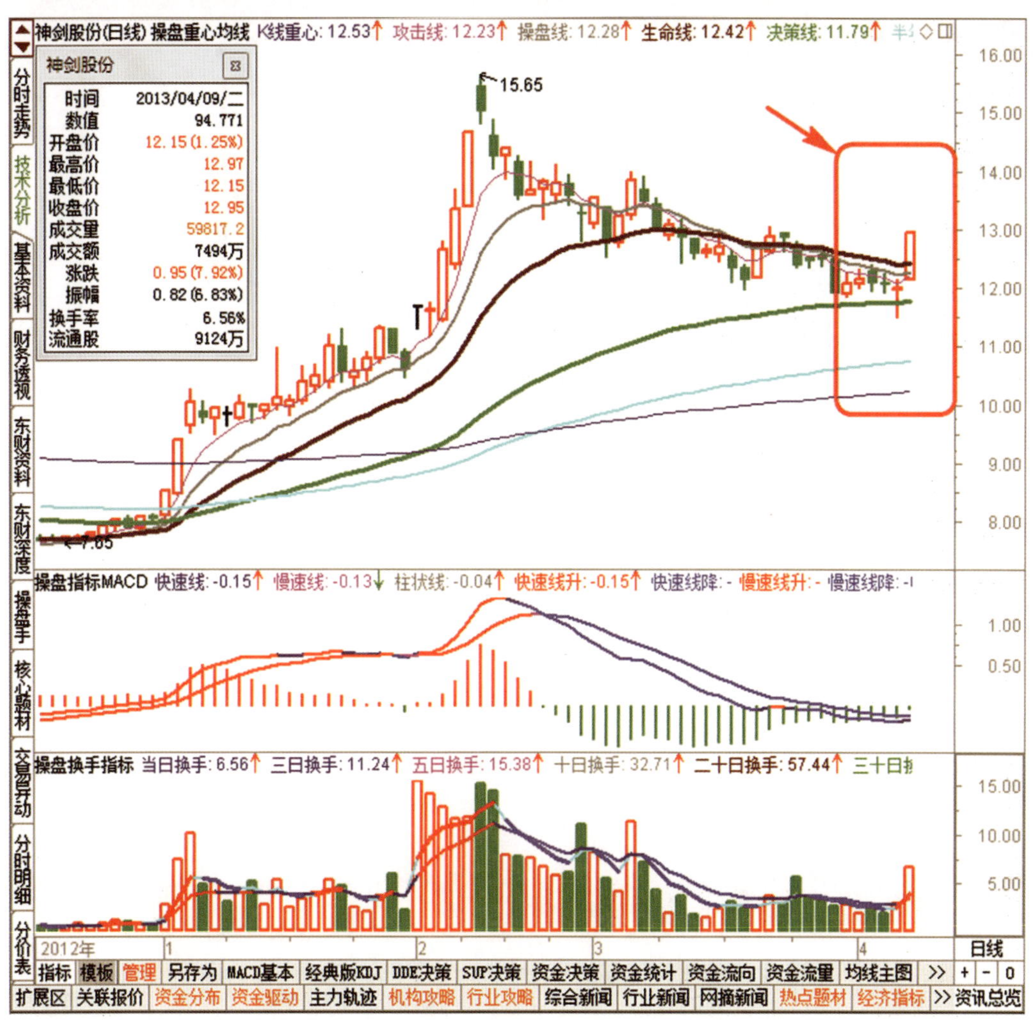

图例 033　神剑股份（002361）日 K 线走势图谱

技术特征解码：

板块热点：早盘未出现化纤板块联动迹象，属于个股异动。

技术形态：早盘以 1857 手巨量大单轻微高开开盘。股价在突破生命线后，将出现关键技术点位站稳的 K 线结构特征。

买进策略：在股价开盘价时买进第一单。如盘中向下打压，则在击穿操盘线并不再创当日新低时买进第二单。临盘保留一半仓位资金量，防范市场不确定性风险。

【道破选股天机】实训图谱 034

图例 034　TCL 集团（000100）日 K 线走势图谱

技术特征解码：

板块热点：早盘未出现家电板块联动迹象，属于个股异动。

技术形态：早盘以 48560 手巨量大单高开开盘。股价在突破近期高点时遇到抛压，出现回落，构成典型的弓形 K 线结构特征。

买进策略：开盘在股价回调击穿开盘价时买进第一单。如盘中向下打压，则在击穿昨天收盘价并不再创当日新低时买进第二单。临盘保留一半仓位资金量，防范市场不确定性风险。

【道破选股天机】实训图谱 035

行情报价 | 资金驱动 | 资金博弈 | DDE排名 | 多空阵线 | SUP统计 | 交易必读 | 股本变动 | 主题投资 | 事件驱动 | 数据纵览

	代码	名称	现量	振幅%	买入价	卖出价	总量	涨幅%	涨速%	换手%	今开
1	000011	深物业A	46364	0.00	7.52	–	46364	9.94	9.94	2.64	7.52
2	601012	隆基股份	42652	0.00	8.01	–	42652	10.03	10.02	3.16	8.01
3	601313	江南嘉捷	28141	0.00	8.12	–	28141	10.03	10.02	1.37	8.12
4	000953	ST河化	22938	0.00	4.55	4.59	22938	-1.52	-1.51	0.78	4.55
5	000404	华意压缩	20585	0.00	7.03	7.04	20585	4.61	4.61	0.90	7.03
6	000848	承德露露	19813	0.00	21.45	–	19813	10.00	10.00	0.49	21.45
7	600186	莲花味精	R17977	0.00	3.33	3.34	17977	3.74	3.73	0.19	3.33
8	000059	辽通化工	R10837	0.00	5.95	5.98	10837	-5.25	-5.25	0.09	5.95
9	600515	海岛建设	R10640	0.00	9.88	9.89	10640	0.92	0.91	0.36	9.88
10	002056	横店东磁	R10241	0.00	13.15	13.16	10241	4.94	4.94	0.25	13.16
11	600110	中科英华	9261	0.00	5.99	6.00	9261	-1.48	-1.47	0.08	6.00
12	000892	星美联合	8972	0.00	5.00	5.01	8972	0.81	0.80	0.29	5.00
13	002610	爱康科技	8418	0.00	6.34	–	8418	10.07	10.06	0.50	6.34
14	000975	银泰资源	7944	0.00	11.00	11.01	7944	3.87	3.86	0.13	11.01
15	600225	天津松江	R 7331	0.00	4.28	4.30	7331	2.87	2.87	0.13	4.30
16	000629	攀钢钒钛	R 7227	0.00	3.32	3.33	7227	-0.60	-0.59	0.02	3.32
17	300002	神州泰岳	7031	0.00	22.29	22.30	7031	2.81	2.81	0.35	22.30
18	600649	城投控股	R 6919	0.00	6.44	6.45	6919	-2.42	-2.42	0.02	6.45
19	600226	升华拜克	6664	0.00	6.70	6.72	6664	-2.19	-2.18	0.16	6.70
20	000598	兴蓉投资	6471	0.00	11.35	11.36	6471	-1.30	-1.30	0.07	11.35
21	000100	TCL 集团	R 6437	0.00	2.71	2.72	6437	-0.37	-0.36	0.01	2.71
22	600789	鲁抗医药	6219	0.00	5.46	5.47	6219	-0.36	-0.36	0.11	5.46
23	600556	ST北生	5900	0.00	–	4.09	5900	-5.10	-5.10	0.24	4.09
24	601901	方正证券	R 5562	0.00	7.37	7.38	5562	-0.40	-0.40	0.02	7.38
25	600401	海润光伏	5507	0.00	6.92	6.93	5507	5.01	5.00	0.18	6.92
26	600135	乐凯胶片	5435	0.00	10.01	10.02	5435	0.40	0.40	0.16	10.02
27	600886	国投电力	R 5390	0.00	6.24	6.25	5390	0.81	0.80	0.02	6.25
28	000735	罗 牛 山	5358	0.00	6.16	6.17	5358	-1.91	-1.90	0.06	6.17

常规▲ | 分类▲ | 资金模型▲ | 个股拉升 | 板块吸筹 | 板块拉升 | 即时决策 | 先锋模型 | 决策信号 | 板块指数 | A股 | 中小 | 创业

图例 035 早盘集合竞价现量排行榜即时图谱

高开大单选股解码：

今天集合竞价的情况显示出热点散乱，没有明显的板块联动，但是有一个集中性的新热点。就是巴菲特收购传闻。相关的个股今天估计会表现。昨天的热点稀土概念股，以前经过连续炒作，今天死掉的可能性很大，因此，这类品种没有参与价值，需要谨慎回避为好。

从集合竞价的情况来看，业绩预增概念板块可能会被反复炒作，其中深物业 A（000011）以 46364 手强势涨停高开，今天继续保持攻击势头，可以继续跟进。前期恶炒过的海岛建设（600515），则参与的价值不大。涉及巴菲特传闻股隆基股份（601012）直接一字板涨停开盘，相关个股稍有跟风。以保持观望对待为好。

【道破选股天机】实训图谱 036

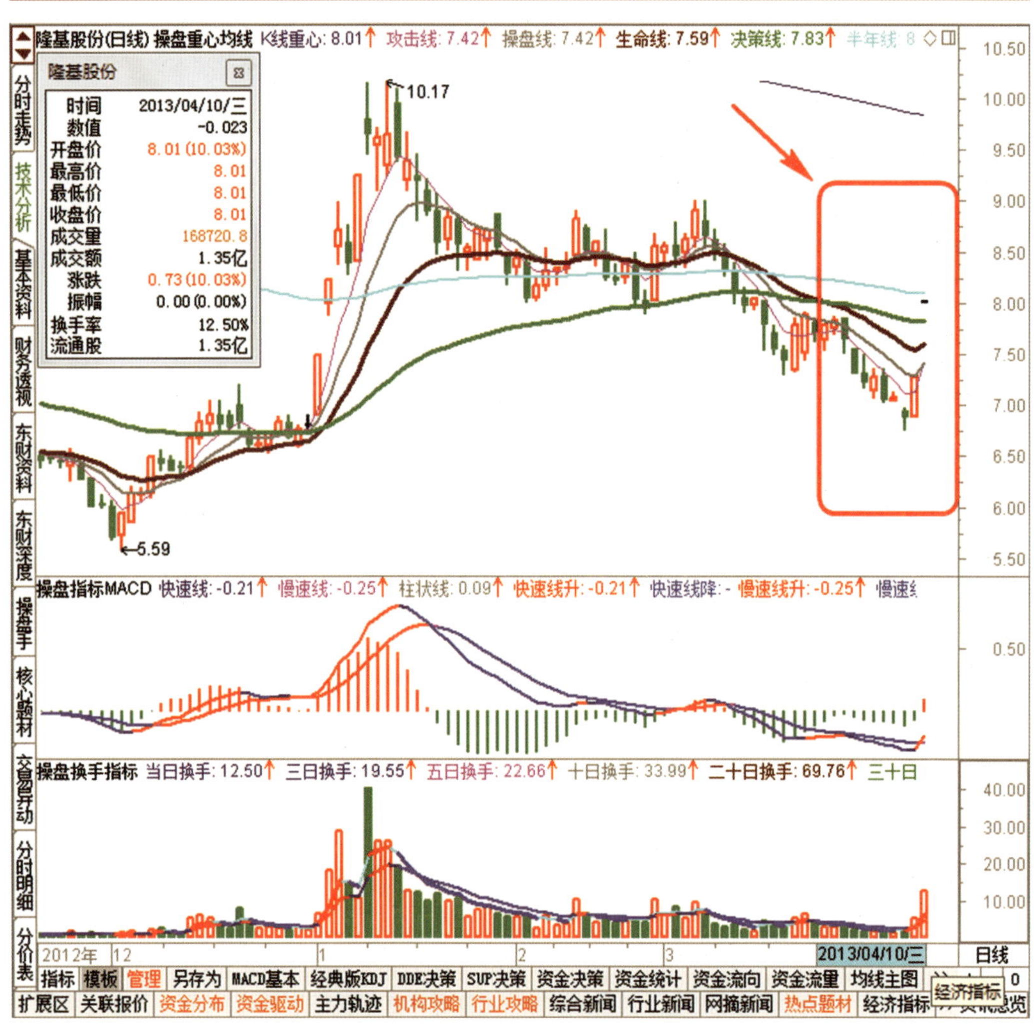

图例 036　隆基股份（601012）日 K 线走势图谱

技术特征解码：

板块热点：早盘出现巴菲特收购概念板块联动迹象，板块启动迹象明显。

技术形态：早盘以 42652 手巨量大单在涨停位置开盘。股价在突破 5 日均线，构成止跌 K 线结构特征。今日受消息刺激直接一字板高开，股价重回操盘线之上，并有向上突破平台趋势。攻击线与操盘线即将金叉向上，形成强烈攻击态势。

买进策略：在集合竞价的时候大仓位排队，全力买进。如果次日向下砸盘，继续买进，短线操作。临盘保留三分之一仓位资金量，防范市场不确定性风险。

【道破选股天机】实训图谱 037

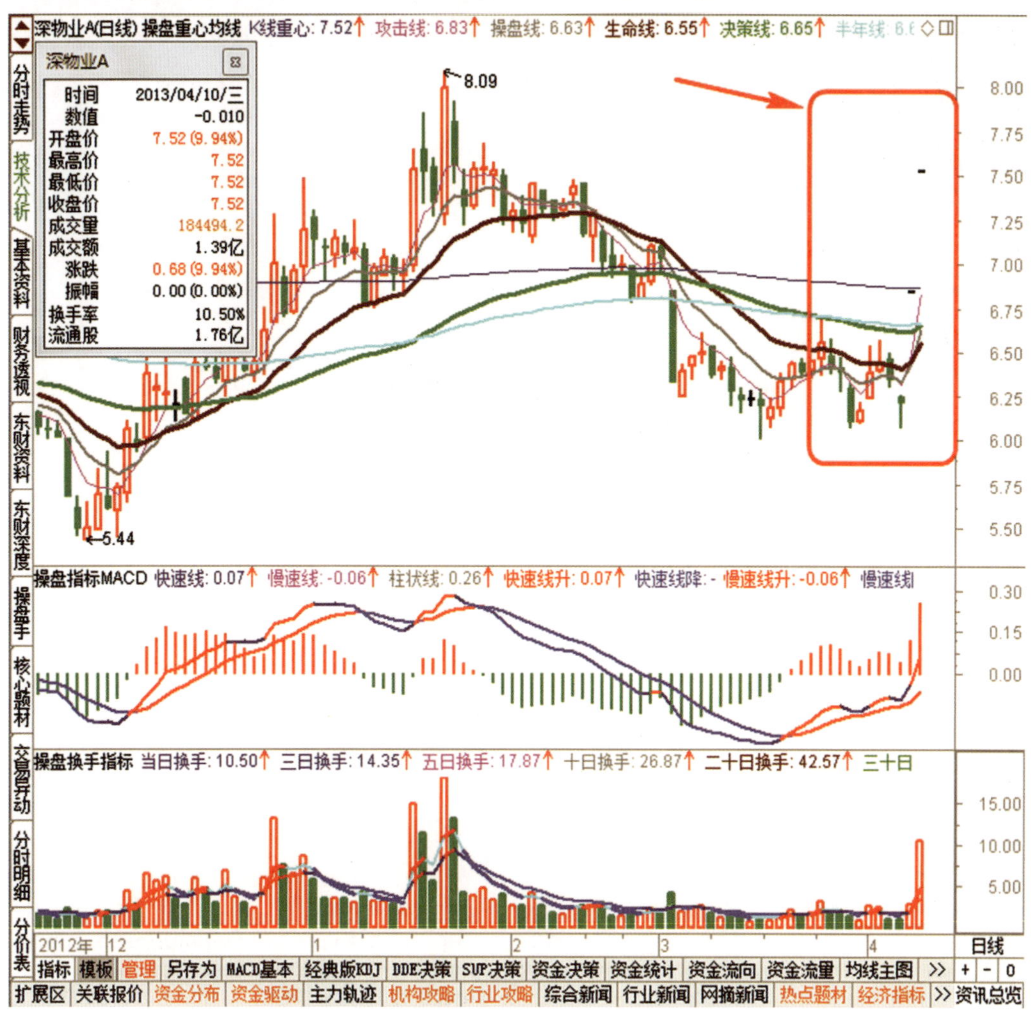

图例 037　深物业 A（000011）日 K 线走势图谱

技术特征解码：

板块热点：早盘出现季报板块联动迹象，板块启动迹象明显。

技术形态：早盘以 46364 手巨量大单在涨停位置开盘。继续构筑一字板 K 线结构特征。这是典型的坚决做多，不给场外资金低吸的机会。继续排队买进。

买进策略：今天继续一字板开盘，继续排队买进。如盘中出现开板向下打压，则在开板时逢低买进第一单。如盘中无法封涨停，则在收盘时买进第二单。临盘保留三分之一仓位资金量，防范市场不确定性风险。

【道破选股天机】实训图谱 038

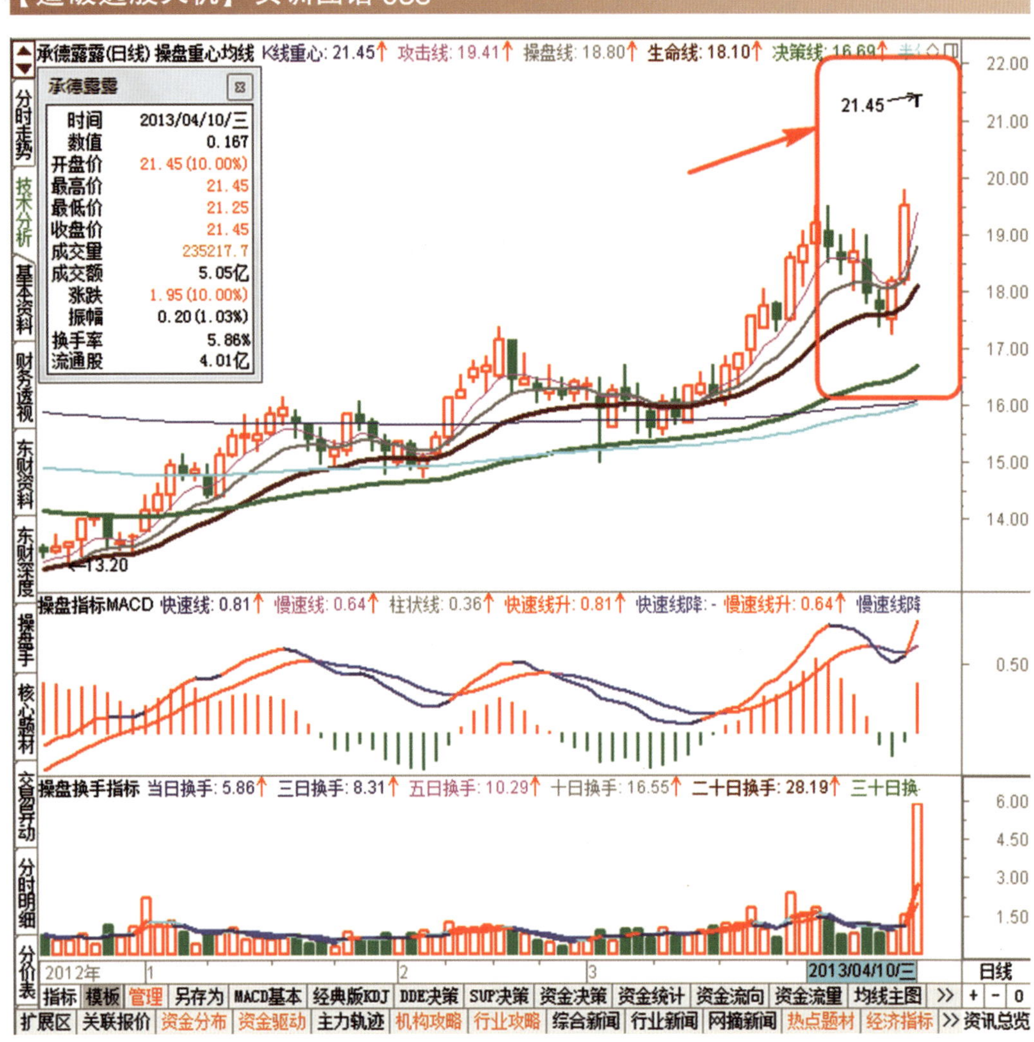

图例 038 承德露露（000848）日 K 线走势图谱

技术特征解码：

板块热点：早盘出现季报板块联动迹象，板块启动迹象明显。

技术形态：早盘以 19813 手巨量大单涨停价开盘，气势非凡。股价在完成主升型起涨点之后，今日涨停高开，股价有展开腾飞点上升趋势。

买进策略：由于有业绩题材支撑，集合竞价时间段积极排队买进。如盘中出现开板向下打压，则继续逢低买进第二单。临盘保留三分之一仓位资金量，防范市场不确定性风险。

【道破选股天机】实训图谱 039

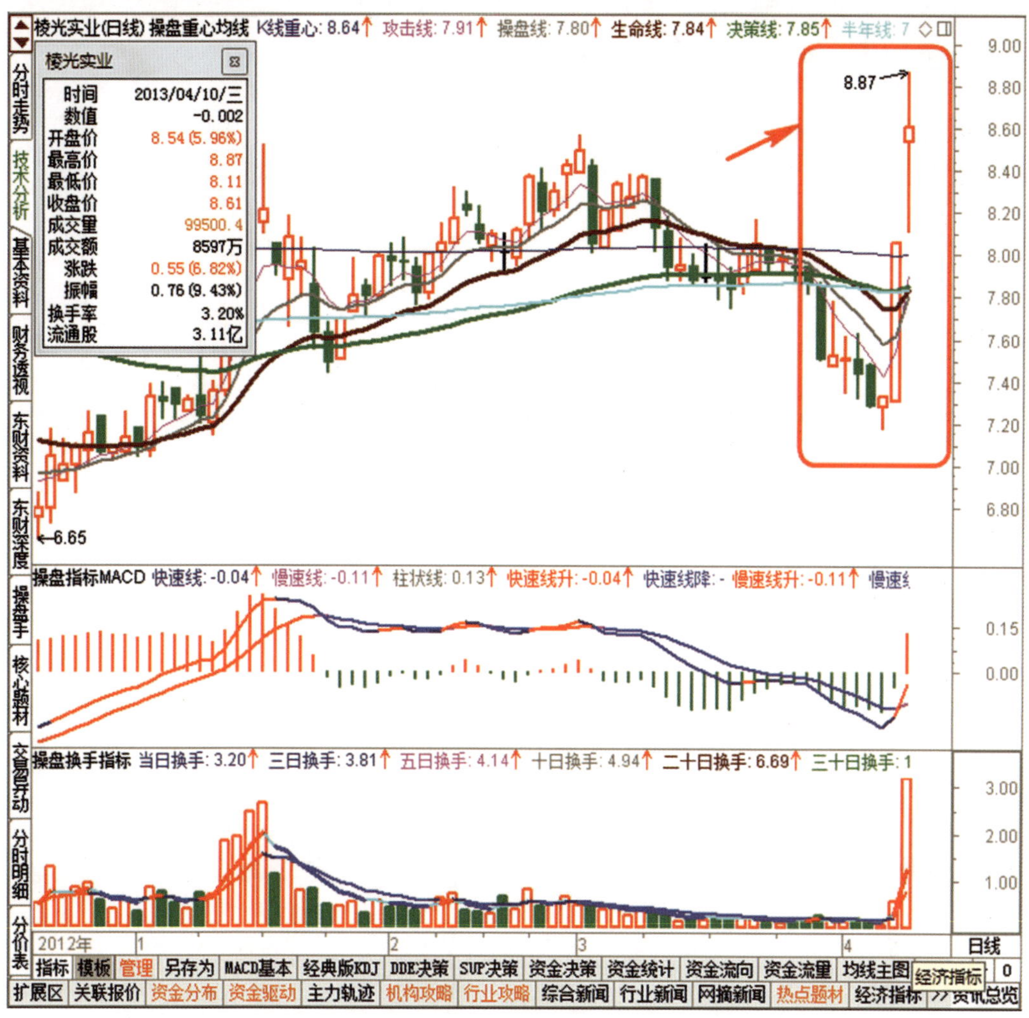

图例 039　棱光实业（600629）日 K 线走势图谱

技术特征解码：

板块热点：早盘没有出现建材板块联动迹象，属于个股异动。

技术形态：早盘以 3308 手大量大单高开，属于强势高开行情。股价前期在经过大幅度下跌之后，做空动能已经完全消失。今日继续大幅度高开，有震荡洗筹的意图，但是攻击线与操盘线尚未形成金叉，短线反弹攻击力暂不具备，需要进一步蓄势。

买进策略：由于攻击线与操盘线没有形成金叉，故开盘时观望。如盘中向下打压，则在击穿操盘线时买进第一单。如盘中持续震荡盘跌，则在收盘时买进第二单。由于该股底部反弹，可在次日开盘时买进第三单。临盘保留三分之二仓位资金量，防范市场不确定性风险。

【道破选股天机】实训图谱 040

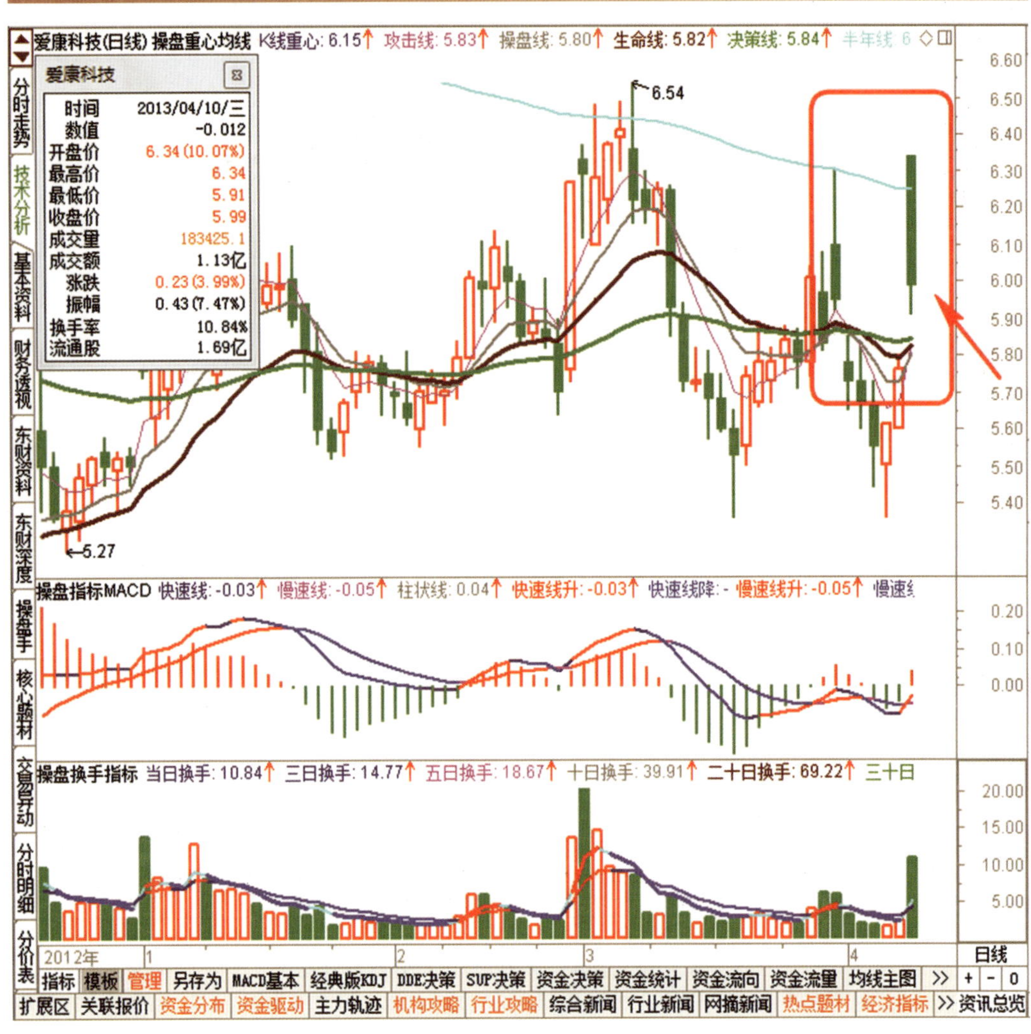

图例 040　爱康科技（002610）日 K 线走势图谱

技术特征解码：

板块热点：早盘出现电气设备板块联动迹象，属于个股异动。

技术形态：早盘以 8418 手巨量大单张停价开盘，属于极限强势高开行情。股价前期在经过大幅度下跌之后，做空动能已经完全消失。今日高开，股价属于延续止跌反弹特征，并有构筑中期大底之前的洗筹特征。攻击线与操盘线尚未形成金叉，短线反弹攻击力较弱。

买进策略：由于攻击线与操盘线没有形成金叉，故开盘时观望。如盘中向下打压，则在接近跌停价时买进第一单。如盘中持续震荡盘跌，则在收盘时买进第二单。由于该股底部反弹，形成假阴线洗盘特征，可在次日开盘时买进第三单。临盘保留三分之二仓位资金量，防范市场不确定性风险。

第三章

开盘 15 分钟选股

早盘的交易在于气势。凶悍的主力往往在早盘15分钟内便决定了股价当天趋势的强弱，反映在15分钟K线形态盘面中，则是放量大阳K线的强力攻击型特征。还有一种主力惯于使诈，早盘15分钟先抑后扬，将大部分中小投资者的筹码诱空在15分钟K线的长下影线之中。本章的学习要点主要有以下几个方面：

一、名词解释：开盘15分钟

二、开盘15分钟的技术成因

三、主力基本操盘计划判断

四、五大买进技术特征

五、开盘15分钟技术分类

六、选股程序

七、选股鉴别

八、选股特别提醒

九、开盘15分钟案例集锦

第一节　开盘15分钟选股核心要领

一、名词解释：开盘15分钟

开盘15分钟，即早盘第一时间段的第一个15分钟时间区间（9：30分～9：45分）。通常情况下，当天强势主力会在本时间区间内迅速拉高股价，造成上涨声势。由于市场投资者基本还未反应过来，因此，股价的拉升不会遭遇较大的抛盘打压。而主力则可以以迅雷不及掩耳之势打开当天的价格空间，为接下来的行情发展打下了基础。同理，如果主力在早盘迅速打压，则会给盘面造成恐慌性杀跌气氛。由于散户来不及抛售，大部分会中了主力操盘的圈套。如果股价已经处在上升通道之中，则是主力早盘借机震仓洗盘，是临盘低吸狙击的好机会。如果股价已经进入大涨之后的头部或下降通道之中，则是主力杀跌出货，不可轻视。

二、开盘15分钟的技术成因

开盘15分钟K线技术走势的形成，有以下几个因素：

（1）昨日在盘中已经形成上涨的价格趋势，早盘借势继续攻击性上涨。

（2）前几日已经形成震荡盘升的价格趋势，早盘趁势展开加速上涨。

（3）股价在昨日于重要支撑位反复震荡止跌，早盘展开技术性反弹。

（4）上市公司突然公布利好消息，刺激早盘高开高走展开上涨。或者上市公司公布利空消息，从而导致早盘低开低走持续下跌。

三、主力基本操盘计划判断

早盘15分钟是一天交易的开始，也是对当天交易定性的敏感时间段。因而，第一个15分钟K线结构形态，也基本决定了当天价格趋势的运行方向。我们知道，盘中所有价格走势的剧烈异动行为均是由主力机构操纵盘面的结果。因此，早盘15分钟价格波动状态也就基本反映了主力机构的当天操盘计划。主力操盘计划存在以下方向性的思路：

（1）股价运行在日K线上升通道之中。攻击线、操盘线和生命线形成金叉向上趋势，成交量持续放大，换手率积极，说明主力已经在计划性拉高操盘过程之中。当天早盘15分钟放量上涨收大阳K线，则表示主力当天有加速推动股价的动作。当天日K线以大阳或中阳线报收的可能性较大。

（2）股价运行在日K线上升通道之中。攻击线、操盘线和生命线形成金叉向上趋势，成交量持续放大，昨日换手率达到最近“天量”结构，说明主力已经在实施波段性出货操盘过程之中。当天早盘15分钟放量上涨收带长上影线小阳或中阳K线，则表示主力当天将以回头波见顶回调的操盘动作为主。当天日K线以小阳或中阴线报收的可能性较大。

（3）股价刚刚向上突破重要阻力位，如生命线或决策线阻力，而短期均线如攻击线和操盘线金叉向上形成小级别上升通道。当天早盘15分钟放量上涨收带长上影线小阳或中阳K线，则表示主力当天将以回头波打压洗盘实施技术性回抽的操盘动作为主。当天日K线以小阳或中阴线报收的可能性较大。

（4）股价从底部向上放量突破生命线或决策线阻力位后，当天早盘15分钟缩量下跌收带上影线小阴或中阴K线，则表示主力当天将以杀跌波打压洗盘实施技术性回抽的操盘动作为主。因而，当天日K线以小阳或中阴线报收的可能性较大。

（5）股价运行在日K线下降通道之中，攻击线、操盘线和生命线均构成死叉下跌趋势，成交量持续减小，说明市场下跌惯性还在持续。当天早盘15分钟放量上涨收大阳或中阳K线，则表示有短线游资型主力入场抄底实施技术性反弹。当天日K线以中阳或小阳线报收的可能性较大。

（6）股价经过一轮大跌之后，在底部区域反复震荡整理，形成较好的底部特征。生命线由最初的向下压制状态转变为走平。成交量在前几日已经悄悄温和放大。当天早盘15分钟放量上涨收大阳K线，则表示主力当天有加速拉升向上突破的操盘动作。当天日K线以大阳或中阳线报收的可能性较大。

四、五大买进技术特征

（1）股价运行在日K线上升通道之中，攻击线、操盘线和生命线形成金叉向上趋势，成交量持续放大，换手率积极，说明主力已经在计划性拉高操盘过程之中。当天早盘15分钟放量上涨收大阳K线，临盘可以在第二个15分钟K线开盘时以开盘价买入。

（2）股价刚刚向上突破重要阻力位，如生命线、决策线或阶段平台区域阻力，而短期均线如攻击线和操盘线金叉向上形成小级别上升通道。当天早盘15分钟放量上涨收带长上影线小阳或中阳K线，临盘可在股价回调到生命线或决策线支撑时再买入。

（3）股价底部向上放量突破生命线、决策线或阶段平台区域阻力位后，当天早盘15分钟缩量下跌收带上影线小阴或中阴K线，临盘可在15分钟股价出现明显止跌K线结构组合时再买入。

（4）股价在操盘线或生命线之上反复震荡整理时间达到5个交易日以上，当日开盘15分钟出现放量大阳或中阳K线，股价将在当天和后续数日内启动一轮波段上涨行情。

（5）股价形成明确的阶段性底部或阶段上升中继平台形态，生命线已经走平，决策线趋势向上，前几日已经悄悄温和放量。当天早盘15分钟放量上涨收中阳或大阳K线，临盘则在第二个15分钟开盘时以开盘价买入。

五、开盘15分钟技术分类

根据当天早盘15分钟内所表现的股价走势特征，开盘15分钟K线走势一共分为十个主要类型，这里逐一列举，供各位学员学习参考：

其一，高开高走放量收大阳。

其二，高开高走放量收长上影线小阳或中阳。

其三，高开高走缩量收小阳或中阳。

其四，平开高走放量收大阳。

其五，平开高走缩量收小阳或中阳。

其六，平开低走放量收大阴或中阴。

其七，平开低走缩量收小阴或中阴。

其八，低开高走放量收小阳或中阳。

其九，低开低走放量收小阴或中阴。

其十，低开低走缩量收小阴或中阴。

六、选股程序

早盘9：40分时，深沪股市进入15分钟K线收盘时间段，直接点按涨幅，即可出现“涨幅排名”。开盘15分钟涨幅最大顺序排名靠前。同样，在涨幅排行榜首页中直接点按跌幅，即可出现“跌幅排名”。开盘15分钟跌幅最大顺序排名靠前。临盘在9：40分~9：45分之间迅速将第一版涨幅和跌幅达到5%以上个股日K线图浏览一遍，从中筛选出符合五大买进技术特征的目标品种。

七、选股鉴别

（1）开盘15分钟放量大阳K线是强势上涨特征，属于一级优先对象。

（2）开盘15分钟缩量中阴或小阴线则是下跌或调整特征，属于备选对象。

（3）如果在当日开盘15分钟涨幅排名中，出现板块性行情特征，则应以上涨幅度最大的个股为重要目标。因为该股极有可能是领涨龙头。

（4）如果在当日开盘15分钟涨幅排名中，没有出现明显的板块行情特征，则也应以上涨幅度较大的个股为重要目标。

（5）在大盘反复震荡，趋势不太明朗的普通行情中，以流通盘最小的品种优先，流通盘大的品种仅作备选。以前几日温和放量的品种优先，以初次放量的品种备选。

八、选股特别提醒

当日开盘15分钟大阳线出现时，如波段涨幅达到30%以上，临盘则应谨慎。当日开盘15分钟带长上影线K线出现时，如波段涨幅达到30%以上，临盘则应回避。当日开盘15分钟带长上影线K线出现时，如股价刚刚突破重要阻力位，临盘则应耐心等待低吸机会出现。当日开盘15分钟大阴或中阴线出现时，如股价刚刚进入波段下跌阶段，则跌势将会加速，临盘则应坚决回避。

第二节　开盘 15 分钟案例集锦

【道破选股天机】实训图谱 041

图例 041　拓维信息（002261）15 分钟走势图谱

开盘 15 分钟技术解码：

技术形态：开盘 15 分钟在中盘股涨幅排行榜中，位于前三名。日 K 线已经放量突破决策线，股价回调时，并未击穿 15 分钟的生命线支撑。早盘第一个 15 分钟 K 线出现缩量回调特征，有短暂调整要求，注意观察关键技术点位能否站稳。

买进策略：即时走势显示股价早盘第一个 15 分钟走势出现高开低走的覆盖线，这是典型的早盘洗盘特征，第一波向下攻击时，并没出现攻击性量峰，说明主力惜售，并无出货打算。股价完成第一波向下攻击后，快速拉起，带量，回调缩量，不再创新低，这是最佳买点。股价回调完成缠绕式整理之后，展开第一波向上攻击突破均价线时，这是第二买点。即第三个 15 分钟 K 线开盘价是追击性买点。此时属于反弹走势，仓位控制以半仓为主。

【道破选股天机】实训图谱 042

图例 042　银河磁体（300127）开盘 15 分钟与涨幅排行榜即时图谱

开盘 15 分钟技术解码：

技术形态：开盘 15 分钟在中盘股涨幅排行榜中，位于前 3 名。日 K 线运行在向下突破决策线之后的下降通道之中。股价在昨天的创新低时，击穿 15 分钟的生命线支撑。今日早盘第一个 15 分钟 K 线出现放量大阳突破特征，快速反弹行情展开。属于超跌反弹而已。

买进策略：即时走势显示股价第一波攻击时，并未出现攻击性量峰。股价第一波攻击波形过短，随后快速回落，并击穿均价线，有快速诱空骗筹嫌疑。接着快速拉起，放量攻击，导致第一个 15 分钟出现长阳大量，盘中将产生较猛烈的短线抢筹行为。股价回调击穿均价线时，这是第一买点。第二个 15 分钟 K 线开盘价是第二个追击性买点。股价运行于下降通道之中，仓位控制以半仓为主。次日不要再买进，只出不进。

【道破选股天机】实训图谱 043

图例 043 海岛建设（600515）开盘 15 分钟与涨幅排行榜即时图谱

开盘15分钟技术解码：

技术形态：开盘15分钟在中盘股涨幅排行榜中，位于前4名。日K线已经回调到操盘线附近，出现站稳迹象。日K线之均线系统线已经形成上升通道。早盘第一个15分钟K线出现放量小阳突破特征，加速拉升行情展开。

买进策略：即时走势显示股价在上午第一波攻击时，未出现攻击性量峰。股价完成第一波攻击时，回调创新低，这不是最佳买点。第二个15分钟K线开盘价也不是较好买点。因而观望为佳。下午放量攻击，突破上午盘整的高点时，可以跟进，仓位控制以小仓为主。次日采取滚动操盘策略，在分时图上出现价量背离迹象时，减仓或出局。

【道破选股天机】实训图谱044

图例044　天津松江（600225）开盘15分钟与涨幅排行榜即时图谱

开盘 15 分钟技术解码：

技术形态：开盘 15 分钟在中盘股涨幅排行榜中，位于第 5 名。日 K 线处于下降通道之中，因此处于超级反弹而已。

买进策略：即时走势显示股价第一时间段走势疲软，未出现攻击性量峰。紧紧围绕均价线上下震荡，属于弱势开盘。这时候不宜介入，保持观望。下午出现攻击性拉升，这是第一买点。随后再次攻击时是第二个追击性买点。仓位控制以半仓为主。

【道破选股天机】实训图谱 045

图例 045　嘉凯城（000918）开盘 15 分钟与涨幅排行榜即时图谱

开盘 15 分钟技术解码：

技术形态：今日开盘 15 分钟在中盘股涨幅排行榜中，位于第一名。日 K 线已经创出新低后出现止跌信号。早盘第一个 15 分钟 K 线出现放量特征，止跌迹象明显。

买进策略：即时走势显示股价第一波攻击时，出现攻击性量峰。股价完成第一波攻击时并没快速回落，因此股价短暂回调均价线时，这是第一买点。第二个 15 分钟 K 线开盘价是第二个追击性买点。仓位控制以半仓为主。

【道破选股天机】实训图谱 046

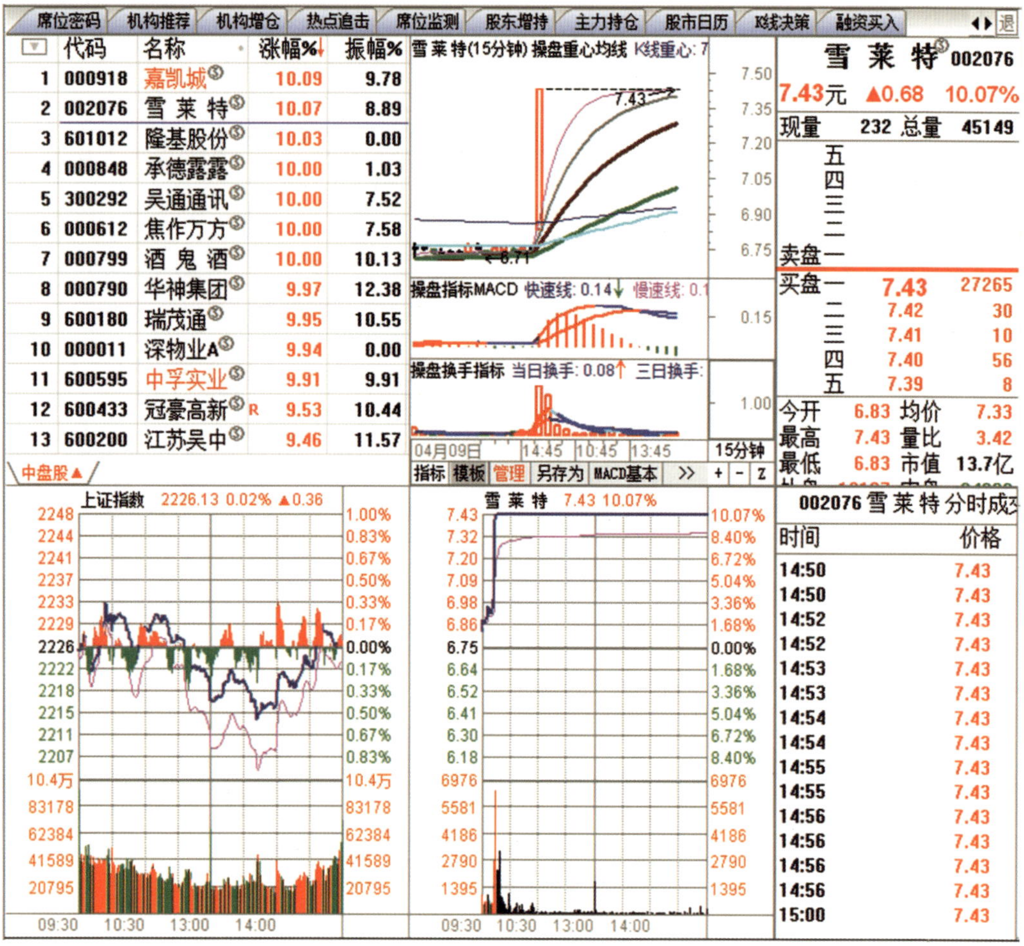

图例 046　雪莱特（002076）开盘 15 分钟与涨幅排行榜即时图谱

开盘 15 分钟技术解码：

技术形态：今日开盘 15 分钟在中盘股涨幅排行榜中，位于第 2 名。日 K 线已经放量突破决策线之上的底部平台阻力区。股价在昨天形成小阳止跌 K 线特征，早盘第一个 15 分钟 K 线放量大阳结构，确认阶段性底部成立。

买进策略：即时走势显示股价第一波攻击时，出现攻击性量峰。股价完成第一波攻击时快速回调均价线，这是第一个买点。第二个 15 分钟 K 线开盘价是第二个追击性买点。仓位控制以半仓为主。逢日 K 线攻击线和操盘线采取滚动操盘策略。

【道破选股天机】实训图谱 047

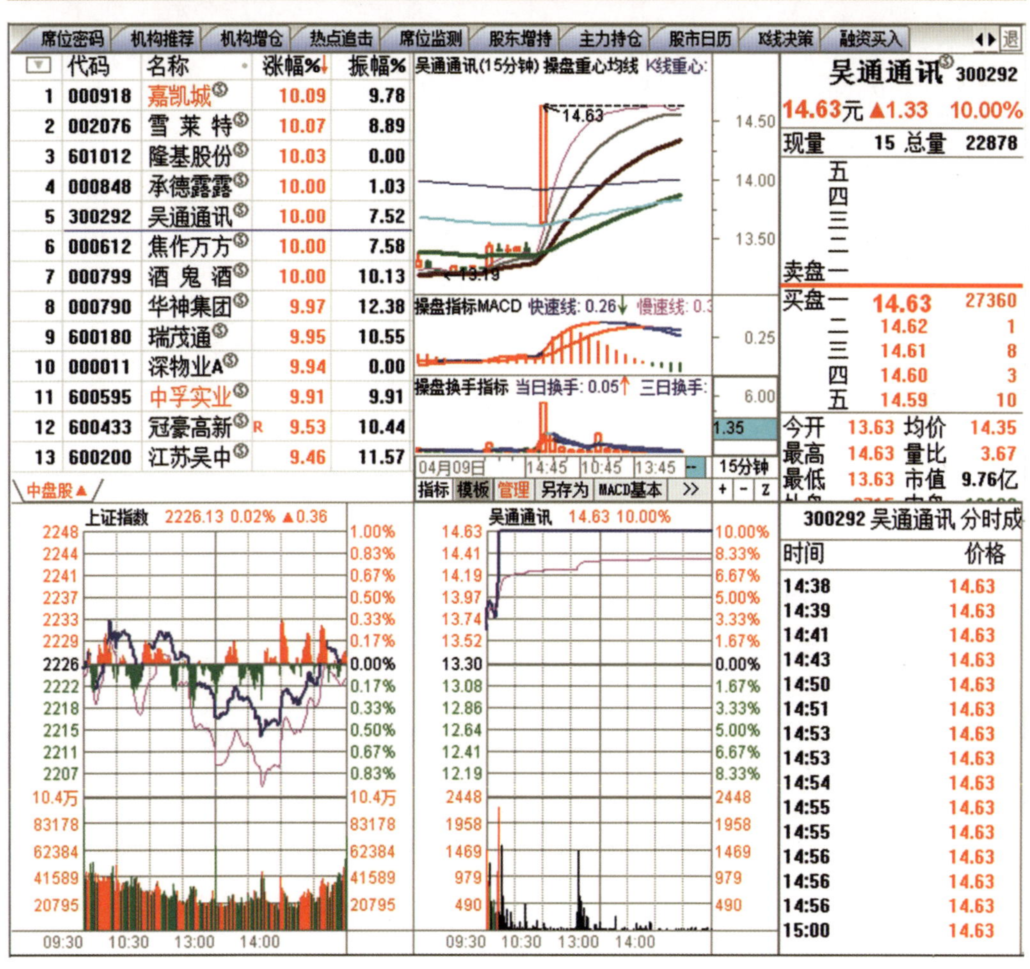

图例 047　吴通通讯（300292）开盘 15 分钟与涨幅排行榜即时图谱

开盘 15 分钟技术解码：

技术形态：开盘 15 分钟在中盘股涨幅排行榜中，位于前 5 名。日 K 线已经完成低位 2 个交易日的窄幅震荡整理，股价重心上移。今日跳空高开，早盘第一个 15 分钟 K 线放量大阳结构，反弹型起涨点的特征明显。

买进策略：即时走势显示股价第一波攻击时，未出现完整的攻击性量峰。股价完成第一波攻击时快速回调均价线，是第一个稳妥型买点。随后快速拉升，继续买进。仓位控制以半仓为主。逢日 K 线攻击线和操盘线采取滚动操盘策略。

【道破选股天机】实训图谱 048

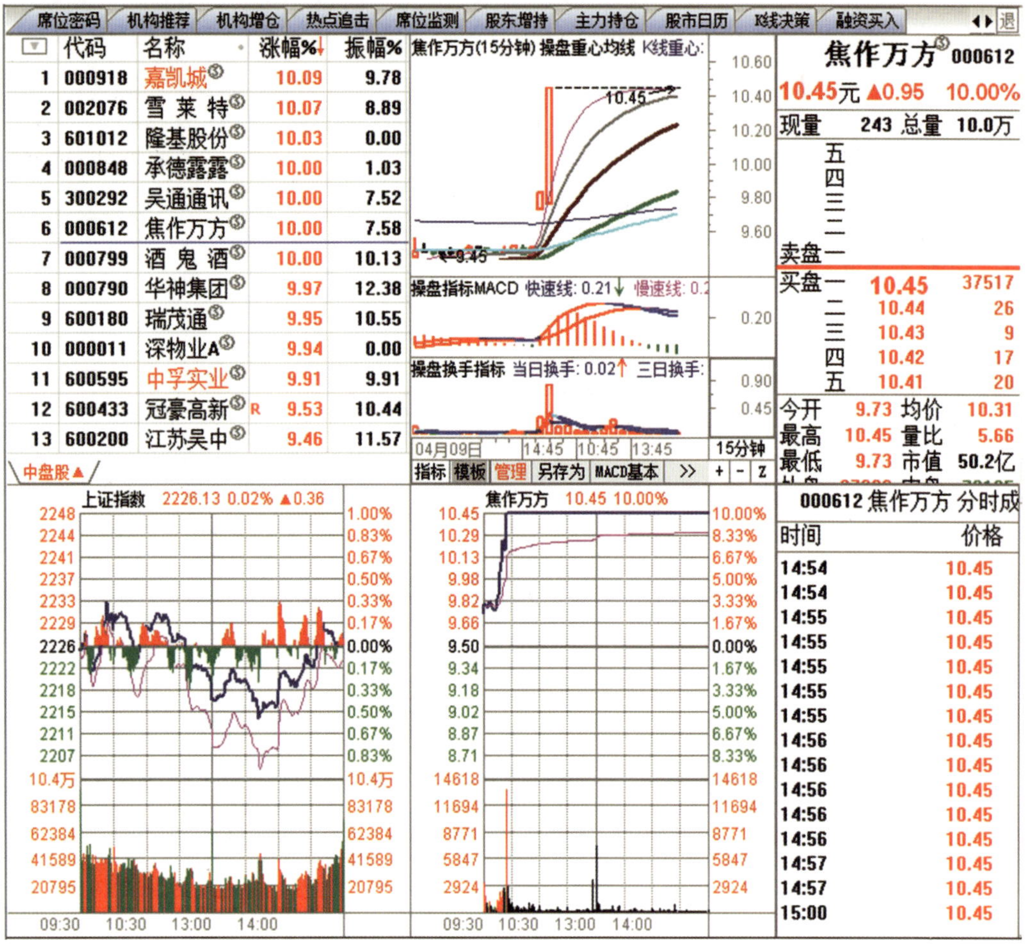

席位密码 机构推荐 机构增仓 热点追击 席位监测 股东增持 主力持仓 股市日历 K线决策 融资买入
代码 名称 涨幅% 振幅%
1 000918 嘉凯城 10.09 9.78
2 002076 雪 莱 特 10.07 8.89
3 601012 隆基股份 10.03 0.00
4 000848 承德露露 10.00 1.03
5 300292 吴通通讯 10.00 7.52
6 000612 焦作万方 10.00 7.58
7 000799 酒 鬼 酒 10.00 10.13
8 000790 华神集团 9.97 12.38
9 600180 瑞茂通 9.95 10.55
10 000011 深物业A 9.94 0.00
11 600595 中孚实业 9.91 9.91
12 600433 冠豪高新 9.53 10.44
13 600200 江苏吴中 9.46 11.57
中盘股
焦作万方(15分钟) 操盘重心均线 K线重心:
10.45
9.45
操盘指标MACD 快速线: 0.21 慢速线: 0.2
操盘换手指标 当日换手: 0.02 三日换手:
04月09日 14:45 10:45 13:45 15分钟
指标 模板 管理 另存为 MACD基本
焦作万方 000612
10.45元 ▲0.95 10.00%
现量 243 总量 10.0万
五 四 三 二 卖盘一
买盘一 10.45 37517
二 10.44 26
三 10.43 9
四 10.42 17
五 10.41 20
今开 9.73 均价 10.31
最高 10.45 量比 5.66
最低 9.73 市值 50.2亿
上证指数 2226.13 0.02% ▲0.36
焦作万方 10.45 10.00%
000612 焦作万方 分时成
时间 价格
14:54 10.45
14:54 10.45
14:55 10.45
14:55 10.45
14:55 10.45
14:55 10.45
14:55 10.45
14:56 10.45
14:56 10.45
14:56 10.45
14:56 10.45
14:56 10.45
14:57 10.45
14:57 10.45
15:00 10.45
09:30 10:30 13:00 14:00

图例 048 焦作万方（000612）开盘 15 分钟与涨幅排行榜即时图谱

开盘 15 分钟技术解码：

技术形态：开盘 15 分钟在中盘股涨幅排行榜中，位于前 6 名。日 K 线处于下跌通道之中，昨天出现小阳线，有初步企稳迹象。早盘第一个 15 分钟 K 线小量小阳结构。

买进策略：即时走势显示股价第一波攻击时，出现攻击性量峰。第二个 15 分钟 K 线开盘后，应果断实施追击性买点。仓位控制以三分之二仓为主。

【道破选股天机】实训图谱 049

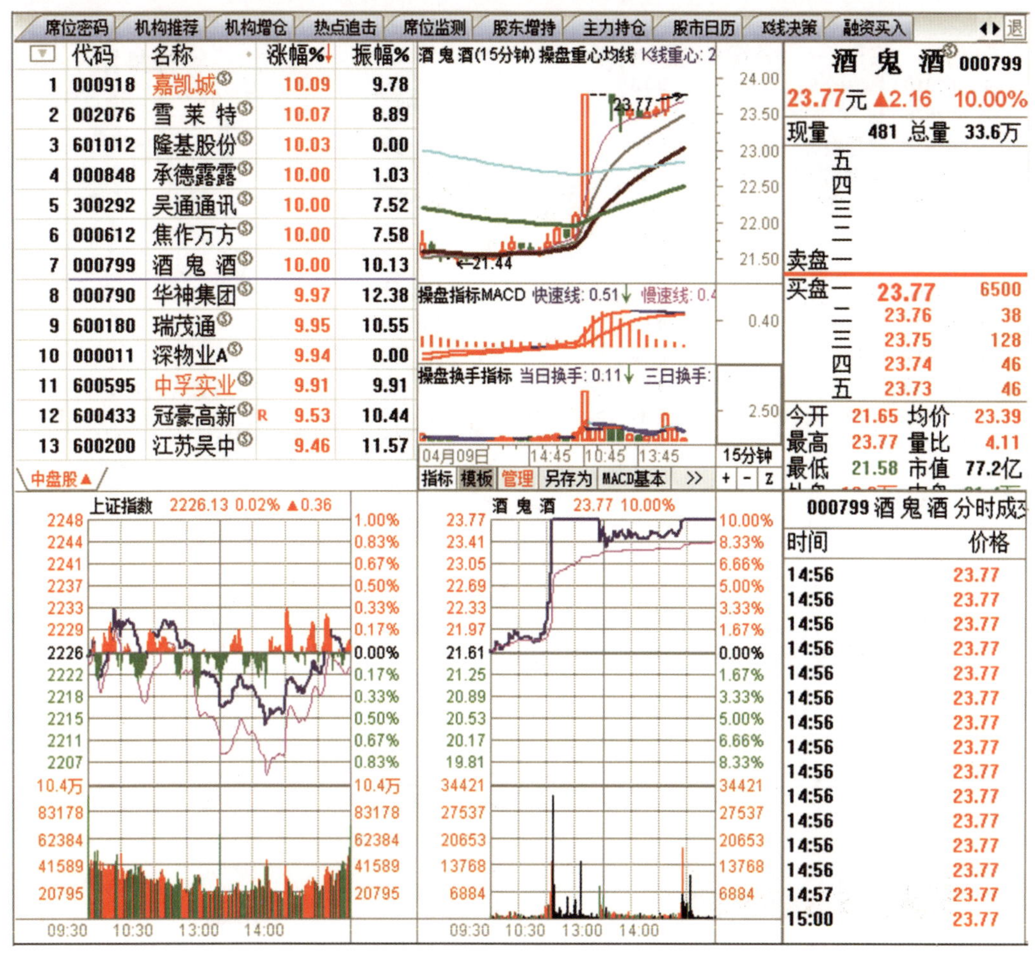

图例 049 酒鬼酒（000799）开盘 15 分钟与涨幅排行榜即时图谱

开盘 15 分钟技术解码：

技术形态：开盘 15 分钟在小盘股涨幅排行榜中，位于前 7 名。日 K 线已经出现低位两连阳，止跌特征明显。股价在昨天与前天连续两天形成小阳放量特征，悄悄放量说明主力已经行动。早盘第一个 15 分钟 K 线缩量小阳结构，吸筹特征明显。

买进策略：即时走势显示股价早盘第一时间段走势疲软，整理态势。因此，以保持观望为主。上午 10 点半之后，盘中一波攻击涨停，快速开板时，这是第一个买点。盘中逢主力诱空性开板时，可以择低点介入第二个买点。仓位控制以三分之二仓为主。

【道破选股天机】实训图谱 050

图例 050　华神集团（000790）开盘 15 分钟与涨幅排行榜即时图谱

开盘 15 分钟技术解码：

技术形态：开盘 15 分钟在小盘股涨幅排行榜中，位于前 8 名。日 K 线于昨日缩量回试决策线支撑力度，支撑成立。股价在昨天形成止跌 K 线特征，攻击线与操盘线构成较好的上升通道。早盘第一个 15 分钟 K 线属于小阳结构，止跌。

买进策略：即时走势显示股价第一波攻击时，未出现攻击性量峰。股价完成第一波攻击时快速回调均价线，这是第一个买点。随后在攻击拉升过程中逢低点买进。仓位控制以半仓为主。逢日 K 线攻击线和操盘线采取滚动操盘策略。

【道破选股天机】实训图谱 051

图例 051 瑞茂通（600180）开盘 15 分钟与涨幅排行榜即时图谱

开盘 15 分钟技术解码：

技术形态：开盘 15 分钟在小盘股涨幅排行榜中，位于前 9 名。日 K 线处于明显的下降通道之中，属于反弹走势，早盘第一个 15 分钟 K 线小属于阳结构，弱势反弹。

买进策略：即时走势显示股价早盘未出现攻击性量峰。走势疲软，观望为宜。股价下午完成第一波攻击时快速回调均价线，这是第一个买点。尾盘收盘时，可以择低点介入。位控制以半仓为主。逢日 K 线攻击线和操盘线采取滚动操盘策略。

【道破选股天机】实训图谱 052

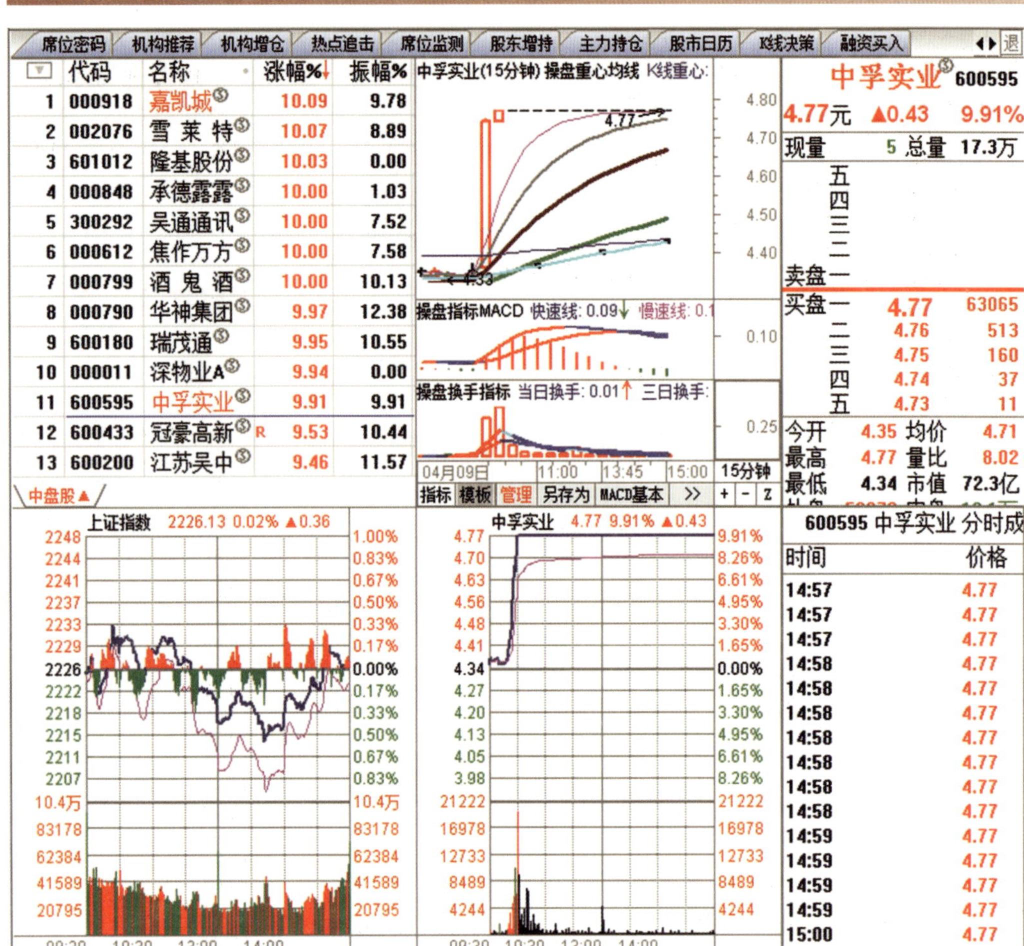

图例 052　中孚实业（600595）开盘 15 分钟与涨幅排行榜即时图谱

开盘 15 分钟技术解码：

技术形态：开盘 15 分钟在小盘股涨幅排行榜中，位于 11 名。日 K 线处于明显的下跌通道之中，前两日创下近期新低之后，出现了短暂止跌迹象，有反弹内在要求。早盘第一个 15 分钟 K 线急剧放量大阳结构，暴力拉升，用力过猛，不利于行情进一步发展。

买进策略：即时走势显示股价第一波攻击时，出现攻击性量峰。股价完成第一波攻击时并未快速回调均价线，第二个 15 分钟 K 线开盘价是追击性买点。仓位控制以三分之二仓为主。逢日 K 线攻击线和操盘线采取滚动操盘策略。

【道破选股天机】实训图谱 053

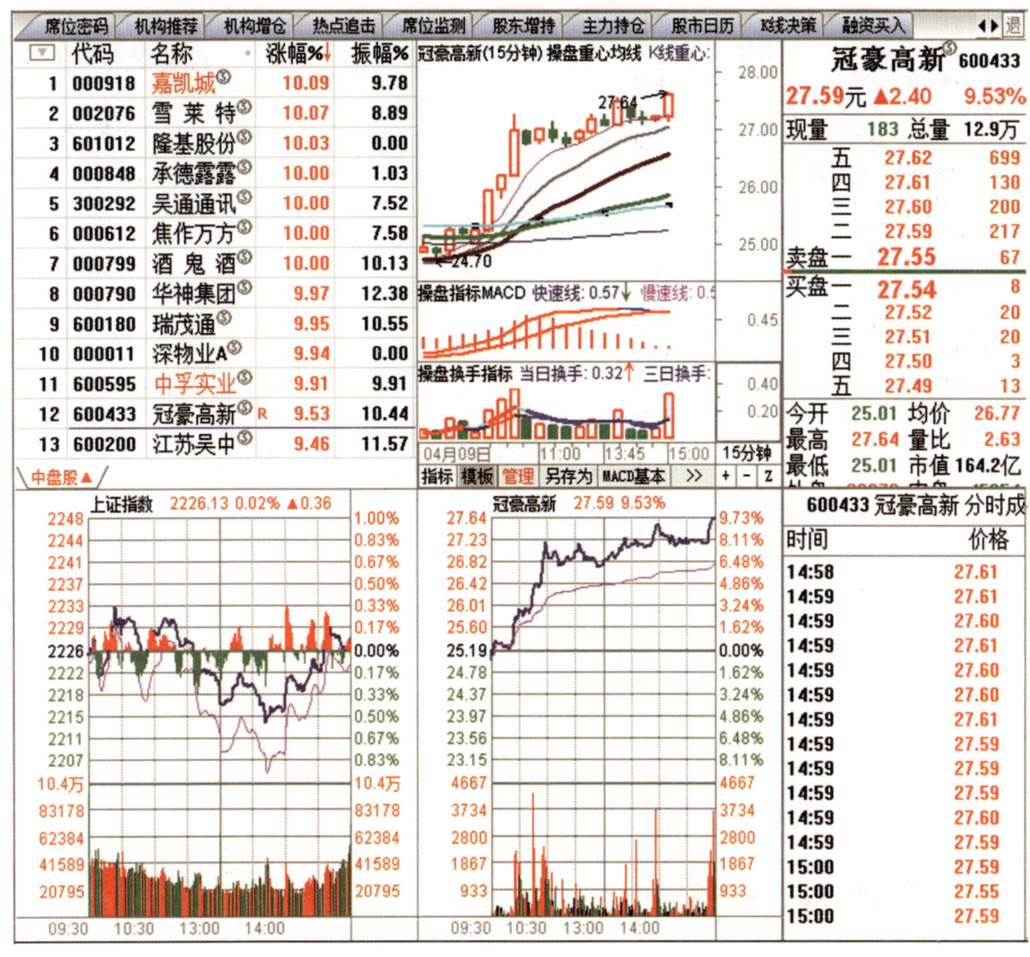

图例 053　冠豪高新（600433）开盘 15 分钟与涨幅排行榜即时图谱

开盘 15 分钟技术解码：

技术形态：开盘 15 分钟在小盘股涨幅排行榜中，位于前 12 名。日 K 线已经进入加速主升阶段之后的盘头阶段。日线量能结构显示量价不是十分健康。

买进策略：即时走势显示股价第一波攻击时，未出现明显的攻击性量峰。股价完成第一波攻击时快速回调均价线，这是第一个买点。第二个 15 分钟 K 线收盘价是第二个稳健性买点。尾盘接近收盘时，可以择低点介入第三个买点。仓位控制以三分之一仓为主。逢日 K 线攻击线和操盘线采取滚动操盘策略。

【道破选股天机】实训图谱 054

图例 054 江苏吴中（600200）开盘 15 分钟与涨幅排行榜即时图谱

开盘 15 分钟技术解码：

技术形态：开盘 15 分钟在小盘股涨幅排行榜中，位于前 13 名。日 K 线即将放量突破大型上升天梯平台阻力区。股价在昨天已经成功站稳操盘线，而攻击线与操盘线形成金叉结构。早盘第一个 15 分钟 K 线缩量小阳结构，向上突破性拉升的态度比较暧昧。

买进策略：即时走势显示股价第一波攻击时，并没出现攻击性量峰。股价完成第一波攻击时快速回调均价线，这是第一个买点。第二个 15 分钟 K 线开盘价是第二个追击性买点。尾盘收盘时，可以择低点介入第三个买点。仓位控制以半仓为主。

【道破选股天机】实训图谱 055

图例 055　东方通信（600776）开盘 15 分钟与涨幅排行榜即时图谱

开盘 15 分钟技术解码：

技术形态：开盘 15 分钟在小盘股涨幅排行榜中，位于前 14 名。日 K 线刚刚突破阶段性底部平台区域，即将进入起涨点阶段。早盘第一个 15 分钟 K 线放量带下影线小阳结构，下档支撑比较有力，短线出现加速特征。

买进策略：即时走势显示股价第一波攻击时，未出现明显的攻击性量峰。盘中涨停后反复开板，说明当天主力无心涨停。第二个 15 分钟 K 线开盘价是第一个稳健性买点。尾盘收盘时，可以择低点介入第二个买点。仓位控制以半仓为主。

【道破选股天机】实训图谱 056

图例 056 西昌电力（600505）开盘 15 分钟与涨幅排行榜即时图谱

开盘 15 分钟技术解码：

技术形态：开盘 15 分钟在大盘股涨幅排行榜中，位于前 15 名。日 K 线显示股价出现止跌信号之后，即将突破底部平台区域，进入加速起涨阶段。早盘第一个 15 分钟 K 线小量小阳结构，具有试探性站稳的特征。

买进策略：即时走势显示股价早盘并没有攻击拉升的态势，也没有出现明显的攻击性量峰。股价完成第一波小拉之后，时快速回调均价线，这是第一个买点。第二个 15 分钟 K 线开盘价是第二个追击性买点。尾盘收盘时，可以择低点介入第三个买点。仓位控制以三分之二仓为主。逢日 K 线攻击线和操盘线采取滚动操盘策略。

第四章

开盘 30 分钟选股

所谓强者恒强，弱者恒弱。开盘30分钟内，股价的强弱已经十分明了。若主力强势拉升，则30分钟内基本已经完成一波涨幅。若主力早盘诱空，则也在30分钟内完成了既定的诱空动作。若主力早盘诱多，则30分钟内更会出现诱多式的量价背离特征。因此，早盘30分钟是决定市场各方博弈者胜负的关键时间段。本章的学习要点主要有以下几个方面：

一、名词解释：开盘30分钟

二、开盘30分钟的技术成因

三、主力基本操盘计划判断

四、三大买进技术特征

五、开盘30分钟技术分类

六、选股程序

七、选股鉴别

八、选股特别提醒

九、开盘30分钟案例集锦

第一节　开盘30分钟选股核心要领

一、名词解释：开盘30分钟

开盘30分钟，即早盘第一时间段30分钟时间内（9：30分～10：00分）。通常情况下，当天强势主力会在本时间区间内以两个以上小波段展开攻击迅速拉高股价，造成强势上涨形态。开盘30分钟内的强势上涨过程中，如果成交量也配合放大，并出现标准的攻击型量峰结构，当天股价以大阳或中阳报收将成为定局。这种放量的主动性攻击特征，也反映了主力当天操盘以推高股价为主要目的。同理，如果主力在开盘30分钟内反复震荡向下打压，则会给盘面造成恐慌性杀跌气氛。由于散户来不及抛售，大部分会中了主力操盘的圈套。如果股价已经处在上升通道之中，则是主力早盘借机震仓洗盘，是临盘低吸狙击的好机会。如果股价已经进入大涨之后的头部或下降通道之中，则是主力杀跌出货，不可轻视。

二、开盘30分钟的技术成因

开盘30分钟K线技术走势的形成，有以下几个因素：

（1）昨日在盘中已经形成上涨的价格趋势，早盘借势继续攻击性上涨。

（2）前几日已经形成震荡盘升的价格趋势，早盘趁势展开加速上涨。

（3）股价在昨日于重要支撑位反复震荡止跌，早盘展开技术性反弹。

（4）上市公司突然公布利好消息，刺激早盘高开高走展开上涨。或者上市公司公布利空消息，从而导致早盘低开低走持续下跌。

三、主力基本操盘计划判断

开盘第一个 30 分钟 K 线结构形态，基本决定了当天价格趋势的运行方向。开盘 30 分钟内价格波动趋势方向基本反映了主力机构的当天操盘计划。通过对日 K 线大形态的对称性判断，主力当天的操盘计划存在以下方向性的思路：

（1）股价运行在日 K 线上升通道之中。当天早盘 30 分钟放量上涨收大阳 K 线，则表示主力当天有加速推动股价的动作。当天日 K 线以大阳或中阳线报收的可能性较大。

（2）股价运行在日 K 线上升通道之中。昨日换手率达到最近“天量”结构，说明主力已经在实施波段性出货操盘过程之中。当天早盘 30 分钟放量上涨收带长上影线小阳或中阳 K 线，则表示主力当天将以回头波见顶回调的操盘动作为主。当天日 K 线以小阳或中阴线报收的可能性较大。

（3）股价刚刚向上突破重要阻力位，如生命线或决策线阻力。当天早盘 30 分钟放量上涨收带长上影线小阳或中阳 K 线，则表示主力当天将以回头波打压洗盘实施技术性回抽的操盘动作为主。当天日 K 线以小阳或中阴线报收的可能性较大。

（4）股价从底部向上放量突破生命线或决策线阻力位后，当天早盘 30 分钟缩量下跌收带上影线小阴或中阴 K 线，则表示主力当天将以杀跌波打压洗盘实施技术性回抽的操盘动作为主。因而，当天日 K 线以小阳或中阴线报收的可能性较大。

（5）股价运行在日 K 线下降通道之中。当天早盘 30 分钟放量上涨收大阳或中阳 K 线，则表示有短线游资型主力入场抄底实施技术性反弹。当天日 K 线以中阳或小阳线报收的可能性较大。

（6）股价在底部区域反复震荡整理，形成较好的底部特征。生命线由最初的向下压制状态转变为走平。成交量在前几日已经悄悄温和放大。当天早盘 30 分钟放量上涨收大阳 K 线，则表示主力当天有加速拉升向上突破的操盘动作。当天日 K 线以大阳或中阳线报收的可能性较大。

四、三大买进技术特征

（1）股价刚刚向上突破生命线或决策线阻力，短期均线如攻击线和操盘线金叉向上形成小级别上升通道。当天早盘30分钟放量上涨收带长上影线小阳或中阳K线，临盘可在股价回调到生命线或决策线支撑时再买入。

（2）股价从底部向上放量突破生命线或决策线阻力位后，当天早盘30分钟缩量下跌收带上影线小阴或中阴K线，临盘可在30分钟KDJ进入20值以下区域，股价出现明显止跌K线结构组合时再买入。

（3）股价形成明确的底部形态，生命线已经走平，前几日已经悄悄温和放量。当天早盘30分钟放量上涨收大阳K线，临盘则在第二个30分钟开盘时以开盘价买入。

五、开盘30分钟技术分类

根据当天早盘30分钟内所表现的股价走势特征，开盘30分钟K线走势一共分为十个主要类型，在这里逐一列举出来，供各位学员学习参考：

其一，高开高走放量收大阳。

其二，高开高走放量收长上影线小阳或中阳。

其三，高开高走缩量收小阳或中阳。

其四，平开高走放量收大阳。

其五，平开高走缩量收小阳或中阳。

其六，平开低走放量收大阴或中阴。

其七，平开低走缩量收小阴或中阴。

其八，低开高走放量收小阳或中阳。

其九，低开低走放量收小阴或中阴。

其十，低开低走缩量收小阴或中阴。

六、选股程序

早盘9：55分时，深沪股市进入30分钟K线收盘时间段，直接点按涨幅，即可出现“涨幅排名”。开盘30分钟涨幅最大顺序排名靠前。同样，在涨幅排行榜首页中直接点按跌幅，即可出现“跌幅排名”。开盘30分钟跌幅最大顺序排名靠前。临盘在9：55分~10：00分之间迅速将第一版涨幅和跌幅达到5%以上个股日K线图浏览一遍，从中筛选出符合三大买进技术特征的目标品种。

七、选股鉴别

开盘30分钟放量大阳K线是强势上涨特征，属于一级优先对象。开盘30分钟缩量中阴或小阴线则是下跌或调整特征，属于备选对象。如果在当日开盘30分钟涨幅排名中，出现板块性行情特征，则应以上涨幅度最大的个股为重要目标。因为该股极有可能是领涨龙头。

如果在当日开盘30分钟涨幅排名中，没有出现明显的板块行情特征，则也应以上涨幅度较大的个股为重要目标。在大盘反复震荡，趋势不太明朗的普通行情中，以流通盘最小的品种优先，流通盘大的品种仅作备选。以前几日温和放量的品种优先，以初次放量的品种备选。

八、选股特别提醒

当日开盘30分钟大阳线出现时，如波段涨幅达到30%以上，临盘则应谨慎。当日开盘30分钟带长上影线K线出现时，如波段涨幅达到30%以上，临盘则应回避。当日开盘30分钟带长上影线K线出现时，如股价刚刚突破重要阻力位，临盘则应耐心等待低吸机会出现。当日开盘30分钟大阴或中阴线出现时，如股价刚刚进入波段下跌阶段，则跌势将会加速，临盘则应坚决回避。

第二节　开盘30分钟案例集锦

【道破选股天机】实训图谱057

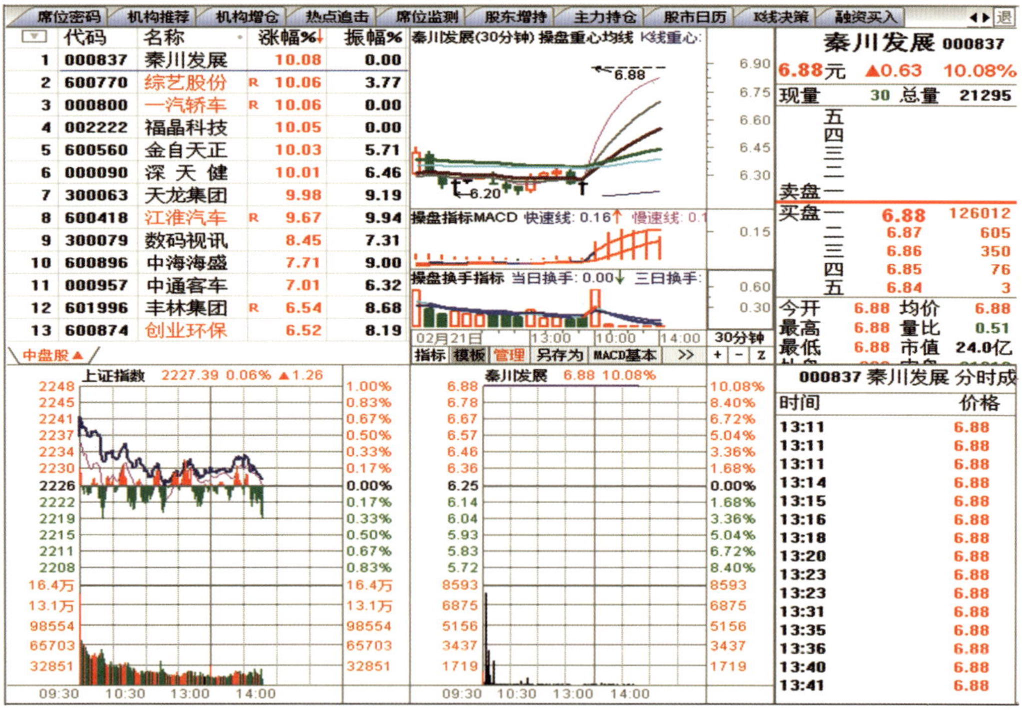

	代码	名称		涨幅%	振幅%
1	000837	秦川发展		10.08	0.00
2	600770	综艺股份	R	10.06	3.77
3	000800	一汽轿车	R	10.06	0.00
4	002222	福晶科技		10.05	0.00
5	600560	金自天正		10.03	5.71
6	000090	深天健		10.01	6.46
7	300063	天龙集团		9.98	9.19
8	600418	江淮汽车	R	9.67	9.94
9	300079	数码视讯		8.45	7.31
10	600896	中海海盛		7.71	9.00
11	000957	中通客车		7.01	6.32
12	601996	丰林集团	R	6.54	8.68
13	600874	创业环保		6.52	8.19

时间	价格
13:11	6.88
13:11	6.88
13:11	6.88
13:14	6.88
13:15	6.88
13:16	6.88
13:18	6.88
13:20	6.88
13:23	6.88
13:23	6.88
13:31	6.88
13:35	6.88
13:36	6.88
13:40	6.88
13:41	6.88

图例057　秦川发展（000837）开盘30分钟与涨幅排行榜即时图谱

开盘 30 分钟技术解码：

技术形态：开盘 30 分钟在中盘股涨幅排行榜中，位于第一名。日 K 线显示股价突破年线之后，出现回落，构筑挖坑整理小底，即将再次突破底部平台区域。早盘第一个 30 分钟 K 线出现一字板放量突破特征，加速拉升行情展开。

买进策略：由于有重大题材配合，仓位控制以重仓为主。集合竞价时间段排队买进。次日继续在今天的涨停板附近加码买进。逢日 K 线攻击线和操盘线采取滚动操盘策略。

【道破选股天机】实训图谱 058

图例 058　开盘 30 分钟与涨幅排行榜即时图谱

开盘 30 分钟技术解码：

技术形态：开盘 30 分钟在中盘股涨幅排行榜中，位于第 2 名。日 K 线显示股价在向下击穿决策线之后，已经缩量到了地量，构筑阶段性底部平台。股价在昨天放量拉升，起涨点上涨形态出现。早盘第一个 30 分钟 K 线呈放量中阳结构特征，单边上升行情展开。

买进策略：即时走势显示股价开盘之后，一波拉升，直奔涨停。根据盘面集合竞价情况，在竞价时买进第一仓，仓位控制以三分之一仓为主。次日如果出现洗盘，则耐心等待企稳之后，再考虑如何应对。逢日 K 线攻击线和操盘线采取滚动操盘策略。

【道破选股天机】实训图谱 059

图例 059　一汽轿车（000800）开盘 30 分钟与涨幅排行榜即时图谱

开盘 30 分钟技术解码：

技术形态：开盘 30 分钟在中盘股涨幅排行榜中，位于前三名。日 K 线显示股价已经处于盘跌态势之中，非利好消息刺激，短期内走势难以逆转。早盘以涨停价开盘过顶，进入反弹型起涨阶段。早盘第一个 30 分钟 K 线出现一字结构特征。

买进策略：集合竞价时间段直接以涨停价排队买进，仓位控制以三分之二仓为主。逢日 K 线攻击线和操盘线采取滚动操盘策略。

【道破选股天机】实训图谱 060

图例 060 福晶科技（002222）开盘 30 分钟与涨幅排行榜即时图谱

开盘 30 分钟技术解码：

技术形态：开盘 30 分钟在中盘股涨幅排行榜中，位于前 4 名。日 K 线显示股价在跌破操盘线之后，进入了下降通道之中，没有参与价值。今日早盘第一个 30 分钟 K 线出现放量一字板结构特征，属于受传闻影响而出现的游资炒作行为。

买进策略：即时走势显示股价在集合竞价时以涨停价开盘，但是，参与的价值不大。临盘应该以观望为主，在没有取得实证之前，贸然排队买进的风险很大。

【道破选股天机】实训图谱 061

图例 061　金自天正（600560）开盘 30 分钟与涨幅排行榜即时图谱

开盘 30 分钟技术解码：

技术形态：开盘 30 分钟在小盘股涨幅排行榜中，位于前 5 名。日 K 线显示该股目前处于下跌趋势之中，仅属于反弹走势，股价连续 3 天形成小阳缩量特征，悄悄放量说明主力并没有大规模行动。早盘第一个 30 分钟 K 线放量大阳结构涨停，超跌反弹而已。

买进策略：即时走势显示股价第一波攻击时，没有出现典型攻击性量峰。第一波快速开拉升回落时，均价线附近是第一个买点。仓位控制以三分之一仓为主。逢日 K 线攻击线和操盘线采取滚动操盘策略。

【道破选股天机】实训图谱 062

图例 062 深天健（000090）开盘 30 分钟与涨幅排行榜即时图谱

开盘 30 分钟技术解码：

技术形态：开盘 30 分钟在大盘股涨幅排行榜中，位于前 6 名。日 K 线处于上升通道的回踩挖坑之中。股价在前天出现下跳空剑形 K 线结构，量能健康。早盘第一个 30 分钟 K 线放量弓形形态，震荡盘升行情展开。

买进策略：即时走势显示股价第一时间段震荡盘下，未出现攻击性量峰。盘中向上攻击幅度太短，导致回调时出现第一个 30 分钟 K 线带长上影线。第二个 30 分钟 K 线开盘价是第一个稳健性买点。盘中逢主力击穿均价震仓洗盘时，可以择低点介入第二个买点。仓位控制以三分之一仓为主。逢日 K 线攻击线和操盘线采取滚动操盘策略。

【道破选股天机】实训图谱 063

	代码	名称	涨幅%	振幅%
1	000837	秦川发展	10.08	0.00
2	600770	综艺股份 R	10.06	3.77
3	000800	一汽轿车 R	10.06	0.00
4	002222	福晶科技	10.05	0.00
5	600560	金自天正	10.03	5.71
6	000090	深 天 健	10.01	6.46
7	300063	天龙集团	9.98	9.19
8	600418	江淮汽车 R	9.94	9.94
9	300256	星星科技	8.22	9.93
10	300079	数码视讯	7.19	7.31
11	002030	达安基因	6.96	11.36
12	000957	中通客车	6.50	6.32
13	600896	中海海盛	6.43	9.00

图例 063 天龙集团（300063）开盘 30 分钟与涨幅排行榜即时图谱

开盘 30 分钟技术解码：

技术形态：开盘 30 分钟在大盘股涨幅排行榜中，位于前 7 名。日 K 线于今天已经放量突破决策线，有起涨的迹象。股价在昨天与前天连续两天形成小阳缩量特征，悄悄放量说明主力已经行动。早盘第一个 30 分钟 K 线放量大阳结构，单边加速拉升行情展开。

买进策略：即时走势显示股价长波攻击时，出现攻击性量峰。集合竞价时，这是第一个买点。仓位控制以三分之二仓为主。原则上不要追涨停价买进。

【道破选股天机】实训图谱 064

图例 064 江淮汽车（600418）开盘 30 分钟与涨幅排行榜即时图谱

开盘 30 分钟技术解码：

技术形态：开盘 30 分钟在小盘股涨幅排行榜中，位于前 8 名。日 K 线已经放量突破上升，试探性攻击决策线。股价昨天形成小阳放量特征，说明主力已经做好止跌上涨的准备工作。早盘第一个 30 分钟 K 线小量小阳结构涨停，上升行情缓慢展开。

买进策略：即时走势显示股价第一波攻击时，并未出现典型攻击性量峰。盘中多波攻击涨停，第一波回调均价线时，这是第一个买点。第二个 30 分钟 K 线开盘价是第二个追击性买点。盘中逢主力诱空性开板时，可以择低点介入第三个买点。仓位控制以三分之二仓为主。逢日 K 线攻击线和操盘线采取滚动操盘策略。

【道破选股天机】实训图谱 065

	代码	名称		涨幅%	振幅%
1	000837	秦川发展		10.08	0.00
2	600770	综艺股份	R	10.06	3.77
3	000800	一汽轿车	R	10.06	0.00
4	002222	福晶科技		10.05	0.00
5	600560	金自天正		10.03	5.71
6	000090	深 天 健		10.01	6.46
7	300063	天龙集团		9.98	9.19
8	600418	江淮汽车	R	8.70	9.94
9	300256	星星科技		7.84	9.93
10	600301	南化股份	R	7.43	10.27
11	600896	中海海盛		6.94	9.00
12	300079	数码视讯		6.68	7.31
13	002030	达安基因		6.45	11.36

图例 065 星星科技（300256）开盘 30 分钟与涨幅排行榜即时图谱

开盘 30 分钟技术解码：

技术形态：开盘 30 分钟在小盘股涨幅排行榜中，位于前 9 名。日 K 线向下突破决策线之后，再次出现阶段性的底部。股价连续四天温和放量震荡盘升特征，说明主力已经做好再次上涨的准备工作。早盘第一个 30 分钟 K 线放量大阳结构，拉升行情已经展开。

买进策略：即时走势显示股价三波攻击时，出现攻击性量峰。盘中第二波回调均价线时，这是第一个买点。第二个 30 分钟 K 线开盘价是第二个追击性买点。仓位控制以半仓为主。

股价突破决策线后，还有回抽性动作，因此，可利用日线操盘线采取滚动操盘策略。

【道破选股天机】实训图谱 066

图例 066 达安基因（002030）开盘 30 分钟与涨幅排行榜即时图谱

开盘 30 分钟技术解码：

技术形态：开盘 30 分钟在中盘股涨幅排行榜中，位于前 12 名。日 K 线于今天已经放量突破上升近期阻力区。昨天尾盘收盘前 30 分钟出现小阴缩量特征，说明主力已经做好加速上涨前的洗盘工作。早盘第一个 30 分钟 K 线放量大阳结构，加速拉升行情展开。

买进策略：即时走势显示股价上午横盘时，未出现标准的攻击性量峰。下午盘中回调均价线时，不创新低是第一个买点。仓位控制以半仓为主。

【道破选股天机】实训图谱 067

图例 067　数码视讯（300079）开盘 30 分钟与涨幅排行榜即时图谱

开盘 30 分钟技术解码：

技术形态：开盘 30 分钟在中盘股涨幅排行榜中，位于前 11 名。日 K 线已经向下突破，构建下跌中继平台阻力区，谨慎对待。早盘第一个 30 分钟 K 线放量中阳结构冲击拉升，加速拉升行情的意愿比较强烈。随后反手做空，出现典型的回头波走势。

买进策略：即时走势显示股价第一波回头波时，未出现向下对倒量峰，而随后止跌拉升时出现攻击性量峰。盘中第二波攻击回调均价线时，这是第一个买点。仓位控制以三分之一仓为主。逢日 K 线攻击线和操盘线采取滚动操盘策略。

【道破选股天机】实训图谱 068

图例 068 中海海盛（600896）开盘 30 分钟与涨幅排行榜即时图谱

开盘 30 分钟技术解码：

技术形态：开盘 30 分钟在中盘股涨幅排行榜中，位于前 12 名。日 K 线运行于决策线附近，于前天出现了阳孕阴十字线。股价突破后已经完成了技术性回抽，说明主力已经做好加速上涨的准备工作。早盘第一个 30 分钟 K 线放量大阳结构涨停，加速拉升行情展开。

买进策略：即时走势显示股价第一波攻击时，出现攻击性量峰。盘中一波攻击涨停，接近涨停时，这是第一个买点。第二个 30 分钟 K 线开盘价是第二个追击性买点。盘中逢主力诱空性开板时，可以择低点介入第三个买点。仓位控制以三分之二仓为主。逢日 K 线攻击线和操盘线采取滚动操盘策略。

【道破选股天机】实训图谱 069

图例 069　三普药业（600869）开盘 30 分钟与涨幅排行榜即时图谱

开盘 30 分钟技术解码：

技术形态：开盘 30 分钟在中盘股涨幅排行榜中，位于前十名。日 K 线处于挖坑之后初步站稳。股价在昨天有过很好的蓄势过程，说明主力已经做好加速上涨的准备工作。早盘第一个 30 分钟 K 线放量中阴结构，加速拉升行情展开之前实施洗盘。

买进策略：即时走势显示股价向下示弱，随大盘漂流，诱使散户出局。盘中逢主力诱空性下跌时，可以择低点介入第一个买点。仓位控制以三分之一仓为主。

【道破选股天机】实训图谱 070

图例 070　中通客车（000957）开盘 30 分钟与涨幅排行榜即时图谱

开盘 30 分钟技术解码：

技术形态：开盘 30 分钟在小盘股涨幅排行榜中，位于前 17 名。日 K 线已经在昨天构建了阳孕阳形态结构。早盘第一个 30 分钟 K 线放量大阳结构，加速拉升行情展开。上影线说明抛压比较大，不要追高买入。

买进策略：即时走势显示股价二波攻击时，未出现标准的攻击性量峰。盘中第一波回调均价线时，这是第一个买点。第二波再次回调均价线时，是第二个追击性买点。仓位控制以三分之一仓为主，回调过程中宜轻仓持有。

第五章

收盘前 30 分钟选股

在一天的交易过程中，收盘前30分钟是最关键也是最微妙的时间段。主力在此之前的所有时间段内可能不作为，但在这个敏感的关键的时间段，则是实现当天操盘计划的最后一击。因此，收盘前30分钟内，我们会看到股价突然放量攻击，创出全天新高；或者掉头打压，创出当天新低。无论是向上还是向下，都无不显示出主力对当天股价最终收盘的态度，因而对次日股价趋势的影响也是十分巨大的。本章的学习要点主要有以下几个方面：

一、名词解释：收盘前30分钟

二、收盘前30分钟的技术成因

三、主力基本操盘计划判断

四、三大买进技术特征

五、收盘前30分钟技术分类

六、选股程序

七、选股鉴别

八、选股特别提醒

九、收盘前30分钟案例集锦

第一节　收盘前30分钟选股核心要领

一、名词解释：收盘前30分钟

收盘前30分钟，即尾盘第六时间段30分钟时间内（14：30分~15：00分）。这个时间段是全天最敏感的时间之窗。大部分主力操盘手因为做盘的需要，而必须在尾盘通过打压或拉升等手段做出当天日K线图形。因而，尾盘的股价走势最能反映主力操盘手的真实意图。在这个过程中，如果主力在尾盘30分钟内反复震荡向下打压，则会给盘面造成恐慌性杀跌气氛。尾盘的打压出现在股价已经破位下跌的过程中，则通常会导致次日再次大幅下跌，是主力凶狠出货的手段。当然，如果股价已经处在上升通道之中，则是主力早盘借机震仓洗盘，是临盘低吸狙击的好机会。如果股价已经进入大涨之后的头部或下降通道之中，则是主力杀跌出货，不可轻视。

二、收盘前30分钟的技术成因

收盘前30分钟K线技术走势的形成，有以下几个因素：

（1）股价处在上升通道之中，收盘前借势继续攻击性放量上涨。

（2）股价处于小平台反复震荡整理格局，收盘前趁势攻击展开突破性上涨。

（3）股价在昨日于重要支撑位反复震荡止跌，收盘前展开技术性反弹。

（4）股价在阶段性头部震荡整理无法继续拉升中，收盘前展开反手向下打压杀跌。

三、主力基本操盘计划判断

收盘前30分钟的走势已经可以完全暴露主力当天的操盘计划，以及对次日股价走势的直接影响。收盘前30分钟，是当天操盘计划的收尾阶段，也是刻画日K线技术形态的重要时间段。因此，所有主力操盘手均会在此时通过量价的变化对比，来达到既定计划操盘的目的。通过对日K线大形态的对称性判断，主力当天的操盘计划存在以下方向性的思路：

（1）股价运行在日K线上升通道之中。当天收盘前30分钟放量上涨收大阳K线，表示主力次日将出现加速推动股价的动作。当天日K线以大阳或中阳线报收已经成为定局。

（2）股价刚刚向上突破重要阻力位，如生命线或决策线阻力。当天收盘前30分钟放量上涨收带长上影线小阳或中阳K线，则表示主力在尾盘以回头波打压洗盘实施技术性回抽的操盘动作为主。次日展开回调整理下跌的可能性较大。

（3）股价在阶段性底部区域反复震荡整理，形成较好的底部特征。生命线由最初的向下压制状态转变为走平。成交量在前几日已经悄悄温和放大。当天收盘前30分钟放量上涨收大阳K线，则表示主力当天尾盘实施加速拉升向上突破的操盘动作。次日仍然展开攻击性上涨行情的可能性较大。

（4）股价在阶段性头部区域震荡整理，始终无法向上展开攻击性拉升突破盘局。攻击线和操盘线开始死叉拐头向下，并继续穿越辅助线死叉。成交量出现不规则逐步减小特征。说明主力已经通过头部整理展开出货性动作。当天收盘前30分钟放量杀跌收中阴K线，并击穿生命线，则说明主力已经在实施最后的出货动作展开破位下跌走势。次日展开大幅下跌的可能性极大。

四、三大买进技术特征

（1）股价刚刚向上突破生命线或决策线阻力，或者阶段性平台阻力，短期均线如攻击线和操盘线金叉向上形成小级别上升通道。当天收盘前30分钟放量滞涨收带长上影线小阳或中阳K线，临盘可在股价回调到生命线或决策线支撑时再买入。

（2）股价在攻击线和操盘线构成的上升通道中运行，当天收盘前 30 分钟放量上涨以长下影线小阳、中阳或大阳 K 线报收，这是股价加速上涨特征，临盘可在收盘前 5 分钟或次日开盘时买入。

（3）股价形成明确的底部形态，生命线已经走平，前几日已经悄悄温和放量。当天收盘前 30 分钟放量上涨收大阳或中阳 K 线，说明股价已经形成有效突破，临盘则在收盘前 5 分钟买入或次日开盘时以开盘价买入。

五、收盘前 30 分钟技术分类

根据当天收盘前 30 分钟内所表现的股价走势特征，收盘前 30 分钟 K 线走势一共分为六个主要类型，在这里逐一列举出来，供各位学员学习时参考：

其一，放量收大阳。

其二，放量收长上影线小阳或中阳。

其三，缩量收小阳或中阳。

其四，放量收小阳或中阳。

其五，放量收小阴或中阴。

其六，缩量收小阴或中阴。

六、选股程序

收盘前 14：45 分时，深沪股市进入第六时间段收盘前 30 分钟冲刺阶段，直接点按“5 分钟涨速”，即可出现“5 分钟涨速排名”。收盘前 30 分钟涨幅最大顺序排名靠前。同样，在首页中直接点按“5 分钟跌速”，即可出现“5 分钟跌速排名”。收盘前 30 分钟跌幅最大顺序排名靠前。临盘在 14：45 分～15：00 分之间迅速将第一版 5 分钟涨速和跌速达到 1% 以上个股日 K 线图浏览一遍，从中筛选出符合三大买进技术特征的目标品种。

七、选股鉴别

收盘前 30 分钟放量大阳 K 线是强势上涨特征，属于一级优先对象。收盘前 30 分钟缩量中阴或小阴线则是下跌或调整特征，属于备选对象。如果在当日盘面涨幅排名中，出现板块性行情特征，则应以收盘前上涨幅度最大的个股为重要目标。因为该股极有可能是领涨龙头。如果在当日盘面涨幅排名中，没有出现明显的板块行情特征，则也应以收盘前上涨幅度较大的个股为重要目标。在大盘反复震荡，趋势不太明朗的普通行情中，以流通盘最小的品种优先，流通盘大的品种仅作备选。以前几日温和放量的品种优先，以初次放量的品种备选。

八、选股特别提醒

当日收盘前30分钟大阳线出现时，如波段涨幅达到30%以上，临盘则应谨慎。当日收盘前30分钟带长上影线K线出现时，如波段涨幅达到30%以上，临盘则应回避。当日收盘前30分钟带长上影线K线出现时，如股价刚刚突破重要阻力位，临盘则应耐心等待低吸机会出现。当日收盘前30分钟大阴或中阴线出现时，如股价刚刚进入波段下跌阶段，则跌势将会加速，临盘则应坚决回避。

第二节 收盘前30分钟案例集锦

【道破选股天机】实训图谱071

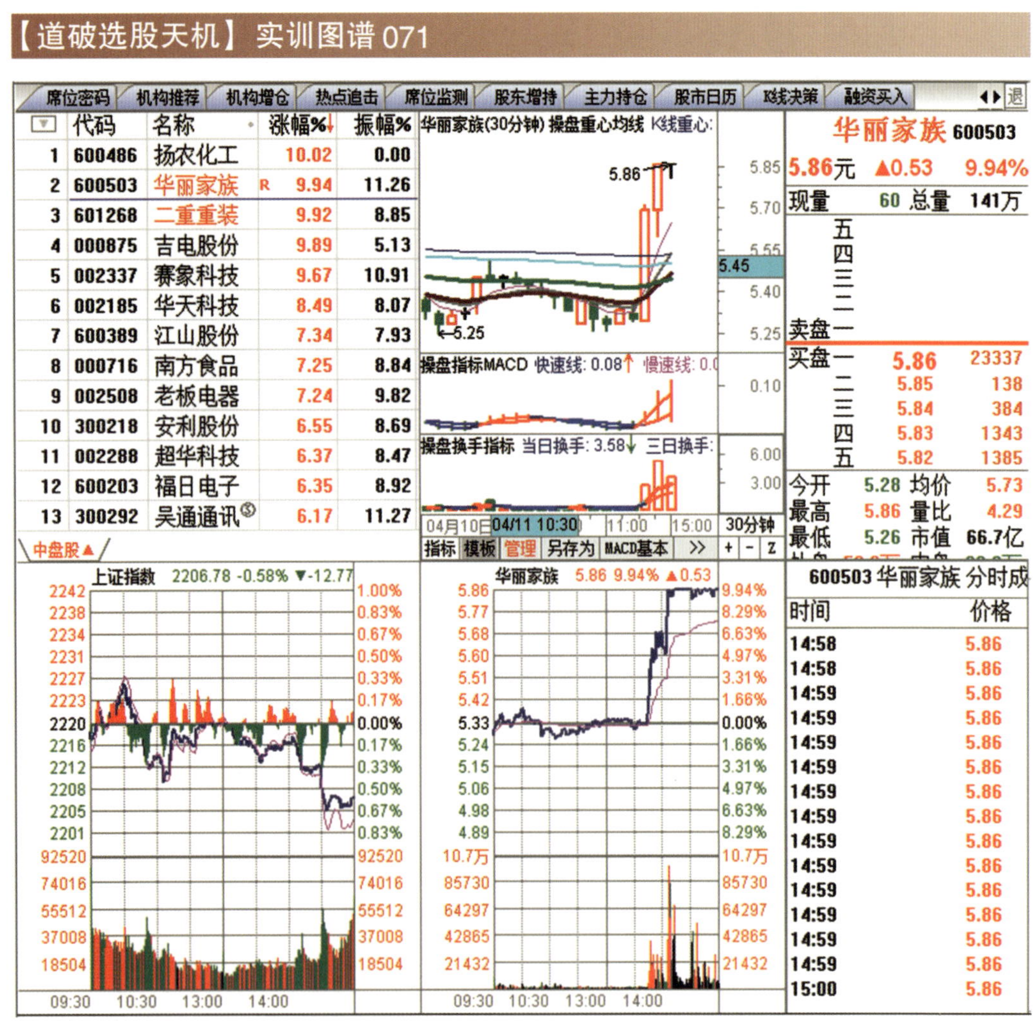

图例071 华丽家族（600503）收盘前30分钟K线技术形态图谱

收盘前 30 分钟技术解码：

技术形态：该股当天尾盘收盘前 30 分钟放量中阳突破生命线和决策线重要阻力区。

收盘 30 分钟 K 线属于出现芙蓉出水形态之后的强势整理，属于突破性起涨结构技术特征之后的强势整固。VOL 指标中的 MA5 线与 MA30 线已经在收盘前形成金叉。MACD 指标也在 0 值线之上多头空间内呈金叉多头趋势运行。MACD 指标之红色柱持续放大，显示短线攻击力正在逐步加强。攻击线与操盘线构成上升通道，新一轮波段性上涨行情开始逐步形成。

买进策略：股价第五时间段末期时，迅速介入第一个追击性买点。次日开盘进行技术性回抽时，可再次逢低加进第二个稳健性买点。本次建仓属于短线小周期性狙击仓计划，仓位控制以半仓为主。在小周期性波段上涨行情操作过程中，逢 30 分钟操盘线和生命线采取滚动操盘策略。

【道破选股天机】实训图谱 072

图例 072　赛象科技（002337）收盘前 30 分钟 K 线技术形态图谱

收盘前 30 分钟技术解码：

技术形态：该股当天尾盘收盘前 30 分钟巨量中阳突破上升中继平台重要阻力

区。收盘 30 分钟 K 线出现旭日东升形态，属于调整后的突破性起涨结构技术特征。VOL 指标中的 MA5 线与 MA30 线已经在收盘前形成巨量金叉。MACD 指标也在 0 值线之上多头空间内呈金叉多头趋势运行。MACD 指标之红色柱持续放大，显示短线攻击力正在逐步加强。攻击线与操盘线构成上升通道，新一轮波段性上涨行情已经开始。

买进策略：第五时间段时，试探性买进第一仓，第八根 30 分钟 K 线开盘时迅速介入第一个追击性买点。次日开盘进行技术性回抽时，可再次逢低加进第二个稳健性买点。本次建仓属于短线小周期性狙击仓计划，仓位控制以半仓为主。在小周期性波段上涨行情操作过程中，逢 30 分钟操盘线和生命线采取滚动操盘策略。

【道破选股天机】实训图谱 073

图例 073　华天科技（002185）收盘前 30 分钟 K 线技术形态图谱

收盘前 30 分钟技术解码：

技术形态：该股当天尾盘收盘前 30 分钟巨量大阳突破上升中继平台重要阻力区之后，进入横盘整理阶段。收盘 30 分钟 K 线出现标准阳孕阴形态，属于突破性腾飞之后的正常调整结构技术特征。VOL 指标中的 MA5 线与 MA30 线已经在收盘前 3 小时前形成死叉。MACD 指标在 4 小时前于 0 值线之上多头空间内呈金叉多头趋势运行。但是 MACD 指标之红色柱开始缩短，显示短线攻击力正在逐步减弱。攻击线与操盘线构成标准上升通道，但角度开始趋缓，新一轮波段性上涨行情已经开始趋向于整固阶段。

买进策略：股价收盘时，保持观望或者试探性介入第一仓，仓位控制在三分之一以内。次日开盘进行技术性快速下挫时，可再次逢低加进第二个稳健性买点。本次建仓属于短线小周期性狙击仓计划，仓位控制以半仓为主。在小周期性波段上涨行情操作过程中，逢 30 分钟操盘线和生命线采取滚动操盘策略。

【道破选股天机】实训图谱 074

图例 074 江山股份（600389）收盘前 30 分钟 K 线技术形态图谱

收盘前30分钟技术解码：

技术形态：该股当天早盘30分钟巨量大阳突破上升中继平台重要阻力区。随后进入整固阶段，收盘30分钟K线出现淡友反攻形态，属于突破性腾飞之后的调整结构技术特征。VOL指标中的MA5线与MA30线在收盘前形成均衡量粘合。MACD指标在0值线之上多头空间内形成金叉之后坚挺运行态势。30分钟均线系统坚挺向上，上涨行情持续中。

买进策略：股价收盘时，试探性介入第一个买点。次日开盘进行技术性下挫出现尖刀底时，可再次逢低加进第二个稳健性买点。本次建仓属于短线小周期性狙击仓计划，仓位控制以半仓为主。在小周期性波段上涨行情操作过程中，逢30分钟操盘线和生命线采取滚动操盘策略。

【道破选股天机】实训图谱075

图例075　老板电器（002508）收盘前30分钟K线技术形态图谱

收盘前 30 分钟技术解码：

技术形态：该股当天尾盘收盘前 30 分钟形成均衡量回踩走势。这种状态属于短线调整的典型技术特征。VOL 指标中的 MA5 线与 MA30 线已经在收盘前 3 小时内形成粘合。MACD 指标也在 0 值线之上多头空间内即将形成死叉。MACD 指标之红色柱持续萎缩，显示短线趋势正在向空头趋势递进。均线构成大型上升通道大喇叭口，短线小级别调整即将到来。

买进策略：股价今日腾飞性拉升，出现调整迹象，保持观望。次日开盘进行技术性调整时，可逢低加进第一个稳健性买点。本次建仓属于短线小周期性狙击仓计划，仓位以半仓为主。在小周期性波段上涨行情操作过程中，逢 30 分钟操盘线和生命线采取滚动操盘策略。

【道破选股天机】实训图谱 076

图例 076　安利股份（300218）收盘前 30 分钟 K 线技术形态图谱

收盘前 30 分钟技术解码：

技术形态：该股当天尾盘收盘前 30 分钟放量中阳突破重要阻力区。收盘 30 分钟 K 线出现类似剑形线形态，属于调整后的支撑性起涨结构技术特征。VOL 指标中的 MA5 线与 MA30 线已经形成金叉。MACD 指标在 0 值线之上多头空间内继续向上运行。MACD 指标之红色柱略有萎缩，显示短线正在向多头犹豫态势发展。均线系统构成大型上升通道大喇叭口，短线小周期性调整即将到来。

买进策略：股价收盘时，迅速介入第一个追击性买点。次日开盘进行技术性回抽时，可再次逢低加进第二个稳健性买点。本次建仓属于短线小周期性狙击仓计划，仓位以半仓为主。在小周期性波段上涨行情操作过程中，逢 30 分钟操盘线和生命线采取滚动操盘策略。

【道破选股天机】实训图谱 077

图例 077　超华科技（002288）收盘前 30 分钟 K 线技术形态图谱

收盘前 30 分钟技术解码：

技术形态：该股当天尾盘收盘前 30 分钟放量中阳突破重要阻力区。收盘 30 分钟 K 线出现腾飞形态，属于调整后的突破性起涨结构技术特征。VOL 指标中的 MA5 线与 MA30 线已经在收盘前形成金叉。MACD 指标也在 0 值线之上多头空间内呈金叉多头趋势运行。MACD 指标之红色柱持续放大，显示短线攻击力正在逐步加强。而攻击线与操盘线构成上升通道，新一轮波段性上涨行情开始逐步形成。

买进策略：股价收盘前 30 分钟 K 线开盘时，迅速介入第一个伏击性买点。次日开盘进行技术性回抽时，可再次逢低加进第二个稳健性买点。本次建仓属于短线小周期性狙击仓计划，仓位控制以半仓为主。在小周期性波段上涨行情操作过程中，逢 30 分钟操盘线和生命线采取滚动操盘策略。

【道破选股天机】实训图谱 078

图例 078　福日电子（600203）收盘前 30 分钟 K 线技术形态图谱

收盘前 30 分钟技术解码：

技术形态：该股当天早盘开盘 30 分钟放量中阳突破生命线和决策线重要阻力区。随后进入横盘整理阶段。收盘 30 分钟 K 线出现阳孕阴形态，属于调整性技术特征。VOL 指标中的 MA5 线与 MA30 线已经在收盘前 3 小时内形成粘合。MACD 指标也在 0 值线之上多头空间内呈金叉多头趋势运行。MACD 指标之红色柱持续缩短，显示短线攻击力正在逐步减弱。

攻击线与操盘线构成上升通道角度趋缓，新一轮波段性上涨行情整理后逐步形成。

买进策略：股价收盘时，试探性介入第一个伏击性买点。次日开盘进行技术性回抽时，可再次逢低加进第二个稳健性买点。本次建仓属于短线小周期性狙击仓计划，仓位以半仓为主。在小周期性波段上涨行情操作过程中，逢 30 分钟操盘线和生命线采取滚动操盘策略。

代码	名称	涨幅%	振幅%
1 600486	扬农化工	10.02	0.00
2 600503	华丽家族	9.94	11.26
3 601268	二重重装	9.92	8.85
4 000875	吉电股份	9.89	5.13
5 002337	赛象科技	9.67	10.91
6 002185	华天科技	8.49	8.07
7 600389	江山股份	7.34	7.93
8 000716	南方食品	7.25	8.84
9 002508	老板电器	7.24	9.82
10 300218	安利股份	6.55	8.69
11 002288	超华科技	6.37	8.47
12 600203	福日电子	6.35	8.92
13 300292	吴通通讯	6.17	11.27

图例 079　吴通通讯（300292）收盘前 30 分钟 K 线技术形态图谱

收盘前30分钟技术解码：

技术形态：该股当天早盘开盘30分钟巨量大阳突破上升中继平台重要阻力区，随后步入整理，消化获利盘。收盘30分钟K线出现弃剑形线形态，属于突破性腾飞之后的正常调整技术特征。VOL指标中的MA5线与MA30线已经在收盘前2小时内形成粘合。MACD指标也在0值线之上多头空间内呈死叉空头趋势运行。MACD指标之红色柱持续缩短，出现绿柱，显示短线攻击力正在逐步减弱，波段性上涨行情已经进入整固阶段。

买进策略：股价收盘时，保持观望为主，或者在尾盘试探性介入第一个伏击性买点。次日开盘进行技术性快速下挫时，可再次逢低加进第二个稳健性买点。本次建仓属于短线小周期性狙击仓计划，仓位控制以半仓为主。在小周期性波段上涨行情操作过程中，逢30分钟操盘线和生命线采取滚动操盘策略。

【道破选股天机】实训图谱080

图例080 亚太实业（000691）收盘前30分钟K线技术形态图谱

收盘前 30 分钟技术解码：

技术形态：该股当天尾盘收盘前 30 分钟巨量中阳突破上升中继平台重要阻力区。收盘 30 分钟 K 线出现标准阳包阴形态，属于调整后的突破性结构技术特征。VOL 指标中的 MA5 线与 MA30 线已经在收盘前形成巨量金叉。MACD 指标也在 0 值线之上多头空间内呈金叉多头趋势运行。MACD 指标之红色柱缓慢放大，显示短线攻击力正在逐步加强。而攻击线与操盘线构成上升通道，波段性缓慢上涨行情已经展开。

买进策略：股价收盘时，试探性买入第一个伏击性买点。次日开盘进行技术性回抽时，可再次逢低加进第二个稳健性买点。本次建仓属于短线小周期性狙击仓计划，仓位以半仓为主。在小周期性波段上涨行情操作过程中，逢 30 分钟操盘线和生命线采取滚动操盘策略。

【道破选股天机】实训图谱 081

图例 081 迪安诊断（300244）收盘前 30 分钟 K 线技术形态图谱

收盘前 30 分钟技术解码：

技术形态：该股当天尾盘收盘前 30 分钟放量小阳突破震荡。收盘 30 分钟 K 线组合呈调整性起涨结构技术特征。VOL 指标中的 MA5 线与 MA30 线已经在收盘前 2 小时形成金叉。

MACD 指标也在 0 值线之上多头空间内呈金叉多头趋势运行。MACD 指标之红色柱开始放大，显示短线攻击力正在形成。而攻击线与操盘线发生金叉，新一轮上涨行情即将展开。

买进策略：股价收盘时，试探性介入第一个伏击性买点。次日开盘进行技术性回抽时，可再次逢低加进第二个稳健性买点。本次建仓属于短线小周期性狙击仓计划，以半仓为主。

在小周期性波段上涨行情操作过程中，逢 30 分钟操盘线和生命线采取滚动操盘策略。

图例 082 中捷股份（002021）收盘前 30 分钟 K 线技术形态图谱

收盘前30分钟技术解码：

技术形态：该股当天尾盘收盘前30分钟巨量中阳展开攻击，并即将向上突破前期平台重要阻力区。收盘30分钟K线出现类似旭日东升形态，属于调整后的突破性腾飞结构技术特征。VOL指标中的MA5线与MA30线已经形成金叉。MACD指标也在0值线之上多头空间内呈金叉多头趋势运行。MACD指标之红色柱持续缓慢放大，显示短线攻击力正在逐步加强。而攻击线与操盘线构成上升通道，新一轮波段性上涨行情开始逐步形成。

买进策略：股价收盘前30分钟K线开盘时，迅速介入第一个伏击性买点。次日开盘进行技术性回抽时，可再次逢低加进第二个稳健性买点。本次建仓属于短线小周期性狙击仓计划，以半仓为主。逢30分钟操盘线和生命线采取滚动操盘策略。

第六章

盘口异常大单选股

盘口异常大单的成交不会是一个简单的孤立的现象。在绝大多数情况下，盘口异常大单是由大户资金作出买卖行为的结果，而特大型成交大单则是由大主力机构在盘中作出积极的买卖行为的结果。在实际交易过程中，单笔大单成交可能是由某个中小投资者单独作出的买卖动作，但持续多笔大单成交，则可以肯定是由主力机构在盘中作出的积极性买卖行为。本章的学习要点主要有以下几个方面：

一、名词解释：盘口异常大单

二、盘口异常大单的技术成因

三、主力基本操盘计划判断

四、三大买进技术特征

五、盘口异常大单的技术分类

六、选股程序

七、选股鉴别

八、选股特别提醒

九、盘口异常大单案例集锦

第一节　盘口异常大单选股核心要领

一、名词解释：盘口异常大单

和开盘大单一样，盘口异常大单是指单笔成交达到1000手以上的突发性或偶发性交易单。流通盘在10亿以下的中盘股出现3000手以上的成交大单，小盘股出现1000手以上的成交大单，或者流通盘在10亿以上的大盘股出现高达5000手以上成交大单，临盘必须引起高度的重视。这或许就是操盘机会来临的重要标志。盘口异常大单是由大户资金作出买卖行为的结果，而特大型成交大单则是由大主力机构在盘中作出积极的买卖行为的结果。在实际交易过程中，单笔大单成交可能是由某个中小投资者单独作出的买卖动作，但持续多笔大单成交，则可以肯定是由主力机构在盘中作出的积极性买卖行为。在盘面中，持续发生的特大单成交则说明是大主力机构在进行积极性的买进或卖出动作。关于大单和特大单的详细解释，读者请参考本人所著的《操盘学》彩图版相关章节，内有非常详尽的解释。

二、盘口异常大单的技术成因

盘口异常大单产生时所处的阶段位置非常重要，其理由如下：

股价处在上升通道之中，攻击线与操盘线金叉向上，这是主力攻击性放量上涨。股价处于生命线上方展开震荡整理期间，盘口出现异常大单成交，股价即将上涨。股价处于下降通道中，攻击线与操盘线死叉向下，盘口持续大单成交，这是攻击性放量杀跌。股价在阶段性头部震荡整理无法继续拉升中，盘口出现异常大单成交，放量滞涨是出货特征。

三、主力基本操盘计划判断

在不同的股价阶段，盘口出现异常大单的成交可以完全暴露主力当天的操盘计划，并对次日或未来数日股价走势产生根本性的影响。盘口异常大单的成交有着单一性和持续性特点，同时，其出现时机与股价趋势有非常密切的趋同性。因此，所有主力操盘手均会在此时通过量价的变化对比，来达到既定计划操盘的目的。通过对日 K 线大形态的对称性判断，主力当天的操盘计划存在以下方向性的思路：

（1）当股价处在阶段性调整和平衡整理市况的趋势之中，盘口异常大单通常情况下会以单一性的交易形式出现，这说明市场的趋势还会以平衡方式延续。

（2）当股价处在阶段性上涨趋势之中，盘口异常大单通常情况下会以持续性的交易形式出现，这说明市场的趋势还会以向多头趋势延续。

（3）当股价处在阶段性下跌趋势之中，盘口异常大单通常情况下会以持续性的交易形式出现，这说明市场的趋势还会以空头趋势延续。

四、三大买进技术特征

（1）股价刚刚向上突破生命线或决策线阻力，短期均线如攻击线和操盘线金叉向上形成小级别上升通道。当天盘中出现持续性异常大单成交，临盘可以即时买入。

（2）股价在攻击线和操盘线构成的上升通道中运行，当天盘中出现持续异常大单成交向下打压，这是主力展开的洗盘特征，临盘可在次日于攻击线或操盘线附近抄底买入。

（3）股价形成明确的底部形态，生命线已经走平，前几日已经悄悄温和放量。当天盘中出现持续异常大单成交向上攻击性拉升，说明股价即将向上展开突破，临盘可即时买入或次日开盘时以开盘价买入。

五、盘口异常大单的技术分类

根据当天盘口异常大单成交所表现的股价走势特征，当天日 K 线走势一共分为六个主要类型，在这里逐一列举出来，供各位学员学习时参考：

其一，放量收大阳。

其二，放量收长上影线小阳或中阳。

其三，缩量收小阳或中阳。

其四，放量收小阳或中阳。

其五，放量收小阴或中阴。

其六，缩量收小阴或中阴。

六、选股程序

在盘中任意六个交易时间段，直接点按“现量”，即可出现“现量排名”。当日盘中即时现量成交最大顺序排名靠前。也可以在软件中设置“主力大单”监控窗口，当日盘中即时成交出现高达1000手以上的大单，将会在监控窗口中迅速出现。临盘迅速查阅大单成交的个股，并将个股之日K线图浏览一遍，从中筛选出符合三大买进技术特征的目标品种。

七、选股鉴别

盘口大单成交时股价上涨，并形成标准的攻击性量峰，如股价处于均线上升通道中，这是典型强势上涨特征，属于一级优先对象。盘口大单成交时股价下跌，也形成标准的攻击性量峰，如股价处于均线上升通道中，这是典型洗盘特征，属于备选对象。如果在当日盘面涨幅排名中，出现板块性行情特征，则应以当日上涨幅度最大的个股为重要目标。因为该股极有可能是领涨龙头。如果在当日盘面涨幅排名中，没有出现明显的板块行情特征，则也应以收盘前上涨幅度较大的个股为重要目标。在大盘反复震荡，趋势不太明朗的普通行情中，以流通盘最小的品种优先，流通盘大的品种仅作备选。以前几日温和放量的品种优先，以初次放量的品种备选。

八、选股特别提醒

当日盘口异常大单出现时，股价持续上涨，如波段涨幅达到30%以上，临盘则应谨慎。当日盘口异常大单出现时，持续向下打压股价，如波段涨幅达到30%以上，临盘则应考虑在操盘线区域再度低吸短线抄底。当日盘口异常大单出现时，如股价刚刚突破重要阻力位，说明股价再度发力，临盘则应考虑即时分批介入。当日盘口异常大单出现时，如股价刚刚进入波段性下降通道阶段，则跌势将会加速，临盘则应坚决回避。

第二节　盘口异常大单案例集锦

【道破选股天机】实训图谱 083

行情报价 资金驱动 资金博弈 DDE排名 多空阵线 SUP统计 交易必读 股本变动 主题投资 事件驱动 数据纵览

	代码	名称		涨幅%	振幅%	买入价	卖出价	总量	5分钟超大单↓	当日超大单	3日超大单	5日超大单
1	600337	美克股份		2.53	7.32	7.73	7.74	93.2万	2016万	1.21亿	3.06亿	5.12亿
2	600802	福建水泥		-0.76	5.95	7.83	7.84	43.9万	1339万	4908万	1.15亿	4.62亿
3	600170	上海建工	R	0.00	2.64	8.67	8.69	49.4万	1307万	6356万	2.49亿	3.91亿
4	600503	华丽家族	R	9.94	11.26	5.86	–	141万	1271万	1.13亿	9875万	9719万
5	600247	成城股份		1.70	3.41	5.38	5.39	10.2万	631.4万	539.7万	901.5万	1163万
6	000625	长安汽车	R	0.88	2.74	10.32	10.33	18.6万	612.2万	1116万	5554万	1.22亿
7	600645	中源协和	R	1.44	3.98	26.00	26.03	86431	548.2万	3440万	6029万	5372万
8	600339	天利高新		3.36	6.05	4.62	4.63	95798	536.6万	857.9万	1007万	1075万
9	601788	光大证券	R	-0.84	3.59	12.94	12.96	87497	406.7万	-435.9万	-2012万	-167.0万
10	600433	冠豪高新Ⓢ	R	2.26	4.07	28.95	28.99	11.6万	354.3万	4088万	9969万	1.17亿
11	600629	棱光实业Ⓢ		-2.06	11.33	8.53	8.69	80900	347.1万	202.1万	114.9万	192.9万
12	600383	金地集团	R	0.00	2.39	6.69	6.70	28.6万	325.8万	1028万	-2309万	446.8万
13	600157	永泰能源	R	1.68	2.42	9.66	9.67	26.4万	322.5万	504.1万	-3462万	-1.34亿
14	600690	青岛海尔	R	-1.09	2.41	12.67	12.68	16.1万	318.1万	-738.2万	-1730万	-649.6万
15	600705	中航投资		-1.31	5.18	16.57	16.58	29.6万	301.5万	-165.8万	-2310万	3204万
16	600209	罗顿发展	R	-3.91	5.21	11.79	11.80	35.3万	273.7万	-5255万	-1.10亿	-8739万
17	600886	国投电力	R	0.16	0.97	6.19	6.20	27.7万	266.4万	121.3万	1237万	496.8万
18	002243	通产丽星		1.97	5.05	8.27	8.28	69723	262.9万	639.1万	493.4万	1472万
19	600200	江苏吴中Ⓢ		3.30	5.94	10.96	10.97	65.0万	261.1万	3696万	1.48亿	1.38亿
20	600343	航天动力		-0.93	3.64	12.78	12.80	47198	255.6万	302.9万	475.3万	1187万
21	600114	东睦股份		-3.14	7.74	9.16	9.20	11.7万	252.4万	2108万	4192万	4964万
22	600009	上海机场	R	-1.34	3.31	12.60	12.62	53360	243.4万	-415.7万	-2552万	-4216万
23	600887	伊利股份	R	2.85	4.80	30.68	30.69	81734	228.8万	-783.9万	-885.3万	-605.2万
24	600999	招商证券	R	-2.64	5.46	11.40	11.41	29.3万	217.9万	-4636万	-1.09亿	-1.13亿
25	000100	TCL 集团	R	0.74	1.86	2.71	2.72	69.4万	216.1万	1567万	1246万	2011万
26	600586	金晶科技		3.81	5.18	3.80	3.81	23.6万	200.7万	754.1万	481.4万	708.4万
27	300257	开山股份		-1.27	2.22	42.60	42.69	5301	193.5万	-10.5万	-2464万	-127.2万

常规▲ 分类▲ 资金模型▲ 个股拉升 板块吸筹 板块拉升 即时决策 先锋模型 决策信号 板块指数 A股 中小 创业

图例 083　盘口行情 5 分钟异常大单监控即时图谱

盘口异常大单解码：

观察盘口异常大单的方式有很多，最直接的方式有两种，一是利用现量来观察即时大单的变化，二是利用软件的 5 分钟超大单来观察最近 5 分钟出现的超大单。

为了方便盘后总结，也可以通过当日超大单来分析当天盘口出现的异常大单，为下一个交易日的操作提供决策依据，或者用来修正已有的操作计划。

可以通过观察当天的超大单与 3 日前的超大单出现情况做对比，检查对比大单出现的持续情况，判断主力操盘的基本意图，做到心中有数。

还可以将当日超大单与 3 日的超大单、5 日的超大单进行对比，分析其中的玄机。

【道破选股天机】实训图谱 084

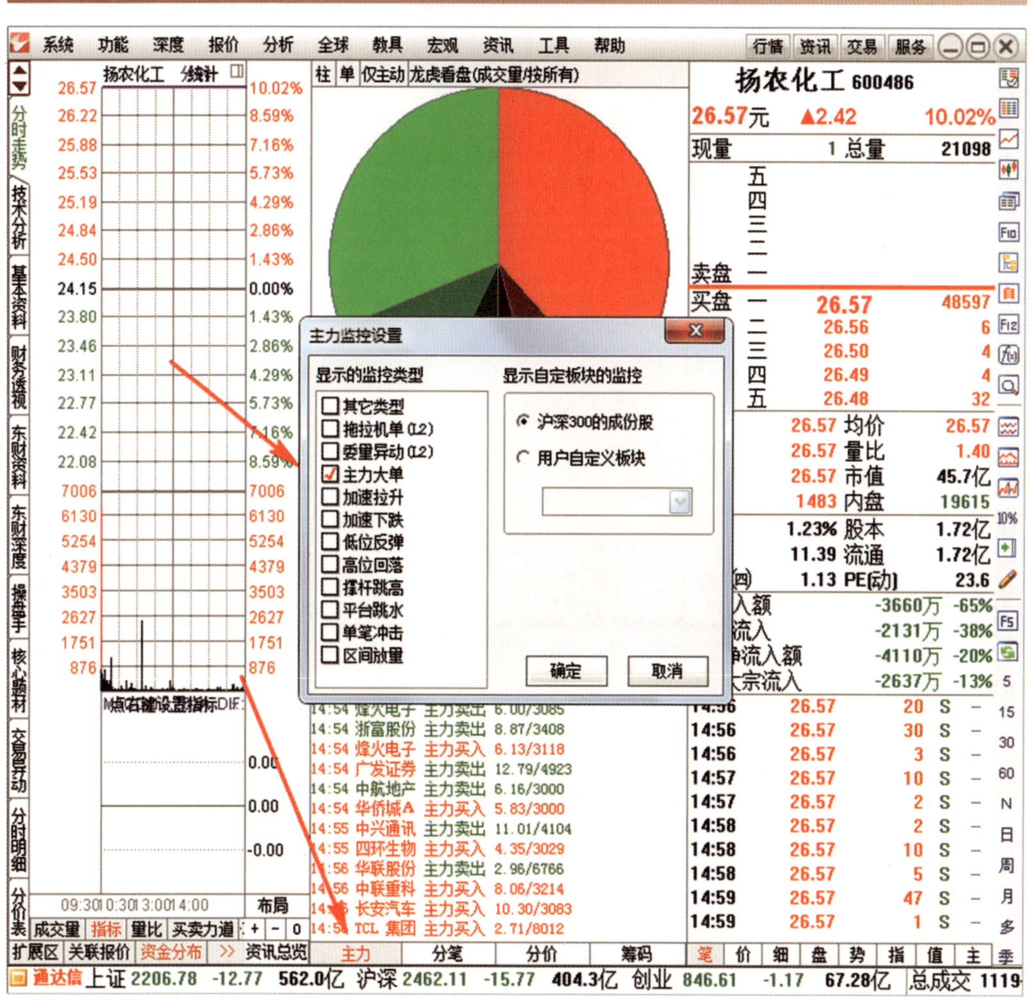

图例 084　盘口行情当日异常大单监控即时图谱

盘口异常大单解码：

临盘实战的时候，除了设定 5 分钟周期来观察盘口异常大单之外，还可以通过通达信软件特有的主力监控精灵来监控异常大单。如图例 084 所示那样，将主力监控设定为主力大单，然后选择自己需要监控的市场或者板块，可以自定义监控板块，根据盘中预警的情况，即时发现盘口出现的异常大单，即时作出反应。

这是职业操盘手和职业投资者必须具备的实盘操作基本功，请各位学员认真学习，对照软件反复演练，力争熟练，做到不错失任何一次机会，创造佳绩。

【道破选股天机】实训图谱 085

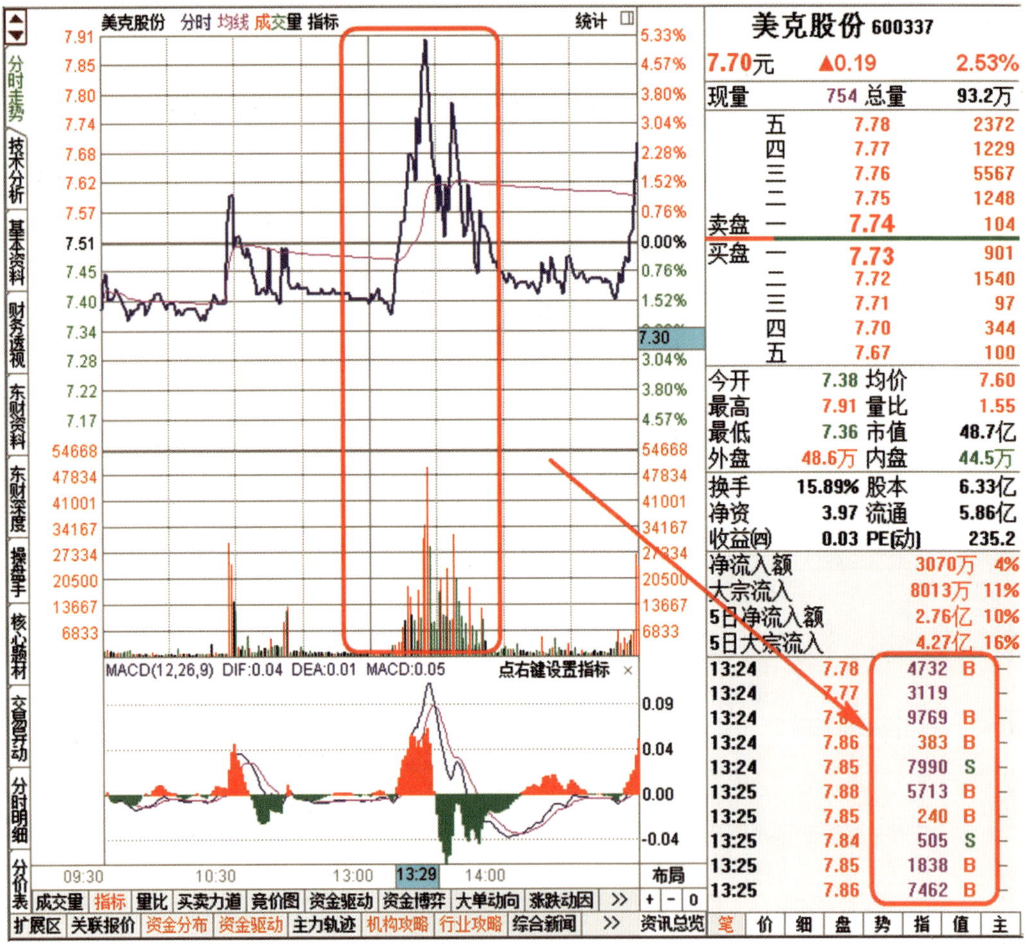

图例 085　美克股份（600337）盘口行情与异常大单监控即时图谱

盘口异常大单解码：

技术形态：盘中交易第四时间段再次出现数笔高达 1000 手以上的大单成交，其中一笔为 9769 手。大单成交具备持续性的特征，说明主力利用对倒大单拉升股价，吸引跟风盘。日线图谱显示股价在 2013 年 3 月 21 日突破决策线封锁以来，已经进入小波段上升行情。今日盘中对倒拉升应该属于股价面临阶段性兑现盈利的前兆。均线系统向上发散，股价后市还将突破性上涨，进入加速拉升阶段。

买进策略：即时走势显示早盘第一时间段已经完成弱势震荡洗盘形态，盘中出现标准性萎缩式量峰。第二时间段股价完成一波对敲攻击性拉升后，主动快速向下打破均价线支撑，第四时间段不创新低的时候，这是当天第一买点。第五时间段向下回调不破上午低点，并至今日开盘附近时，这是第二买点。尾盘收市时不创新低，可以继续完成当天的第三个稳健性买点。由于股价接近前期顶部平台重要阻力位，仓位控制以半仓为主。

【道破选股天机】实训图谱 086

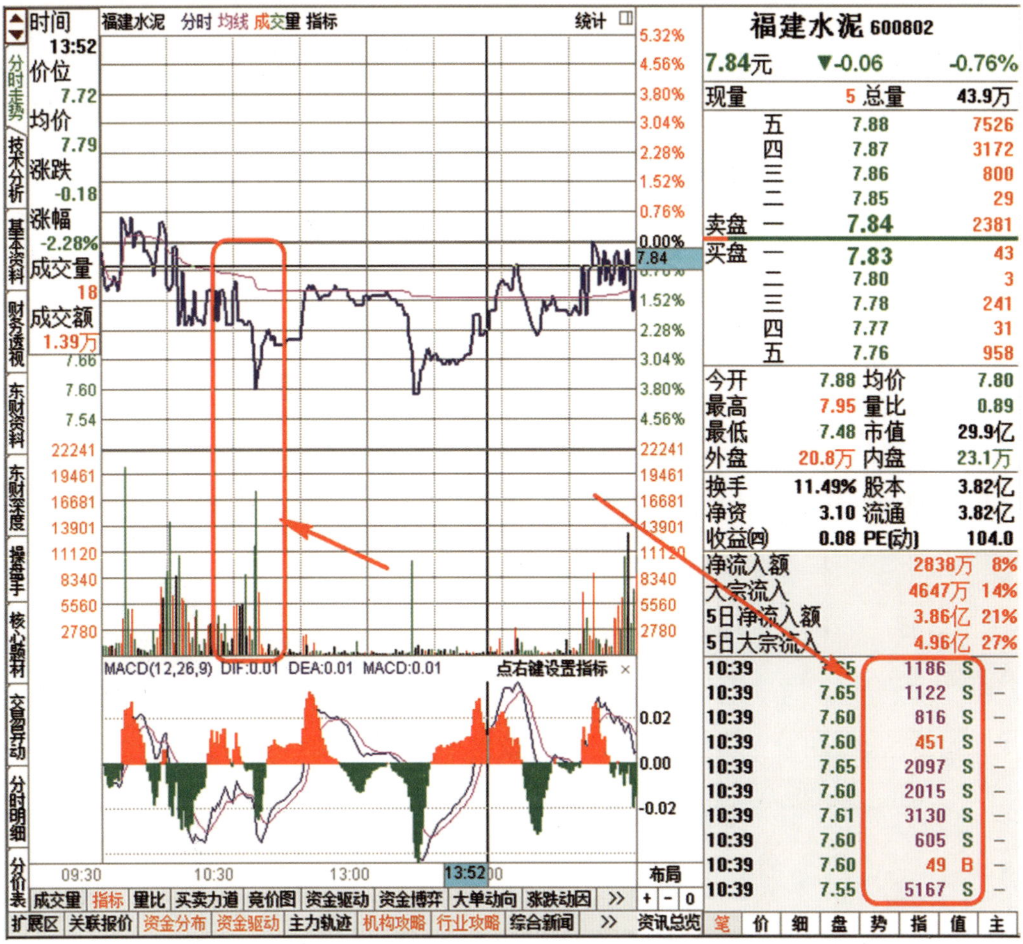

图例 086　福建水泥（600802）盘口行情与异常大单监控即时图谱

盘口异常大单解码：

技术形态：盘中交易第二时间段再次出现连续数笔高达 1000 手以上的大单成

交，其中一笔为3130手。大单成交具备持续性的特征，说明主力利用对敲大单打压股价。日线图谱显示股价在2013年3月21日突破决策线封锁以来，已经完成2个小波段上升行情。今日盘中打压应该属于技术性调整。攻击线与操盘线金叉向上，均线系统健康。股价下调属于正常技术性洗盘，后市还将继续上涨。

买进策略：即时走势显示上午已经完成三波向下对敲打压形态，盘中出现冲击式量峰。

股价主动向下打压并击穿均价线支撑，有恐吓嫌疑。下午股价向上拉升返回均价线时，这是第一买点。尾盘收市时，可以继续完成当天的第二个稳健性买点。由于股价突破底部平台重要阻力位之后进行技术性回抽，仓位控制以三分之二仓为主。

【道破选股天机】实训图谱087

图例087　上海建工（600170）盘口行情与异常大单监控即时图谱

盘口异常大单解码：

技术形态：盘中交易第二时间段再次出现五笔高达 1000 手以上的大单成交，其中一笔为 15662 手。大单成交不具备持续性的特征，说明主力利用对敲大单拉抬股价。日线图谱显示股价在 2013 年 3 月 25 日突破决策线封锁以来，已经完成一个小波段上升行情。今日盘中拉抬应该属于股价震荡洗筹和滚动套利的需要，后市还将继续上涨。

买进策略：即时走势显示早盘直接低开低走打压状态，盘中出现冲击波形。股价在打压过程中，出现冲击波，说明主力利用打压暗中吸筹。股价在盘中第二时间段不再创新低时，这是第一买点。股价尾盘下挫不跌破上午低点时，这是第二个稳健性买点。

【道破选股天机】实训图谱 088

图例 088　华丽家族（600503）盘口行情与异常大单监控即时图谱

盘口异常大单解码：

技术形态：第一时间段至第四时间段，股价围绕均价线窄幅震荡，第四时间段下半段突然在均价线附近对倒拉升，巨量大单持续成交。大单成交具备持续性的特征，说明主力利用对倒大单做高股价。日线图谱显示股价已经在昨天构筑阶段性底部，出现了止跌 K 线信号。

今日午盘快速拉升，应该属于有计划、有组织、有预谋的操盘行为。60 分钟攻击线与操盘线金叉向上，后市还将继续上涨。

买进策略：即时走势显示上午已经完成震仓洗盘形态，盘中出现标准的萎缩型量峰。股价在第四时间段后半段突然拉升，成交量迅速放大，这是主力突袭。股价第一波攻击高点回调时，这是第一买点。尾盘收市时，可以继续完成当天的第二个稳健性买点。

【道破选股天机】实训图谱 089

图例 089　兴业银行（601166）盘口行情与异常大单监控即时图谱

盘口异常大单解码：

技术形态：盘中交易第一时间段出现多笔高达1000手以上的大单成交，其中一笔为4008手。大单成交具备持续性的特征，说明主力利用对倒大单拉升股价。日线图谱显示股价在决策线附近出现企稳迹象。今日早盘拉升，属于洗盘的前奏。

买进策略：即时走势显示早盘已经完成二波攻击形态，盘中出现攻击式量峰结构。股价二波攻击较强，盘中不断成交大单，但抛压较大，有主动向下回调的可能性。股价向下回调至前收盘价获得支撑时，这是第一买点。尾盘收市时，不创新低，则可以继续完成当天的第二个稳健性买点。仓位控制以半仓为主。

【道破选股天机】实训图谱090

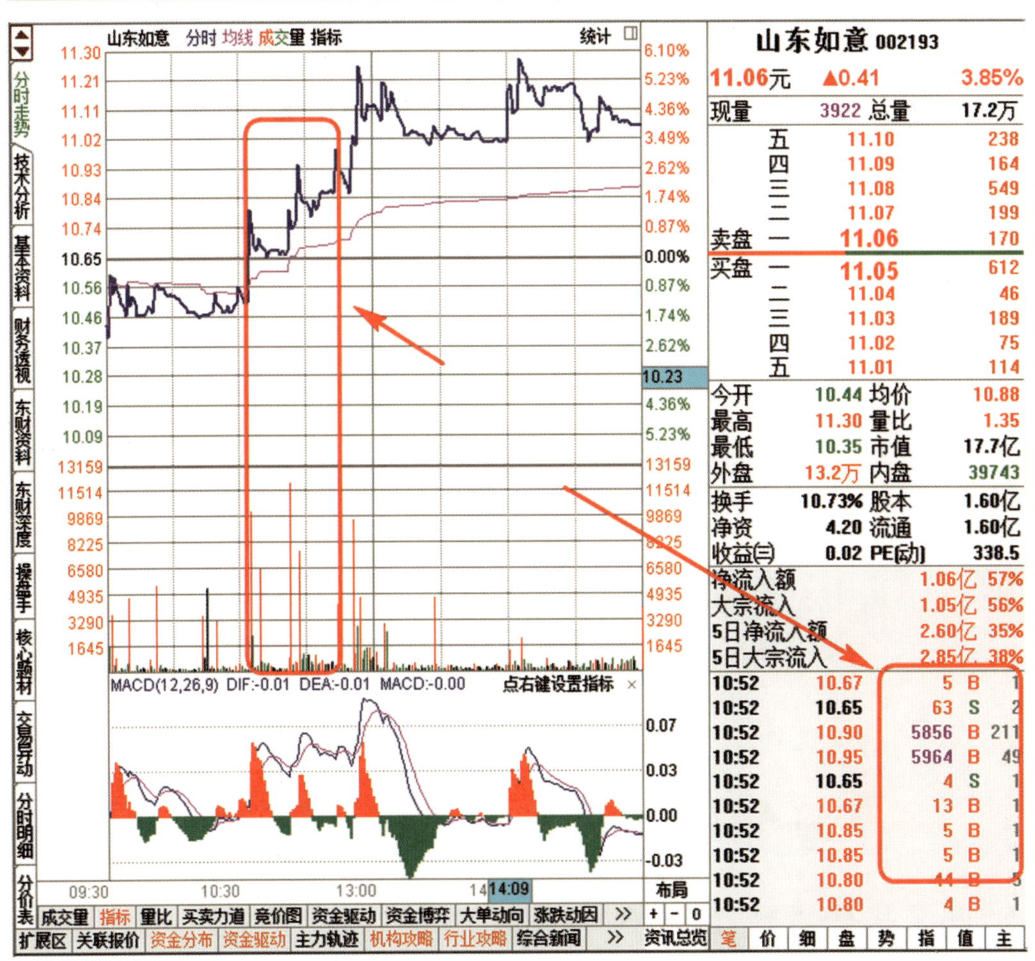

图例090 山东如意（002193）盘口行情与异常大单监控即时图谱

盘口异常大单解码：

技术形态：盘中交易第二时间段出现 2 笔高达 1000 手以上的大单成交，其中一笔为 5964 手。大单成交不具备持续性的特征，说明主力利用对敲大单拉抬股价。日线图谱显示股价已经在决策线之上形成上升通道结构。

买进策略：即时走势显示早盘在昨天收盘价之下展开震荡，盘中出现冲击式量峰。股价向下回调至开盘价上方，不创新低的时候，这是第一买点。股价放量突破均价线时，可以继续完成当天的第二个稳健性买点。由于股价在决策线之上调整蓄势，以三分之二仓为主。

【道破选股天机】实训图谱 091

图例 091　酒鬼酒（000799）盘口行情与异常大单监控即时图谱

盘口异常大单解码：

技术形态：盘中交易第二时间段间隔性出现多笔高达 1000 手以上的大单成交，其中一笔为 2007 手。这笔巨量买进大单，属于爆发性攻击拉高性质。这种情况显示主力向上突破心情急切，做多计划已经显现。日线图谱显示股价已经已经突破操盘线，攻击线与操盘线金叉向上，后市将演变为波段式上涨形态。

买进策略：即时走势显示早盘攻击时，回调未击穿均价线，盘中出现冲击式量峰。巨量大单创出当日新高时，这是第一买点。股价向下回调至均价线时，可以继续完成当天的第二个稳健性买点。由于股价在今天突破操盘线之后还有调整过程，仓位控制以半仓为主。

【道破选股天机】实训图谱 092

图例 092 大湖股份（600257）盘口行情与异常大单监控即时图谱

盘口异常大单解码：

技术形态：盘中交易第二时间段，曾出现过脉冲式巨量大单拉抬。第五时间段结束时，突破出现一笔高达10030手的巨量大单成交。这笔巨量买进大单，属于爆发性攻击拉高性质。

这种情况显示主力向上诱多心情急切，洗盘计划已经显现。日线图谱显示股价已经已经在前几日构筑波段攀升的态势，今天出现阳孕阴结构，属于继续洗盘。攻击线与操盘线金叉向上，后市将演变为波段式上涨行情。

买进策略：即时走势显示早盘攻击时，出现一波脉冲走势。盘中回调均多次击穿均价线，盘中出现脉冲式量峰。观望为主。下午巨量大单未能创出当日新高时，还是观望。尾盘股价向下回击穿均价线时，可以完成当天的第一个稳健性买点。由于股价在突破后进行较好的蓄势整理，仓位控制以三分之一仓为主。

【道破选股天机】实训图谱093

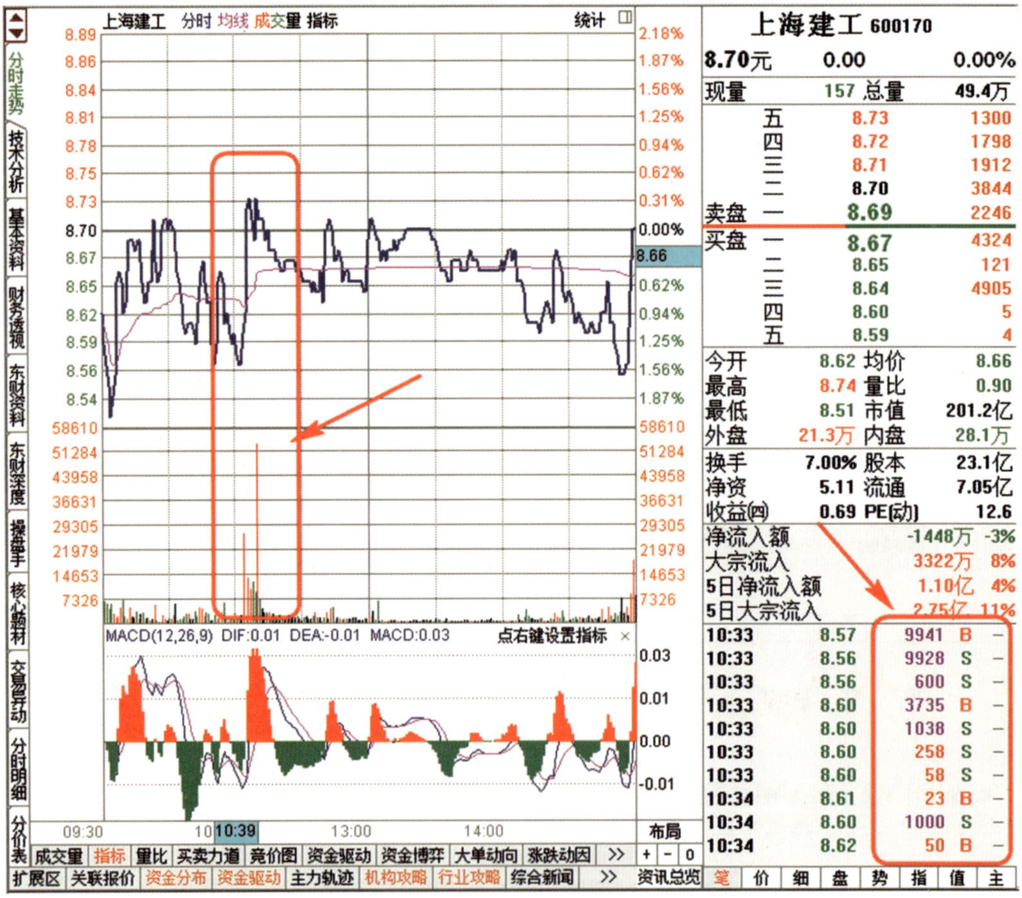

上海建工 600170

8.70元	0.00		0.00%
现量	157	总量	49.4万
卖盘 五	8.73		1300
四	8.72		1798
三	8.71		1912
二	8.70		3844
一	8.69		2246
买盘 一	8.67		4324
二	8.65		121
三	8.64		4905
四	8.60		5
五	8.59		4
今开	8.62	均价	8.66
最高	8.74	量比	0.90
最低	8.51	市值	201.2亿
外盘	21.3万	内盘	28.1万
换手	7.00%	股本	23.1亿
净资	5.11	流通	7.05亿
收益(四)	0.69	PE(动)	12.6
净流入额		-1448万	-3%
大宗流入		3322万	8%
5日净流入额		1.10亿	4%
5日大宗流入		2.75亿	11%

时间	价格	成交量	方向
10:33	8.57	9941	B
10:33	8.56	9928	S
10:33	8.56	600	S
10:33	8.60	3735	B
10:33	8.60	1038	S
10:33	8.60	258	S
10:33	8.60	58	S
10:34	8.61	23	B
10:34	8.60	1000	S
10:34	8.62	50	B

图例093 上海建工（600170）盘口行情与异常大单监控即时图谱

盘口异常大单解码：

技术形态：盘中交易第二时间段后半段时，出现一笔高达 9928 手以上的大单成交。

大单成交呈间歇式特征，说明主力利用对敲大单拉抬股价。五档卖盘中，出现巨量大单压盘式诱空性布局。日线图谱显示股价已经在生命线和决策线之上形成上升三角形平台结构。这是典型的突破之后整理结构，整理结束之后，继续拉升。

买进策略：即时走势显示早盘在围绕均价线展开震荡，盘中出现冲击式量能结构。股价围绕均价线震荡，向下击穿昨天收盘价支撑，属于弱势整理结构。尾盘股价向下回调至第一波低点时，这是第一买点。由于股价在攻击线之上调整蓄势，以三分之二仓重仓结构为主。

【道破选股天机】实训图谱 094

图例 094　英飞拓（002528）盘口行情与异常大单监控即时图谱

盘口异常大单解码：

技术形态：盘中交易第三时间段即将结束时，突然出现持续 2 笔 1000 手以上的巨量大单成交。巨量买进大单在短时间内冲击成交，属于爆发性攻击拉高性质。这种情况显示主力向上引诱拉升的操盘计划已经十分迫切。日线图谱显示股价已经在前几日构筑顶部平台，已经完成技术性出货。攻击线与操盘线死叉向下，演变为崩盘式下跌行情成为可能。

买进策略：保持观望，在没有出现明显的止跌企稳信号之前，绝不进场。

【道破选股天机】实训图谱 095

图例 095　亚通股份（600692）盘口行情与异常大单监控即时图谱

盘口异常大单解码：

技术形态：盘中交易第二时间段突然出现多笔高达 1000 手以上的巨量大单成

交，其中一笔为1960手。这笔巨量买进大单，属于爆发性攻击拉高性质。这种情况显示主力向上加速拉升的操盘计划已经十分迫切。日线图谱显示股价已经在前几日蓄势，构筑上升中继平台，今天向上加速拉升将成为可能。攻击线与操盘线金叉向上，后市将演变为波段式长线震荡盘升式上涨行情。

买进策略：即时走势显示第二时间段出现拨高式攻击波形走势。攻击波形较长，并出现标准的攻击式量峰。巨量大单突破昨天收盘价时，这是追击性第一买点。股价向下回调至均价线时，可以继续完成当天的第二个稳健性买点。由于股价已经在突破平台后进行了较好的蓄势整理，仓位控制以三分之二仓为主。

【道破选股天机】实训图谱096

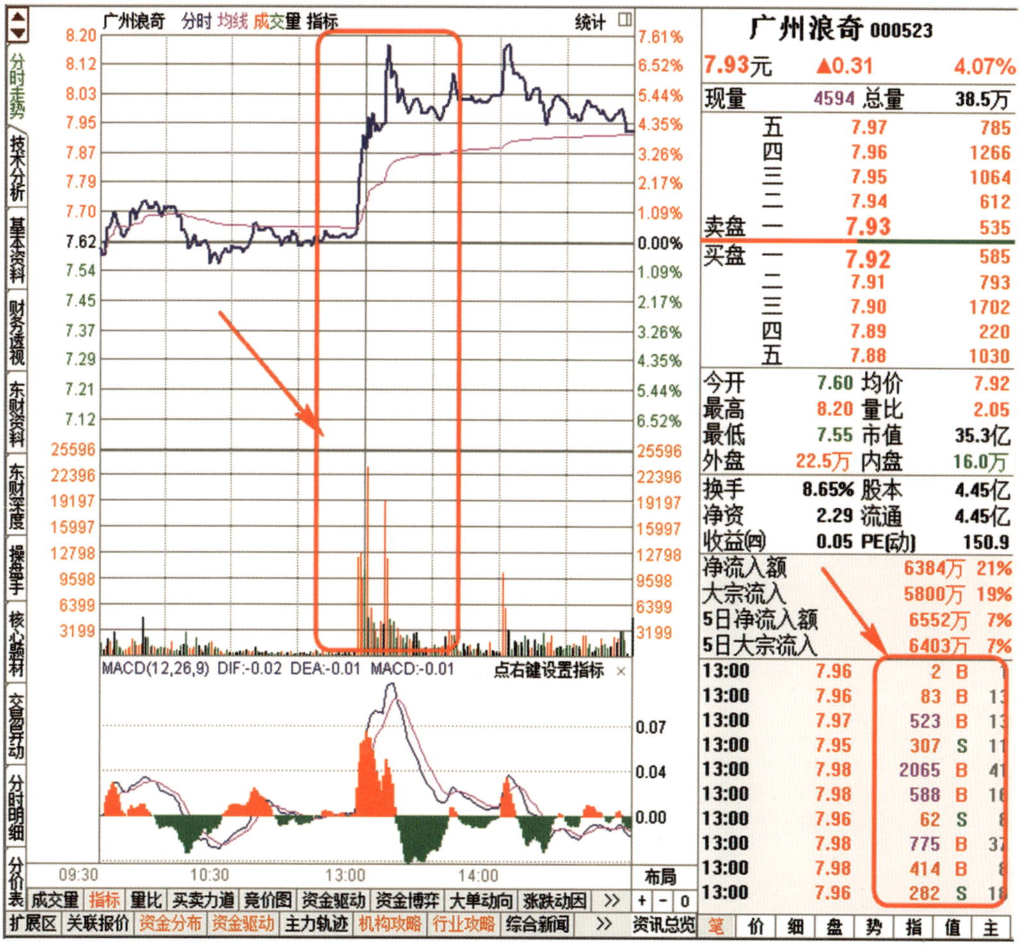

图例096　广州浪奇（000523）盘口行情与异常大单监控即时图谱

盘口异常大单解码：

技术形态：盘中交易第三时间段末端突然出现1笔高达1000手以上的巨量大单成交，其中一笔为2065手。这种情况显示主力在当天早盘有利用大盘进行震荡洗盘的动作出现。这是主力盘中滚动套利的特征。攻击线与操盘线金叉向上，向上加速拉升将成为可能。

买进策略：即时走势显示早盘低开高走的走势特征。盘中大单压盘，说明当天主力还有进一步震仓洗盘动作。股价再次回调不破早盘最低价时，这是狙击性第一买点。股价放量再次突破均价线时，可以继续完成当天的第二个稳健性买点。由于股价已经进入加速拉升阶段，仓位控制以重仓布局为主。

第七章

盘口 5 分钟涨速选股

盘口 5 分钟涨速是监控主力异动的最佳指标。当主力主动性攻击，盘中量能迅速放大，并形成标准的量峰结构，这说明当天真正的攻击性拉升行情已经展开，临盘必须考虑追涨买入。同样，如果主力在拉升时，量峰结构不明显，或者只有数笔大单对敲性拉升，这肯定是主力当天作出的诱多行为。本章的学习要点主要有以下几个方面：

一、名词解释：盘口 5 分钟涨速

二、盘口 5 分钟涨速的技术成因

三、主力基本操盘计划判断

四、三大买进技术特征

五、盘口 5 分钟涨速的技术分类

六、选股程序

七、选股鉴别

八、选股特别提醒

九、盘口 5 分钟涨速案例集锦

第一节　盘口 5 分钟涨速选股核心要领

一、名词解释：盘口 5 分钟涨速

盘口 5 分钟涨速是指当天即时盘中 5 分钟之内涨得最快涨幅最大的股票动态排行。凡是在当天即时盘中，如果 5 分钟之内涨得最快涨幅最大的品种，均会及时地将其动态信息反映在 5 分钟涨速排行榜中。5 分钟涨速排行榜可设置为 1 分钟更新或 30 秒钟更新，更新时间越短，动态信息越真实。盘口 5 分钟涨速是监控主力异动的最佳指标。当主力主动性攻击，盘中量能迅速放大，并形成标准的量峰结构，这说明当天真正的攻击性拉升行情已经展开，临盘必须考虑追涨买入。同样，如果主力在拉升时，量峰结构不明显，或者只有数笔大单对敲性拉升，这肯定是主力当天作出的诱多行为。

二、盘口 5 分钟涨速的技术成因

盘口 5 分钟涨速排行领先的个股与所处的阶段位置非常重要，理由如下：

股价处在上升通道之中，攻击线与操盘线金叉向上，如果盘中出现标准的量峰结构，这是主力攻击性放量上涨。股价处于生命线上方展开震荡整理期间，如果盘中出现标准的量峰结构，说明股价即将展开突破性上涨。股价处于下降通道中，攻击线与操盘线死叉向下，如果盘中出现标准的量峰结构，这是股价出现的技术性反弹。股价在阶段性头部震荡整理期间，如果盘中5分钟涨速出现无量拉升，或者单一性量峰结构，这是主力对敲拉高的出货特征。关于量峰结构这一操盘技术，请参考笔者所著的《操盘学》彩图版一书相关章节。

三、主力基本操盘计划判断

考察盘口5分钟涨速的操作价值，关键在于要弄清楚股价所处的阶段位置。而判断股价位置的重要指标则可以用均线技术系统和日K线技术系统来得到有力佐证。根据这两大技术系统，再结合股价在盘中的量能特征，我们就可以基本判断主力的操盘行为与股价发展的趋势方向。基于这一技术体系，当盘口5分钟涨速排行品种出现时，我们可以通过股价所处的阶段位置，迅速作出如下对主力操盘计划的推断性思路：

（1）当股价处在生命线之上震荡整理多日，当日盘中5分钟涨速出现标准的攻击性量峰结构，说明主力有意摆脱盘局，实施阶段性突破拉升行情。

（2）当股价处在攻击线与操盘线金叉向上趋势之中，当日盘中5分钟涨速出现标准的攻击性量峰结构，说明主力强势拉升，上涨走势有加速倾向。

（3）当股价处在攻击线与操盘线死叉向下趋势之中，如果生命线与决策线金叉向上趋势未变，说明股价仅仅是阶段性短期调整。当日盘中5分钟涨速出现标准的攻击性量峰结构，说明主力有意结束调整将在当天出现阶段性低点止跌，后市走势将震荡盘升。

（4）当股价已经完成一轮较大的涨幅之后（熊市反弹30%～60%之间，牛市拉升60%～100%之间），股价出现阶段性横盘滞涨走势。当日盘中5分钟涨速出现萎缩性量峰或者单一性量峰结构，说明主力已经在诱多出货，后市久盘必跌。

四、三大买进技术特征

（1）股价向上突破生命线或决策线阻力并完成技术性回抽之后，短期均线如攻击线和操盘线金叉向上形成小级别上升通道。当日盘中5分钟涨速出现标准的攻击性量峰结构，说明第二轮拉升行情展开，临盘可以即时买入。

（2）股价在攻击线和操盘线构成的上升通道中运行，并完成一轮洗盘行情之后，股价经过回调在攻击线或操盘线附近，当日盘中5分钟涨速出现标准的攻击性量峰结构，说明洗盘行情结束，临盘可即时买入。

（3）股价处在决策线和生命线形态的金叉初期，K 线结构已经形成明确的底部形态，攻击线与操盘线再次发生金叉，当日盘中 5 分钟涨速出现标准的攻击性量峰结构，说明股价即将向上展开突破，临盘可即时买入。

五、盘口 5 分钟涨速的技术分类

根据当天盘口 5 分钟涨速所表现的股价走势特征，当天盘中走势一共分为五个主要类型，在这里逐一列举出来，供各位学员学习时参考：

其一，标准性量峰，波形结构明显。

其二，标准性量峰，但第二波量峰明显低于第一波高点。

其三，萎缩性量峰，波形结构不明显。

其四，单一性量峰，波形结构不明显。

其五，量峰结构不明显，仅有数笔大单成交。

六、选股程序

在盘中任意六个交易时间段，直接点按“涨速”，即可出现“5 分钟涨速排名”。当日盘中即时 5 分钟涨速最快涨幅最大顺序排名靠前。也可以在软件中设置“5 分钟涨速”监控窗口，当日盘中即时成交出现 5 分钟涨速在 1% 以上的个股，将会在监控窗口中迅速出现。临盘迅速查阅 5 分钟涨速排行前 10 名的个股，并将个股之日 K 线图浏览一遍，从中筛选出符合三大买进技术特征的目标品种。

七、选股鉴别

盘口 5 分钟涨幅排行在前 10 名的个股，并形成标准的攻击性量峰，如股价处于均线上升通道中，这是典型强势上涨特征，属于一级优先对象。盘口 5 分钟涨幅排行在前 10 名的个股，量峰出现萎缩型结构，如股价处于均线上升通道中，这是典型洗盘特征，属于备选对象。如果在当日 5 分钟涨幅排名中，出现板块性行情特征，则应以当日上涨幅度最大量峰最标准的个股为重要目标。因为该股极有可能是领涨龙头。如果在当日盘面涨幅排名中，没有出现明显的板块行情特征，则也应以收盘前上涨幅度较大量峰标准的个股为重要目标。在大盘反复震荡，趋势不太明朗的普通行情中，以流通盘最小的品种优先，流通盘大的品种仅作备选。以前几日温和放量的品种优先，以初次放量的品种备选。

八、选股特别提醒

当日盘口 5 分钟涨幅排行在前 10 名的个股，如波段涨幅达到 30% 以上，临盘则应谨慎。当日盘口 5 分钟涨幅排行在前 10 名的个股，盘中出现萎缩性量峰，如波段涨幅达到 30% 以上，临盘则应考虑在操盘线区域再度低吸短线抄底。当日盘口

5 分钟涨幅排行在前 10 名的个股，如股价刚刚突破重要阻力位，说明股价再度发力，临盘则应考虑即时分批介入。当日盘口 5 分钟涨幅排行在前 10 名的个股，如股价刚刚进入波段性下降通道阶段，盘口仅仅是技术性反弹行为，后市仍以下跌为主，临盘则应坚决回避。

第二节 盘口 5 分钟涨速案例集锦

【道破选股天机】实训图谱 097

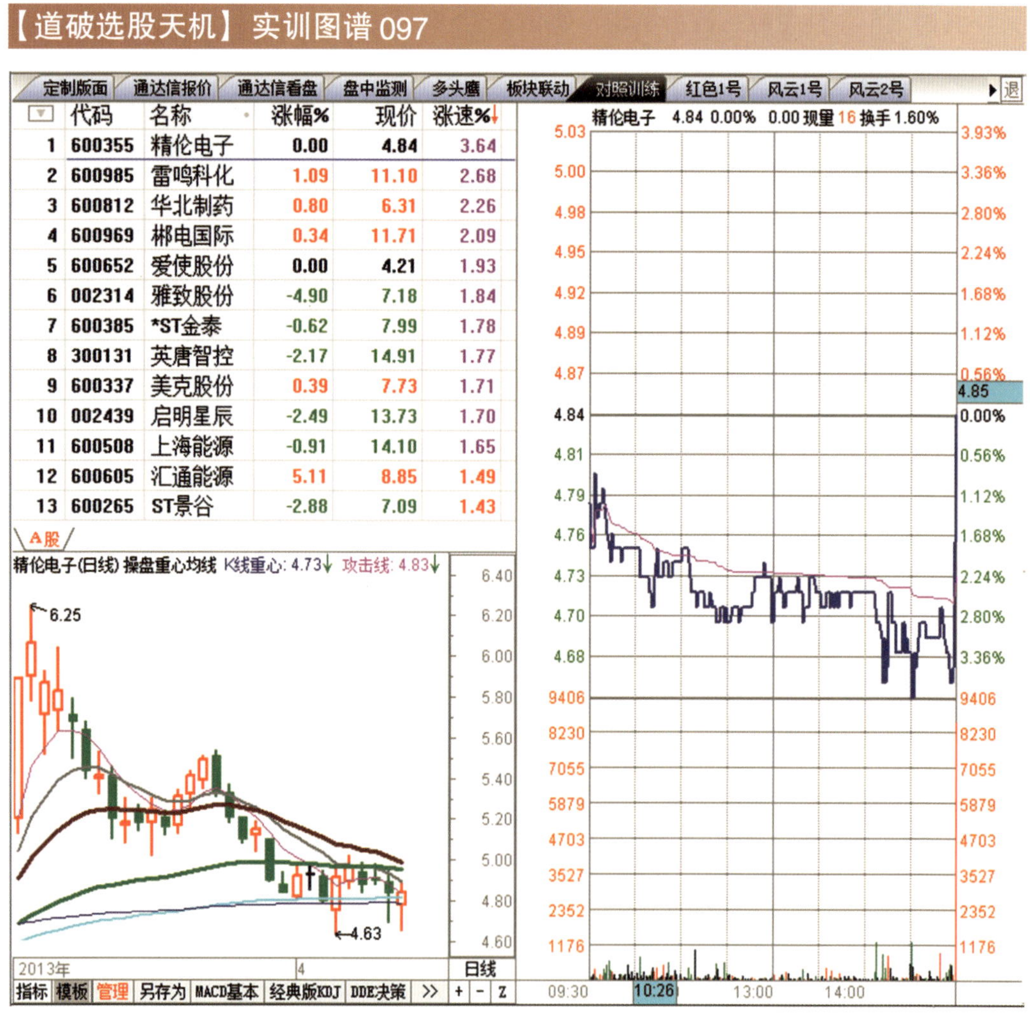

	代码	名称	涨幅%	现价	涨速%
1	600355	精伦电子	0.00	4.84	3.64
2	600985	雷鸣科化	1.09	11.10	2.68
3	600812	华北制药	0.80	6.31	2.26
4	600969	郴电国际	0.34	11.71	2.09
5	600652	爱使股份	0.00	4.21	1.93
6	002314	雅致股份	-4.90	7.18	1.84
7	600385	*ST金泰	-0.62	7.99	1.78
8	300131	英唐智控	-2.17	14.91	1.77
9	600337	美克股份	0.39	7.73	1.71
10	002439	启明星辰	-2.49	13.73	1.70
11	600508	上海能源	-0.91	14.10	1.65
12	600605	汇通能源	5.11	8.85	1.49
13	600265	ST景谷	-2.88	7.09	1.43

图例 097 精伦电子（600355）尾盘盘口 5 分钟涨速即时图谱

盘口五分钟涨速解码：

技术形态：盘中交易第六时间段快速呈现一波攻击结构。五分钟涨速排名进入第一名。尾盘攻击时，成交量明显放大，并连续出现两笔高达1000手以上的巨量大单。日线图谱显示股价已经在前期放量突破底部平台，并完成技术性止跌动作。股价再次回落到年线附近，出现止跌信号，股价再次站稳的迹象明显。

买进策略：即时走势显示该股全天反复震荡均未有效上穿昨天收盘价。尾盘放量攻击，意味着洗盘结束。收盘前最后五分钟实施买进，这是追击性第一买点。次日股价开盘时，可以继续完成第二个稳健性买点。由于股价处于底部，仓位控制以三分之二仓布局为主。

【道破选股天机】实训图谱 098

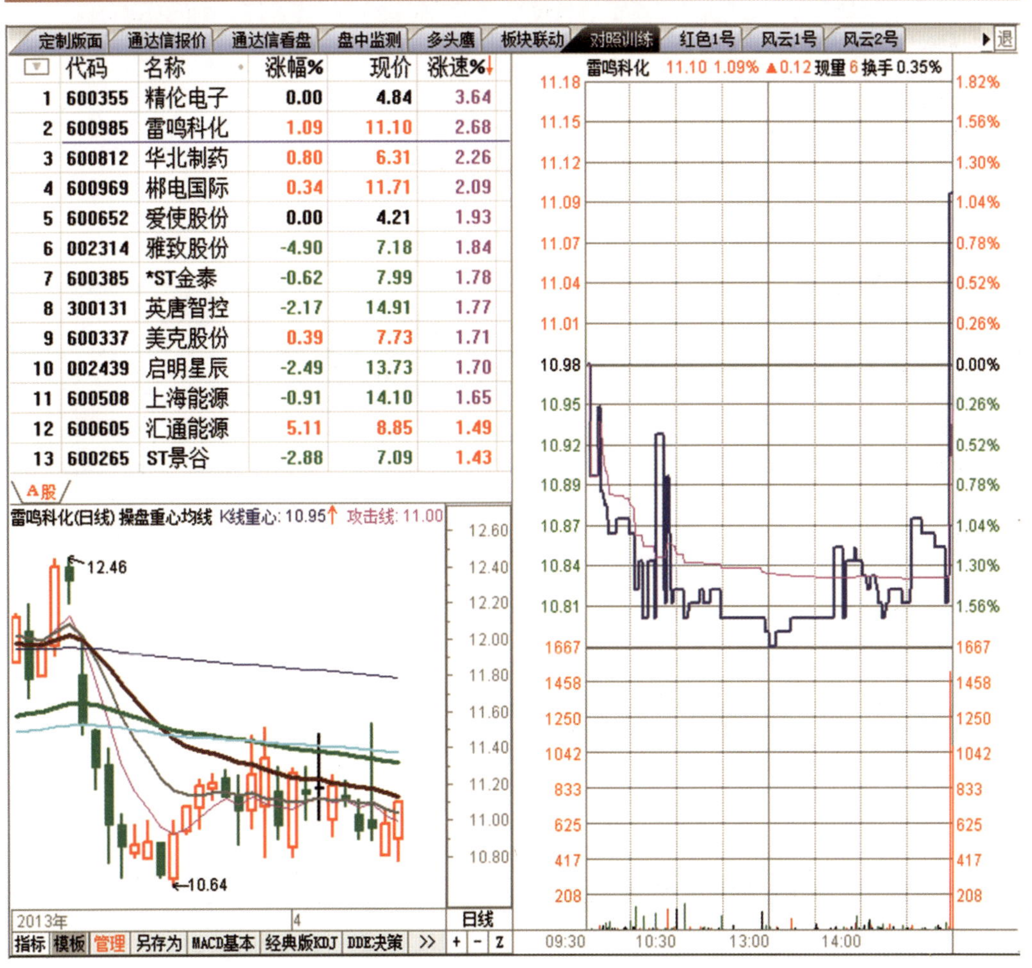

图例098 雷鸣科化（600985）盘口5分钟涨速即时图谱

盘口五分钟涨速解码：

技术形态：盘中交易第六时间段快速呈现一波攻击结构。五分钟涨速排名进入第二名。尾盘攻击时，成交量明显放大，一笔为高达 1000 手的巨量大单快速拉高。日线图谱显示股价已经逼近底部平台，并即将形成阶段性底部。

买进策略：即时走势显示该股全天在前收盘价之下反复震荡。尾盘放量攻击，意味着主力将结束调整，展开突破性拉升行情。收盘前最后五分钟实施买进，这是追击性第一买点。次日股价开盘击穿今日收盘价时，可以选择盘中低点继续完成第二个稳健性买点。

【道破选股天机】实训图谱 099

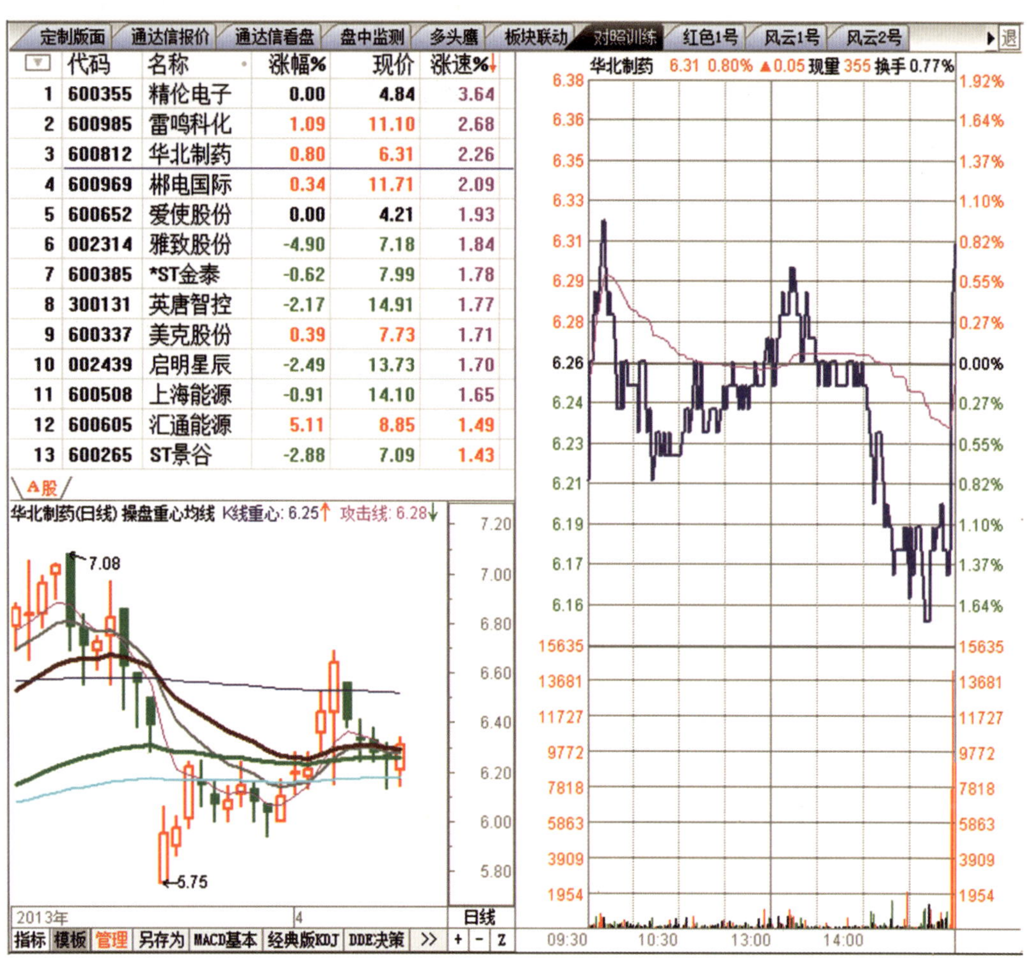

图例 099 华北制药（600812）盘口 5 分钟涨速即时图谱

盘口五分钟涨速解码：

技术形态：盘中交易第六时间段呈现一波攻击结构。五分钟涨速排名进入前三名。尾盘攻击时，成交量明显放大，并连续出现主动买进性大单成交。日线图谱显示股价已经在前期放量突破生命线，并完成技术性回抽动作。向上拉升突破底部平台将成为可能。

买进策略：即时走势显示该股低开高走，全天反复震荡呈阳包阴走势。尾盘放量攻击，意味着主力在次日将继续展开震荡盘升。收盘前最后五分钟实施买进，这是追击性第一买点。次日股价开盘时，可以在盘中选择低点继续完成第二个稳健性买点。由于股价在底部震荡盘升，仓位控制以半仓布局为主，滚动操作。

【道破选股天机】实训图谱 100

图例 100 郴电国际（600969）盘口 5 分钟涨速即时图谱

盘口五分钟涨速解码：

技术形态：盘中交易第一时间段至第五时间段呈现多次呆滞型冲击波结构。尾盘五分钟涨速排名进入前 4 名。尾盘盘拉升时，成交量明显放大，量峰结构健康。日线图谱显示股价已经在决策线附近构筑阶段性底部平台，股价出现站稳迹象。

买进策略：即时走势显示该股低开高走，盘中围绕均价线上下震荡，尾盘展开攻击走势。

尾盘下挫不创新低的时候，这是伏击性第一买点。次日可选择低点继续完成第二个稳健性买点。由于股价在底部出现企稳迹象，仓位控制以三分之二仓布局为主。

【道破选股天机】实训图谱 101

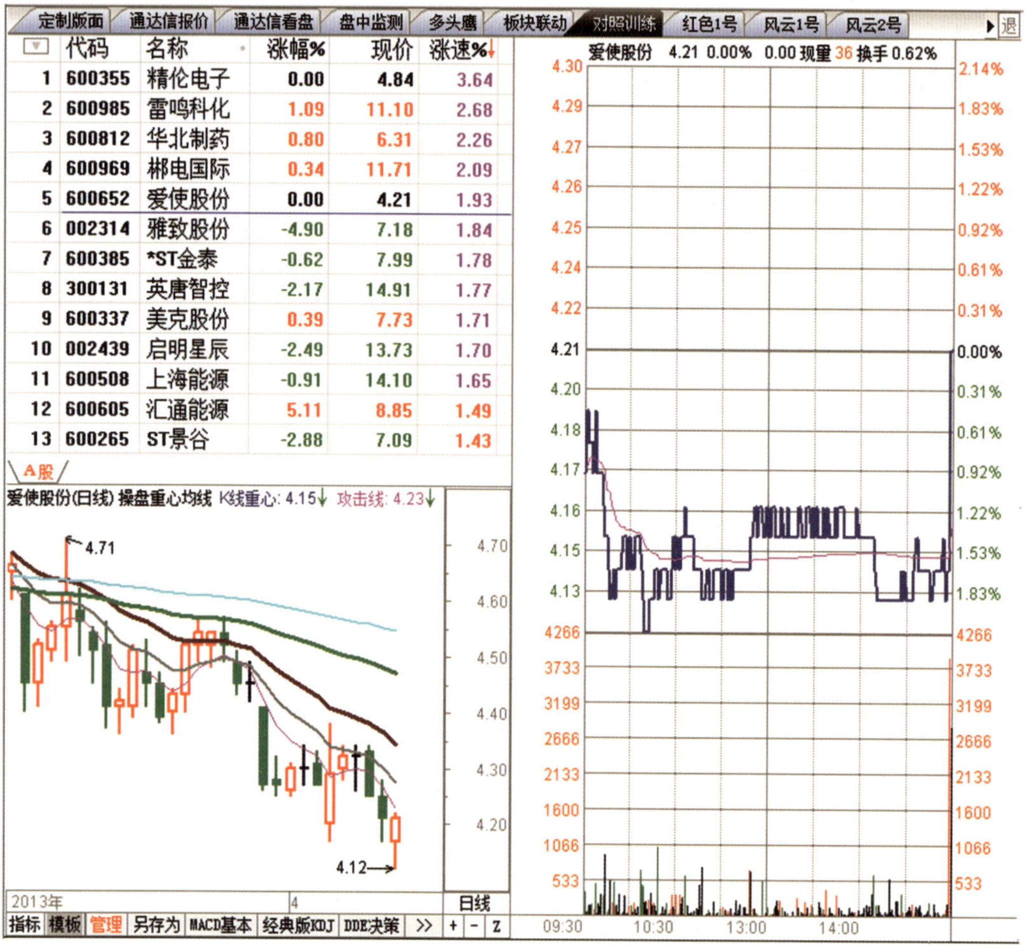

定制版面 通达信报价 通达信看盘 盘中监测 多头鹰 板块联动 对照训练 红色1号 风云1号 风云2号
代码 名称 涨幅% 现价 涨速%
1 600355 精伦电子 0.00 4.84 3.64
2 600985 雷鸣科化 1.09 11.10 2.68
3 600812 华北制药 0.80 6.31 2.26
4 600969 郴电国际 0.34 11.71 2.09
5 600652 爱使股份 0.00 4.21 1.93
6 002314 雅致股份 -4.90 7.18 1.84
7 600385 *ST金泰 -0.62 7.99 1.78
8 300131 英唐智控 -2.17 14.91 1.77
9 600337 美克股份 0.39 7.73 1.71
10 002439 启明星辰 -2.49 13.73 1.70
11 600508 上海能源 -0.91 14.10 1.65
12 600605 汇通能源 5.11 8.85 1.49
13 600265 ST景谷 -2.88 7.09 1.43
A股
爱使股份(日线) 操盘重心均线 K线重心: 4.15 攻击线: 4.23
4.71
4.12
2013年
日线
指标 模板 管理 另存为 MACD基本 经典版KDJ DDE决策
爱使股份 4.21 0.00% 0.00 现量 36 换手 0.62%
09:30 10:30 13:00 14:00

图例 101　爱使股份（600652）盘口 5 分钟涨速即时图谱

盘口五分钟涨速解码：

技术形态：股价全天在前收盘价下方弱势整理。五分钟涨速排名进入前 5 名。日线图谱显示股价已经在昨日构筑底部小底，但今日再创新低，宣告筑底失败。均线系统全部空头排列，攻击线与操盘线死叉向下，形成下跌通道。

买进策略：即时走势显示该股第一时间段并没有展开攻击走势。而是选择向下打压，说明股价创出新低之后，还没有止跌，因此，在操作上只适合观望，不宜进场。

【道破选股天机】实训图谱 102

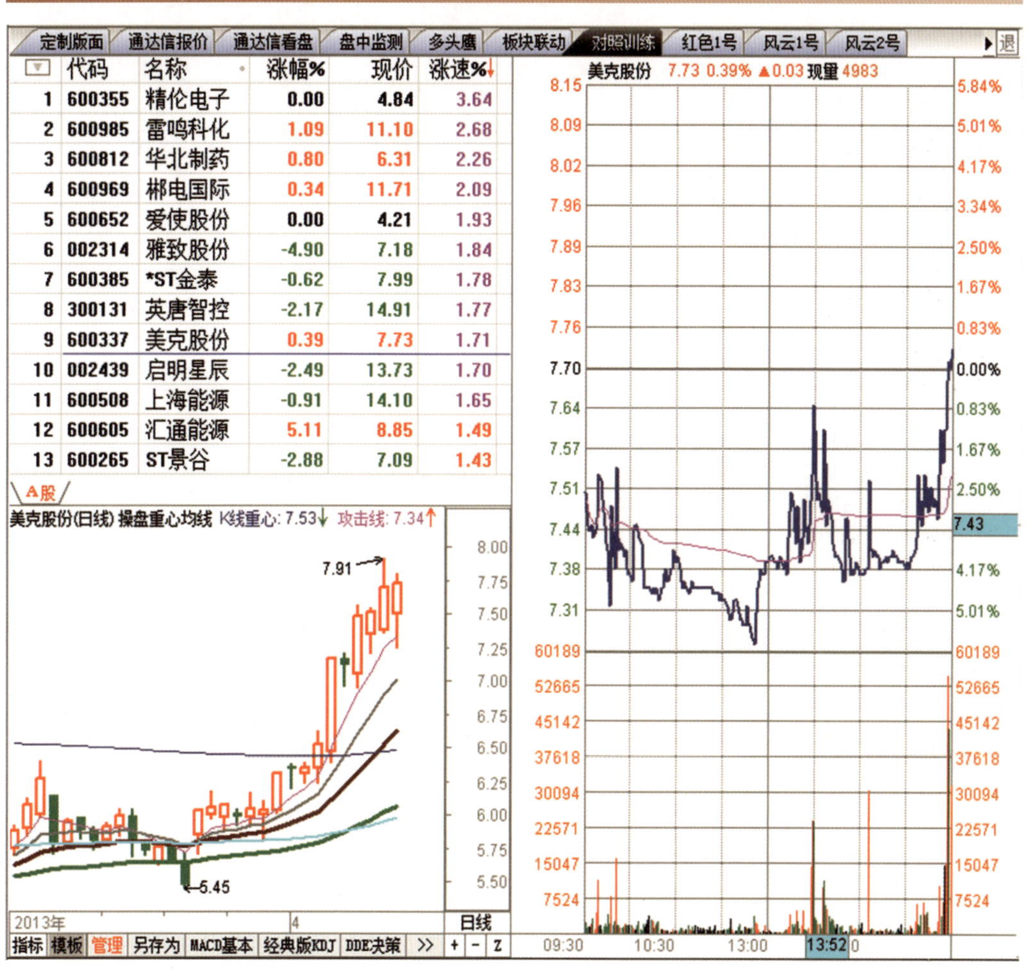

图例 102 美克股份（600337）盘口 5 分钟涨速即时图谱

盘口五分钟涨速解码：

技术形态：盘中交易第一时间段出现上拉下挫走势，走势诡异。第二时间段反弹无力，受制于均价线，随后创出当天的新低，量峰结构萎缩。五分钟涨速排名进入前 9 名。下午第四时间段攻击拉升时，成交量明显放大，但仅仅形成对敲型量峰结构。对敲型量峰不具备强烈拉升的攻击力，而是阶段性出货的征兆。日线图谱显示股价已经构筑阶段性头部，但未完成出货动作。均线系统构成大喇叭口，注意风险。

买进策略：即时走势显示该股沿着均价线展开上下宽幅震荡，出货意图明显。操作上以短线为主，快进快出。当日下午回调均价线不破上午低点时可实施买进，这是稳健性第一买点。当日收盘时，可选择低点继续完成第二个稳健性买点。由于股价在构筑阶段性头部，属于出货行情，仓位控制以半仓布局为主。

【道破选股天机】实训图谱 103

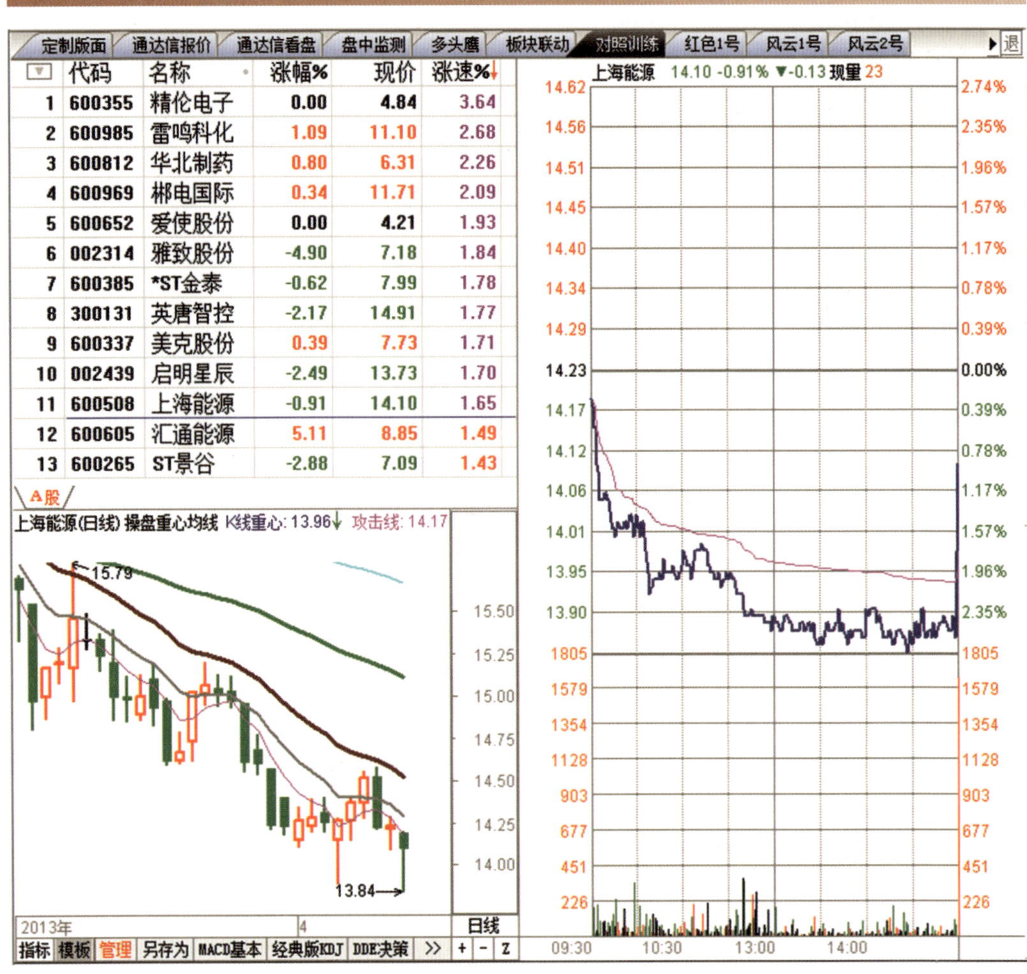

	代码	名称	涨幅%	现价	涨速%
1	600355	精伦电子	0.00	4.84	3.64
2	600985	雷鸣科化	1.09	11.10	2.68
3	600812	华北制药	0.80	6.31	2.26
4	600969	郴电国际	0.34	11.71	2.09
5	600652	爱使股份	0.00	4.21	1.93
6	002314	雅致股份	-4.90	7.18	1.84
7	600385	*ST金泰	-0.62	7.99	1.78
8	300131	英唐智控	-2.17	14.91	1.77
9	600337	美克股份	0.39	7.73	1.71
10	002439	启明星辰	-2.49	13.73	1.70
11	600508	上海能源	-0.91	14.10	1.65
12	600605	汇通能源	5.11	8.85	1.49
13	600265	ST景谷	-2.88	7.09	1.43

图例 103　上海能源（600508）盘口 5 分钟涨速即时图谱

盘口五分钟涨速解码：

技术形态：早盘跳空低开之后，快速下挫，不断杀跌。盘中交易第六时间段出现第一轮长波攻击结构。五分钟涨速排名进入前 11 名。尾盘攻击时，成交量明显放大，但尚未形成标准的攻击型量峰结构。日线图谱显示股价已经跌破前期低点，再创新低。尾盘急拉，预示着短线即将止跌回升，拐头向上拉升行情即将展开。

买进策略：即时走势显示该股早盘低开低走，缓慢下跌，有诱空嫌疑。尾盘长波拉升，属于快速画线。底部尚未得到验证，继续保持观望为佳。

【道破选股天机】实训图谱 104

图例 104　汇通能源（600605）盘口 5 分钟涨速即时图谱

盘口五分钟涨速解码：

技术形态：盘中交易第一时间段至第二时间段股价在前收盘价下方围绕均价线反复震荡，第三时间段上穿均价线呈现三波攻击结构。五分钟涨速排名进入前12名。第三时间段攻击时，成交量明显放大，第五时间段形成标准的攻击型量峰结构。日线图谱显示股价已经在放量突破生命线。攻击线与操盘线即将金叉向上，拉升行情即将展开。

买进策略：即时走势显示该股低开高走，完成震荡动作后，下午展开攻击走势。尾盘放量攻击，当日具备突破的潜力。盘中回调均价线实施买进，这是追击性第一买点。由于股价在底部突破生命线后展开拉升，仓位控制以三分之二仓布局为主。

【道破选股天机】实训图谱 105

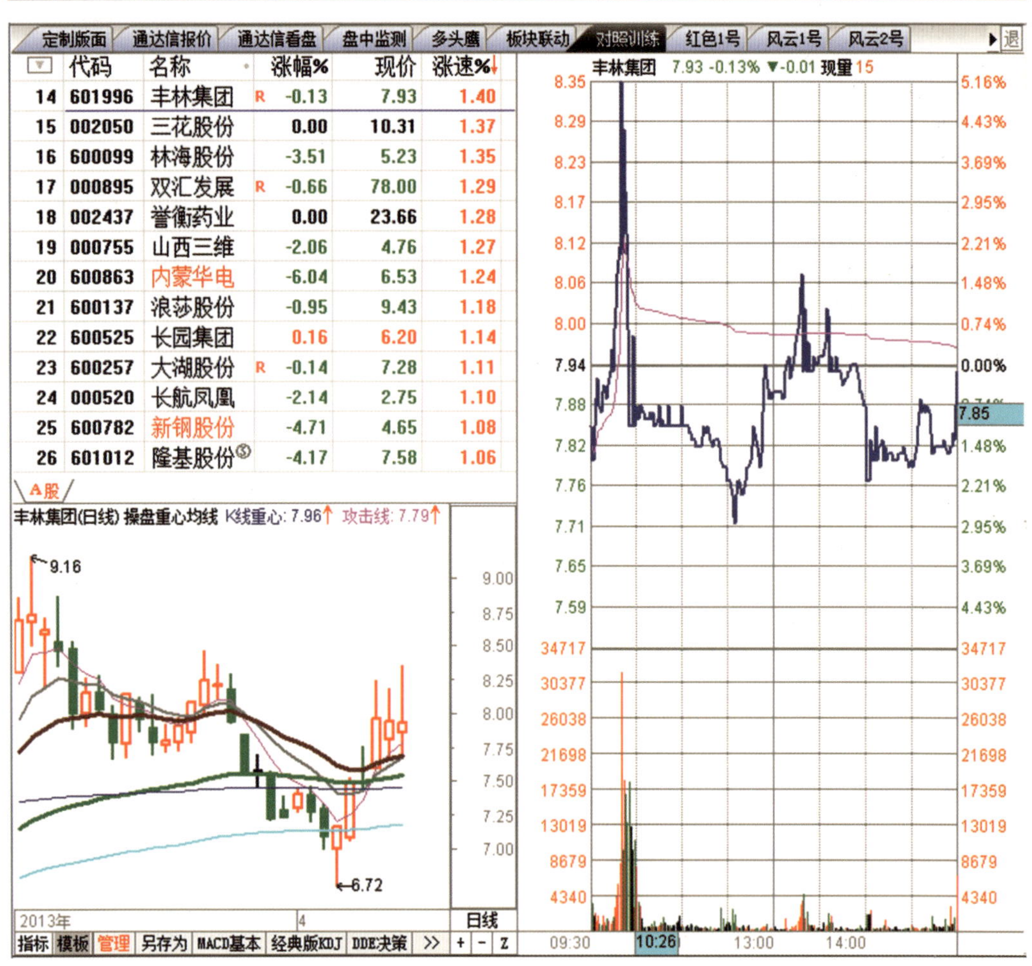

图例 105　丰林集团（601996）盘口 5 分钟涨速即时图谱

盘口五分钟涨速解码：

技术形态：盘中交易第一时间段呈现长波攻击结构。在板块中五分钟涨速排名进入前 14 名。第二时间段快速回落时，成交量明显放大。日线图谱显示 K 线结构属于明显的长上影线小阳线。均线系统向上发散，短期整理之后，拉升行情即将展开。

买进策略：即时走势显示该股低开高走，第一时间段完成长波攻击走势。随后快速回落放量攻击，当日抛压很大，短期内难以拉升。因此，保持观望是比较明智的选择。

【道破选股天机】实训图谱 106

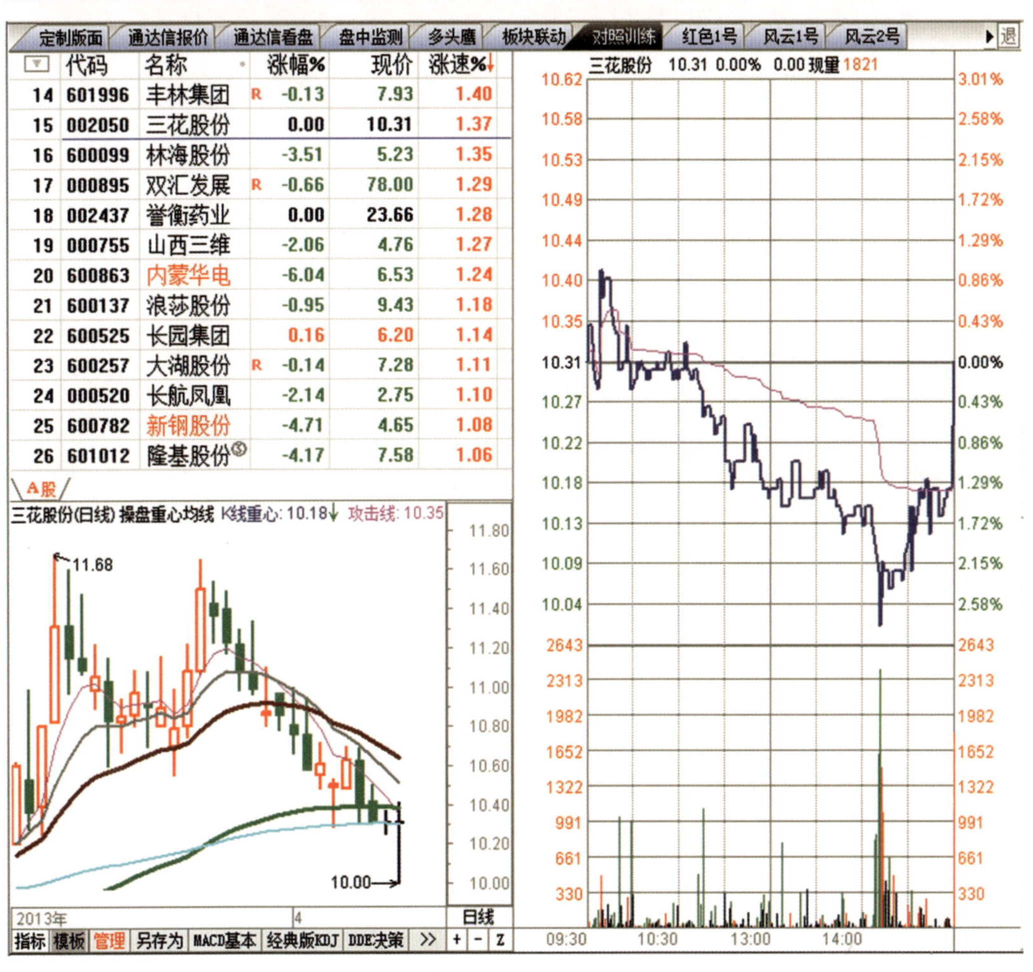

图例 106　三花股份（002050）盘口 5 分钟涨速即时图谱

盘口五分钟涨速解码：

技术形态：盘中交易第一时间段呈现一波攻击结构，随后快速回头。五分钟涨速排名进入第 15 名。第二时间段时，回头波向下对敲，成交量明显放大，并形成标准的对敲型量峰结构。日线图谱显示股价已经二次放量向下击穿半年线，探底迹象明显。

买进策略：即时走势显示该股当天震荡为主，出现赶底走势。第五时间段放量杀跌，有诱空嫌疑。尾盘回调均价线实施买进，这是伏击性第一买点。次日不创新低的时候，可选择低点继续完成第二个稳健性买点。由于尚未完成突破底部，以半仓布局为主。

【道破选股天机】实训图谱 107

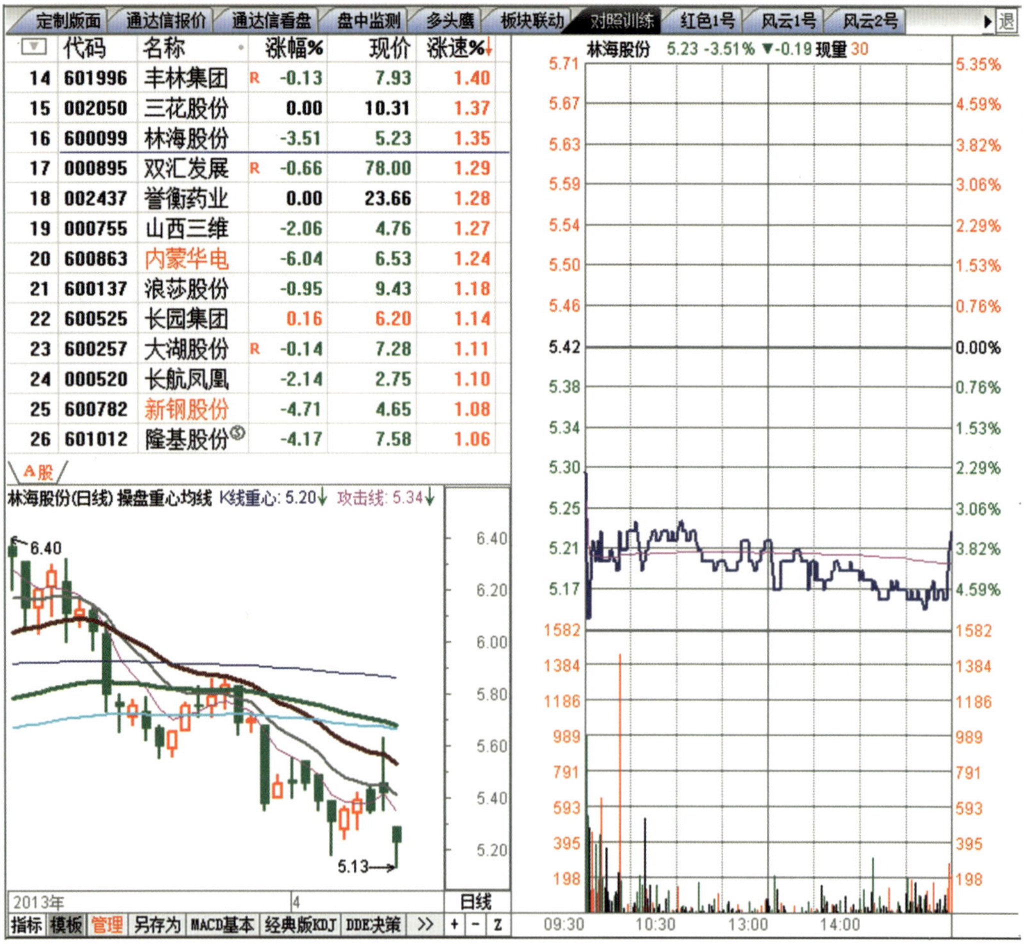
定制版面 通达信报价 通达信看盘 盘中监测 多头鹰 板块联动 对照训练 红色1号 风云1号 风云2号 退
代码 名称 涨幅% 现价 涨速%
14 601996 丰林集团 R -0.13 7.93 1.40
15 002050 三花股份 0.00 10.31 1.37
16 600099 林海股份 -3.51 5.23 1.35
17 000895 双汇发展 R -0.66 78.00 1.29
18 002437 誉衡药业 0.00 23.66 1.28
19 000755 山西三维 -2.06 4.76 1.27
20 600863 内蒙华电 -6.04 6.53 1.24
21 600137 浪莎股份 -0.95 9.43 1.18
22 600525 长园集团 0.16 6.20 1.14
23 600257 大湖股份 R -0.14 7.28 1.11
24 000520 长航凤凰 -2.14 2.75 1.10
25 600782 新钢股份 -4.71 4.65 1.08
26 601012 隆基股份 -4.17 7.58 1.06
A股
林海股份(日线) 操盘重心均线 K线重心: 5.20 攻击线: 5.34
6.40
5.13
2013年
4
日线
指标 模板 管理 另存为 MACD基本 经典版KDJ DDE决策
林海股份 5.23 -3.51% -0.19 现量 30
09:30 10:30 13:00 14:00

图例 107　林海股份（600099）盘口 5 分钟涨速即时图谱

盘口五分钟涨速解码：

技术形态：盘中交易第一时间段呈现一波快速向下攻击结构。在尾盘五分钟涨速排名进入前16名。盘中围绕均价线上下震荡，尾盘出现快速拉升。

买进策略：均线系统出现空头排列，今天出现向下跳空，弃子线，赶底走势。在没有企稳之前，不宜买进。观望为主，比较明智。

【道破选股天机】实训图谱108

图例108 双汇发展（000895）盘口5分钟涨速即时图谱

盘口五分钟涨速解码：

技术形态：盘中交易第一时间段呈现二波攻击结构。在中盘股板块中五分钟涨速排名进入前17名。第二时间段出现回头波时，成交量温和放大，并未形成明显的量峰结构。日线图谱显示股价已经运行在震荡整理阶段。

买进策略：即时走势显示该股高开低走，盘中回调击穿昨天收盘价。尾盘不创新低时实施买进，这是伏击性第一买点。由于股价振荡整理，仓位控制以小仓布局为主。

【道破选股天机】实训图谱 109

	代码	名称	涨幅%	现价	涨速%
14	601996	丰林集团	-0.13	7.93	1.40
15	002050	三花股份	0.00	10.31	1.37
16	600099	林海股份	-3.51	5.23	1.35
17	000895	双汇发展	-0.66	78.00	1.29
18	002437	誉衡药业	0.00	23.66	1.28
19	000755	山西三维	-2.06	4.76	1.27
20	600863	内蒙华电	-6.04	6.53	1.24
21	600137	浪莎股份	-0.95	9.43	1.18
22	600525	长园集团	0.16	6.20	1.14
23	600257	大湖股份	-0.14	7.28	1.11
24	000520	长航凤凰	-2.14	2.75	1.10
25	600782	新钢股份	-4.71	4.65	1.08
26	601012	隆基股份	-4.17	7.58	1.06

图例 109　山西三维（000755）盘口 5 分钟涨速即时图谱

盘口五分钟涨速解码：

技术形态：盘中交易第一时间段呈现一波长波攻击结构。在中盘股板块中五分钟涨速排名进入前 19 名。第二时间段攻击时，成交量明显放大，但未形成标准的攻击型量峰结构。日线图谱显示股价已经呈现明显的独阳 K 线结构。

买进策略：即时走势显示该股低开高走。第一时间段长波放量攻击，盘口五档卖盘位置故意用两笔大单压盘诱空。盘中回调均价线实施买进，这是追击性第一买点。当日盘中震荡盘升时，每次回调均价线应继续完成第二和第三个稳健性买点。

【道破选股天机】实训图谱 110

图例 110 浪莎股份（600137）盘口 5 分钟涨速即时图谱

盘口五分钟涨速解码：

技术形态：盘中交易第一时间段呈现长波攻击结构。在中盘股板块中五分钟涨速排名进入前 21 名。尾盘攻击时，成交量明显放大，但未形成攻击型量峰结构。日线图谱显示股价已经呈现弓形 K 线结构。短期已经构筑底部，逢低关注。

买进策略：即时走势显示该股第一时间段快速回调，快速击穿支撑均线。中盘围绕均价线反复震荡，盘口五档卖盘位置仅有零星小单，说明盘口极轻。盘中回调均价线实施买进，这是追击性第一买点。由于股价进入箱型震荡阶段，仓位控制以半仓布局为主。

第八章

盘口主流焦点选股

每一次市场趋势的上涨与下跌，总会有一股主流力量在推动，这种主流力量就是主流焦点。主流焦点集合了市场的主流意识、主流资金与主流价值观，是推动市场产生剧烈波动的主要动力。在操盘层面上，当主流焦点推动市场上涨或形成上涨趋势时，应积极跟随主流焦点做多。而当主流焦点推动市场下跌或形成下降趋势时，应及时高抛套现跟随主流焦点做空。因此，主流焦点代表了超级大主力的操作行为。本章的学习要点主要有以下几个方面：

一、名词解释：盘口主流焦点

二、盘口主流焦点的技术成因

三、主力基本操盘计划判断

四、三大买进技术特征

五、盘口主流焦点的技术分类

六、选股程序

七、选股鉴别

八、选股特别提醒

九、主流焦点案例集锦

第一节　盘口主流焦点选股核心要领

一、名词解释：盘口主流焦点

盘口主流焦点是指当日盘中上涨个股出现同一板块同时上涨的交易特征。这种同一板块同时上涨的现象也叫主流热点，或称热点板块。主流焦点的形成，代表了超级大主力的操盘行为。同时也证明了市场内在动力已经发生根本性的变化，这种变化是市场由空头已经逐步转变为多头。先知先觉的大主力已经通过领涨龙头启动了市场做多的按钮。每一次市场趋势的上涨与下跌，总会有一股主流力量在推动，这种主流力量就是主流焦点。主流焦点集合了市场的主流意识、主流资金与主流价值观，是推动市场产生剧烈波动的主要动力。在操盘层面上，当主流焦点推动市场上涨或形成上涨趋势时，应积极跟随主流焦点做多。而当主流焦点推动市场下跌或形成下降趋势时，应及时高抛套现跟随主流焦点做空。因此，主流焦点代表了超级大主力的操作行为。在主流焦点中，同一板块最先上涨、涨速最快、涨幅最大、量峰结构最标准的目标个股称之为“热点中的焦点”，也叫“板块领涨龙头”。在临盘实战过程中，对领涨龙头的分析判断与买入是不二的选择。

二、盘口主流焦点的技术成因

盘口主流焦点中的个股与其所处的阶段位置及题材有着非常重要的关联因素：

（1）当日盘中上涨时，领涨龙头股价已经形成明确的底部特征，攻击线与操盘线金叉向上，如果盘中出现标准的量峰结构，这是主力攻击性放量上涨。

（2）当日盘中上涨时，领涨龙头股价处于生命线上方展开震荡整理期间，如果盘中出现标准的量峰结构，说明股价即将展开突破性上涨。

（3）当日盘中上涨时，领涨龙头股价处于下降通道中，攻击线与操盘线死叉向下，如果盘中出现标准的量峰结构，这是股价出现的技术性反弹。

（4）当日盘中上涨时，领涨龙头股价在阶段性头部震荡整理期间，如果盘中出现无量拉升，或者单一性量峰结构，这是主力对敲拉高的出货特征。

三、主力基本操盘计划判断

针对盘口主流焦点而言，判断其领涨龙头股是否具有实战操作价值，关键在于要弄清楚股价所处的阶段位置。如果股价所处的位置不符合持续上涨的基础条件与技术要素，即使当日主力炒作题材，那也只是昙花一现不会长久的。因此，当日盘口主流焦点出现时，我们可以通过股价所处的阶段位置，迅速作出如下对主力操盘计划的推断性思路：

（1）当日盘口主流焦点出现时，其中的领涨龙头股价处在生命线之上震荡整理多日，当日盘中出现标准的攻击性量峰结构，说明主流焦点技术形态具备持续性，其中的主力有意摆脱盘局，实施阶段性突破拉升行情。

（2）当日盘口主流焦点出现时，其中的领涨龙头股价处在攻击线与操盘线金叉向上趋势之中，当日盘中出现标准的攻击性量峰结构，说明主流焦点技术形态具备攻击力，其中的主力强势拉升，上涨走势有加速倾向。

（3）当日盘口主流焦点出现时，其中的领涨龙头股价处在攻击线与操盘线死叉向下趋势之中，如果生命线与决策线金叉向上趋势未变，说明股价仅仅是阶段性短期调整。当日盘中出现标准的攻击性量峰结构，说明主流焦点技术形态具备新一轮反弹力，其中的主力有意结束调整将在当天出现阶段性低点止跌，后市走势将震荡盘升。

（4）当日盘口主流焦点出现时，其中的领涨龙头股价已经完成一轮较大的涨幅之后（熊市反弹30%～60%之间，牛市拉升60%～100%之间），股价出现阶段性横盘滞涨走势。当日盘中出现萎缩性量峰或者单一性量峰结构，说明主流焦点技术形态已经不具备攻击力与持续性，其中的主力已经在诱多出货，后市久盘必跌。

四、三大买进技术特征

（1）当日盘口主流焦点出现时，其中的领涨龙头股价已经向上突破生命线或决策线阻力并完成技术性回抽。当日盘中出现标准的攻击性量峰结构，说明第二轮拉升行情展开，临盘可以即时买入。

（2）当日盘口主流焦点出现时，其中的领涨龙头股价在攻击线和操盘线构成的上升通道中运行，股价经过洗盘回调在攻击线或操盘线附近。当日盘中出现标准的攻击性量峰结构，说明洗盘行情结束，临盘可即时买入。

（3）当日盘口主流焦点出现时，其中的领涨龙头股的决策线和生命线已经拐头向上并形成金叉，或者生命线与操盘线形成金叉。攻击线与操盘线经过调整之后再次发生金叉，当日盘中出现标准的攻击性量峰结构，说明股价即将向上展开突破，临盘可即时买入。

五、盘口主流焦点的技术分类

根据当天盘口主流焦点中的领涨龙头与同板块上涨个股所表现的股价走势特征，判断是否具有操作价值，当天盘中技术走势与题材条件一共分为四个主要类型：

其一，盘中均有标准性量峰，波形结构明显。

其二，日K线均已经形成明确底部或在上升通道中。

其三，领涨龙头当日换手率在5%或10%以上。

其四，市场宏观政策配合较好，或者具备想象性题材。

特别注意：盘口主流焦点出现时，领涨龙头股价所处的阶段性位置特征，以均线的金叉与死叉为判断依据。盘口主流焦点出现时，领涨龙头股价在盘中的量峰特征，以判断股价属于攻击性放量上涨、虚假拉升还是对敲出货。一定要注意盘口主流焦点出现时，同一板块的个股大部分涨幅均必须达到6%以上，以判断主流焦点的攻击力度与持续性。

六、选股程序

在盘中任意六个交易时间段，直接点按“涨幅”，即可出现“涨幅排名”。当日盘中涨速最快涨幅最大顺序排名靠前，如出现一板块、同一题材个股特征，则证明主流焦点已经出现。

或在软件中点击“报价”一栏下拉框，选中其当日热门板块报表一栏，当日盘中涨幅较大的主流焦点排名先前。临盘迅速查阅在主流焦点中排行前五名的个股，并将个股当日即时走势与日 K 线图浏览一遍，从中筛选出领涨龙头股，并符合三大买进技术特征的目标品种。

七、选股鉴别

当日盘口主流焦点出现时，其中的领涨龙头股盘中形成标准的攻击性量峰，如股价处于均线上升通道中，这是典型强势上涨特征，属于一级优先对象。当日盘口主流焦点出现时，其中的领涨龙头股盘中量峰出现萎缩型结构，如股价处于均线上升通道中，这是典型洗盘特征，属于备选对象。在大盘反复震荡，趋势不太明朗的普通行情中，以流通盘最小的品种优先，流通盘大的品种仅作备选。以前几日温和放量的品种优先，以初次放量的品种备选。

八、选股特别提醒

当日盘口主流焦点出现时，其中的领涨龙头股如波段涨幅达到 30% 以上，临盘则应谨慎。当日盘口主流焦点出现时，其中的领涨龙头股盘中出现萎缩性量峰，如波段涨幅达到 30% 以上，临盘则应考虑在操盘线区域再度低吸短线抄底。当日盘口主流焦点出现时，其中的领涨龙头股刚刚突破重要阻力位，说明股价再度发力，临盘则应考虑即时分批介入。当日盘口主流焦点出现时，其中的领涨龙头股刚刚进入波段性下降通道阶段，盘口仅仅是技术性反弹行为，后市仍以下跌为主，临盘则应坚决回避。

第二节 盘口主流焦点案例集锦

【道破选股天机】实训图谱 111

行情报价 资金驱动 资金博弈 DDE排名 多空阵线 SUP统计 交易必读 股本变动 主题投资 事件驱动 数据纵览

✔全部板块 □通达信行业 □概念板块 □风格板块

	代码	名称	涨幅%↓	现价	涨速%
1	880472	证券	3.65	872.43	0.17
2	880482	房地产	3.52	882.09	0.22
3	880548	新三板	3.05	1040.38	0.19
4	880473	保险	2.83	803.21	0.32
5	880550	保障房	2.67	1098.99	0.12
6	880569	3D打印	2.48	1230.25	0.13
7	880527	珠三角	2.46	843.14	0.24
8	880350	造纸	2.28	743.11	0.24
9	880218	深圳板块	2.18	811.88	0.21
10	880583	充电桩	2.12	938.47	0.06
11	880585	风沙治理	2.10	860.57	0.30
12	880454	水务	2.10	792.58	0.26
13	880502	含B股	2.09	760.54	0.09
14	880464	仓储物流	2.05	712.86	0.25
15	880828	中市净率	2.01	669.98	0.25
16	880534	锂电池	2.01	703.79	0.22
17	880424	旅游	2.01	772.65	0.17
18	880390	汽车类	2.00	730.20	0.20
19	880448	电器仪表	1.97	901.53	0.01
20	880580	智能交通	1.96	1299.10	-0.01
21	880577	安防服务	1.94	1257.98	-0.01
22	880539	股权激励	1.85	776.18	0.12
23	880432	运输设备	1.84	640.14	0.23
24	880552	金融改革	1.84	965.51	0.17
25	880344	建材	1.82	614.46	0.13
26	880566	图们江	1.80	1172.96	0.12
27	880203	吉林板块	1.74	693.63	0.08

	证券类(19)	涨幅%↓	现价	涨速%	量比
1	兴业证券	6.11	11.98	0.08	2.87
2	光大证券	4.62	13.59	0.36	1.60
3	中信证券	4.11	12.16	0.16	1.72
4	华泰证券	3.88	9.63	0.10	1.63
5	海通证券	3.80	10.38	0.28	1.72
6	宏源证券	3.47	18.21	0.33	1.63
7	长江证券	3.31	9.04	0.11	1.45
8	广发证券	3.29	13.18	0.07	1.72
9	招商证券	3.24	11.80	0.00	1.28
10	东吴证券	3.20	8.06	0.24	1.13
11	西部证券	3.19	13.58	0.07	1.16
12	国金证券	3.16	15.69	0.06	1.98
13	东北证券	3.12	17.86	0.11	0.99
14	山西证券	2.95	7.33	0.13	1.05
15	国海证券	2.91	12.04	0.16	1.22
16	国元证券	2.61	9.84	0.00	1.16
17	西南证券	2.46	8.33	0.12	1.02
18	方正证券	2.45	6.68	0.00	1.02
19	太平洋	2.37	5.61	0.17	1.15

常规▲ 分类▲ 资金模型▲ 个股拉升 板块吸筹 板块拉升 即时决策 先锋模型 决策信号 板块指数 A股 中小 创业

图例 111　盘口领涨板块主流热点档案图谱

领涨板块热点解码：

板块热点：前 5 名热点，分别是证券、房地产、新三板、保险和保障房。

主流热点：结合当前市场环境和当下政策导向，综合分析，得出结论：当天主流热点属于证券板块。由于飞房地产板块受制于宏观政策调控，没有政策支持，因此基本不属于主流热点之列，只能为次热点。同样，新三板、保险和保障房均列为次热点选股范畴。

【道破选股天机】实训图谱 112

图例 112　兴业证券（601377）日线技术形态图谱

热点板块领涨龙头技术解码：

技术形态：证券板块成为今日的主流热点，而该股当天成为板块热点中领涨龙头品种。日 K 线经过三浪调整，已经明显于决策线上止跌。当天大阳放量盘中上涨，说明主力已经开始实施新的操盘计划。VOL 指标中的 MA5 线与 MA20 线完成金叉。MACD 指标已经在 0 值线之下空头空间内向上拐头，发生金叉。攻击线与操盘线未形成金叉。上述三个指标特征显示，股价短线尚不具备强烈攻击力，后市还会在生命线区域反复震荡。

买进策略：股价早盘突破操盘线阻力时，可即时介入第一个买点。股价当天盘中回落不破均价线，介入第二个伏击性买点。次日在生命线区域进行技术性回抽时，可再次逢低加进第三个稳健性买点。本次建仓属于中线波段性建仓计划，仓位控制以三分之二仓为主。

【道破选股天机】实训图谱 113

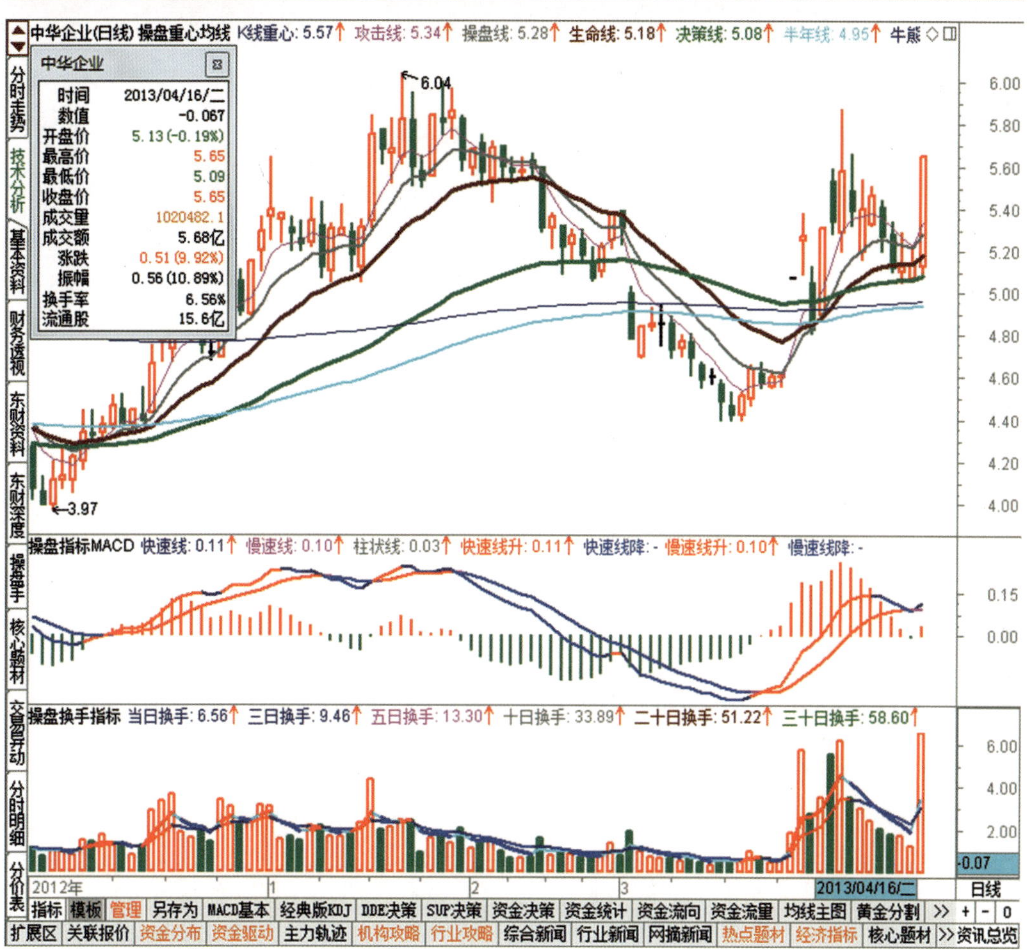

图例 113　中华企业（600675）日线技术形态图谱

热点板块领涨龙头技术解码：

技术形态：房地产板块成为今日的次主流热点，而该股当天成为板块热点中领涨龙头品种。日 K 线经过调整，已经明显于决策线上止跌。当天大阳放量盘中涨停，说明主力已经开始实施新的操盘计划。VOL 指标中的 MA5 线与 MA20 线完成金叉。MACD 指标已经在 0 值线之上多头空间内再次向上拐头，发生金叉。攻击线与操盘线形成金叉。上述三个指标特征显示，股价短线具备强烈攻击力，后市还将继续向上拉升。

买进策略：股价早盘突破生命线阻力时，可即时介入第一个买点。股价当天盘中回落不破均价线，介入第二个追击性买点。盘中打开涨停板时，可再次逢低加进第三个稳健性买点。本次建仓属于波段性建仓计划，仓位控制以三分之二仓为主。

【道破选股天机】实训图谱 114

图例 114 长春高新（000661）日线技术形态图谱

热点板块领涨龙头技术解码：

技术形态：新三板板块在今日成为次主流热点，而该股当天成为板块热点中领涨龙头品种。日 K 线属于主升趋势之中，当天日 K 线呈多方炮技术特征。当天股价已经向上突破近期整理平台重要阻力，说明主力已经进入新的操盘计划。VOL 指标中的 MA5 线与 MA30 线即将形成金叉。MACD 指标已经在 0 值线之上多头空间内向上拐头发生金叉。而攻击线与操盘线刚刚形成金叉。上述三个指标特征显示，股价短线已经具备强烈攻击力，即将加速展开上涨。

买进策略：股价早盘平开站稳在生命线时，可即时介入第一个买点。股价当天盘中拉升回落再次站稳在均价线上时，介入第二个追击性买点。本次建仓属于短线建仓计划，仓位控制以三分之一仓为主。此时股价已经处于高位，需要快进快出，防范风险。

【道破选股天机】实训图谱 115

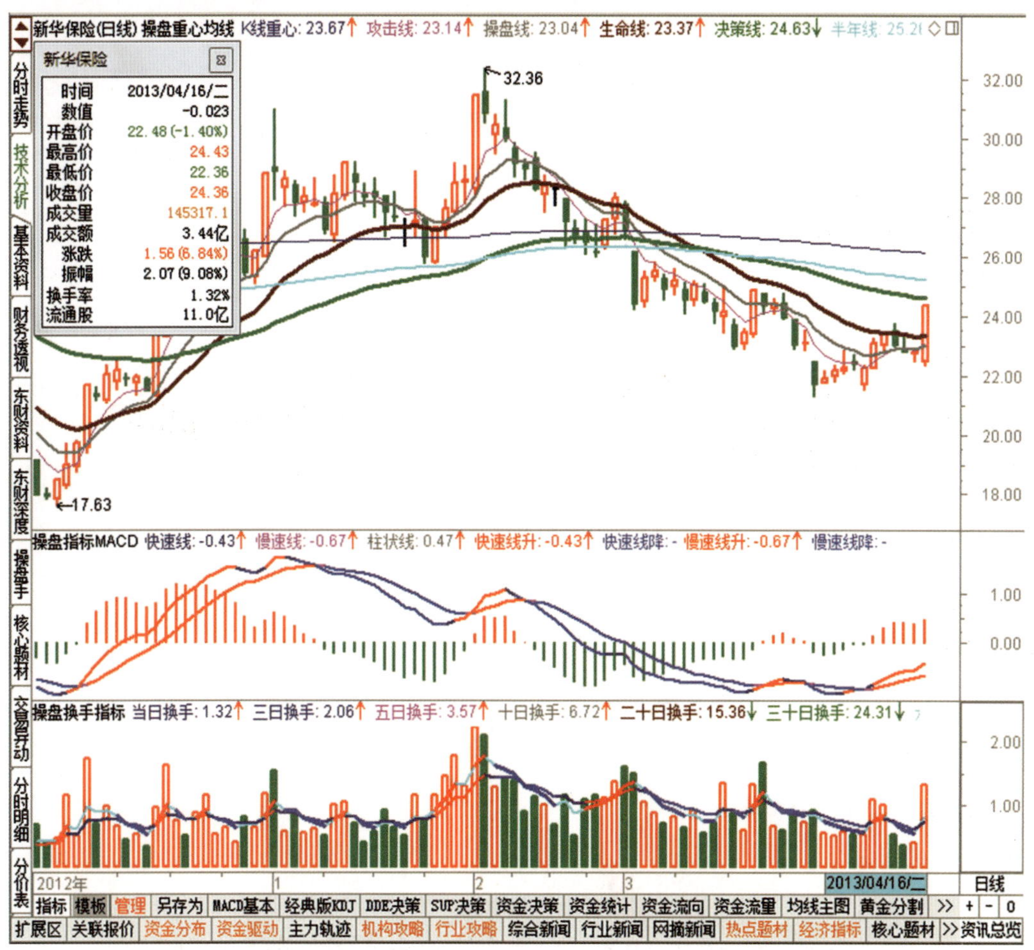

图例 115　新华保险（000661）日线技术形态图谱

热点板块领涨龙头技术解码：

技术形态：保险板块在今日成为次主流热点，而该股当天成为板块热点中领涨龙头品种。日K线属于构筑底部之中，当天日K线呈阳包阳技术特征。当天股价已经向上突破生命线，并出现企稳迹象，说明主力构筑阶段性底部已经成功。VOL指标中的MA5线与MA30线形成金叉。MACD指标已经在0值线之下空头空间内向上拐头发生金叉。而攻击线与操盘线刚刚形成金叉。上述三个指标特征显示，股价短线已经具备底部站稳迹象。

买进策略：股价早盘低开高走站稳在生命线时，可即时介入第一个买点。股价当天盘中拉升回落再次站稳在均价线上时，介入第二个追击性买点。本次建仓属于中线建仓计划，仓位控制以三分之二仓为主。此时股价处于相对低位，可以考虑滚动建仓，波段操作。

【道破选股天机】实训图谱116

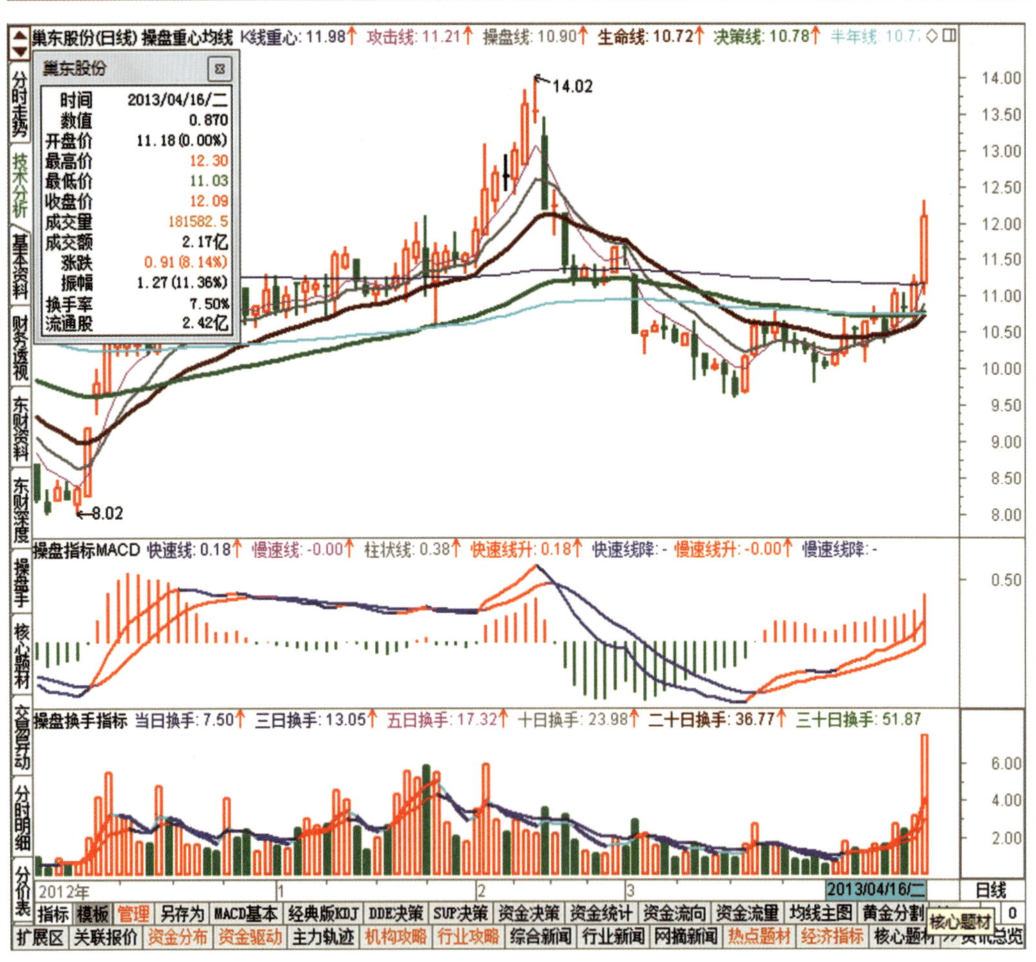

图例116 巢东股份（600318）日线技术形态图谱

热点板块领涨龙头技术解码：

技术形态：保障房板块在今日成为次主流热点，而该股当天成为板块热点中领涨龙头品种。日 K 线属于阶段性底部小圆弧底的颈线位，当天日 K 线呈旭日东升技术特征。VOL 指标中的 MA5 线与 MA30 线早已经形成金叉。MACD 指标已经在 0 值线之下空头空间内向上拐头，红柱不断延伸。而攻击线与操盘线形成金叉。上述三个指标特征显示，股价短线攻击力初步具备，在决策线区域反复震荡之后，将会向上突破。

买进策略：股价早盘平开攻击突破年线阻力时，可即时介入第一个买点。股价盘中快速拉升回落不破均价线时，介入第二个追击性买点。次日进行技术性回抽时，可再次逢低加进第三个稳健性买点。本次建仓属于中线波段性建仓计划，仓位控制以三分之二仓为主。

【道破选股天机】实训图谱 117

图例 117　大族激光（002008）日线技术形态图谱

第八章　盘口主流焦点选股

热点板块领涨龙头技术解码：

技术形态：三 D 打印板块在今日成为次主流热点，而该股当天成为板块热点中领涨龙头品种。日 K 线属于阶段性高位，当天日 K 线呈阳包小阴技术特征。VOL 指标中的 MA5 线与 MA30 线未形成金叉。MACD 指标已经在 0 值线之上多头空间内向上拐头，红柱不断缩短。而均线系统高位发散。上述三个指标特征显示，股价短线攻击力出现乏力迹象。

买进策略：股价早盘低开高走站稳生命线时，可即时介入第一个买点。股价盘中快速拉升回落破均价线再次拉起时，介入第二个伏击性买点。本次建仓属于短线高位狙击性线建仓计划，仓位控制以三分之一仓为主，快进快出，注意风险。

【道破选股天机】实训图谱 118

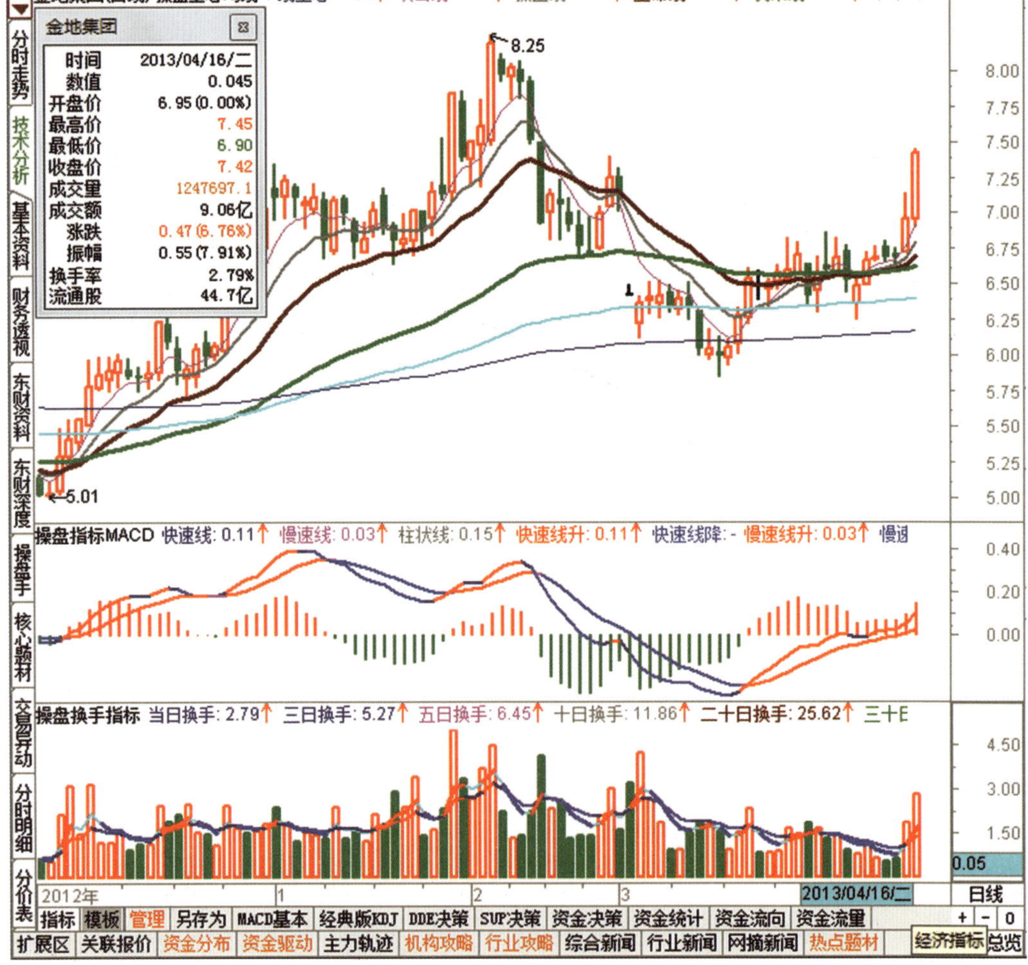

图例 118 金地集团（600383）日线技术形态图谱

热点板块领涨龙头技术解码：

技术形态：珠三角板块成为今日次主流热点，而该股当天成为板块热点中领涨龙头品种。

日K线属于第二阶段小一浪上升趋势，当天日K线呈巨量大阳技术特征。股价前期突破整理平台后已经完成技术性回抽。VOL指标中的MA5线与MA30线以金叉多头趋势运行。MACD指标已经在0值线之上多头空间内持续以多头趋势运行。而攻击线与操盘线已经构成上升通道，量价结构十分健康。

买进策略：股价早盘平开向下攻击突破昨天收盘价拐头向上时，可即时迅速介入第一个买点。股价当天盘中震荡盘升时，选择均价线附近介入第二个伏击性买点。本次建仓属于中线波段性建仓计划，仓位控制以三分之二仓为主。

【道破选股天机】实训图谱119

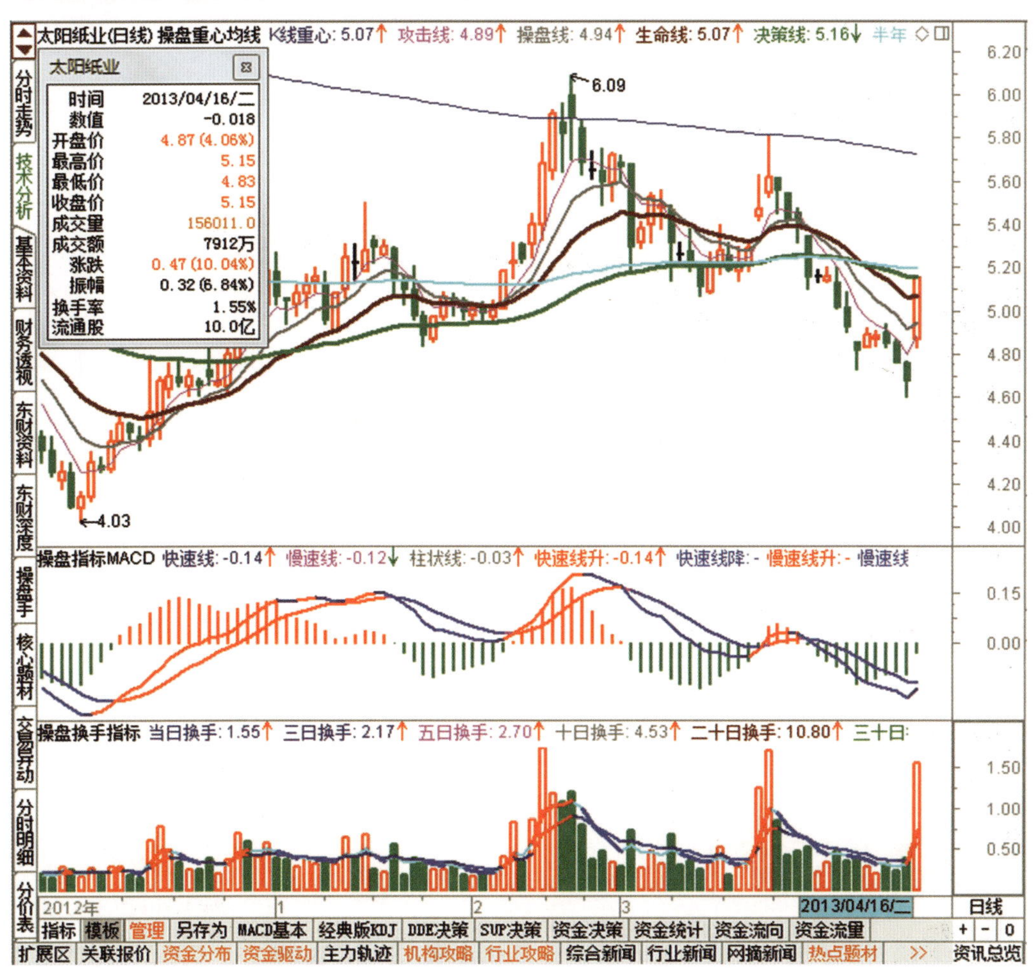

图例119 太阳纸业（002078）日线技术形态图谱

热点板块领涨龙头技术解码：

技术形态：造纸板块成为今日次主流热点，而该股当天成为板块热点中领涨龙头品种。

日 K 线属于一阳穿四线，当天日 K 线呈巨量大阳技术特征。股价创下近期新低之后出现反弹。VOL 指标中的 MA5 线与 MA30 线以金叉多头趋势运行。MACD 指标已经在 0 值线之下空头空间内出现拐头趋势，即将金叉。

买进策略：股价早盘跳空高开时，可即时迅速介入第一个买点，先买进一部分。股价早盘向下不创新低的时候，加码买进。当天盘中震荡盘升时，选择均价线附近介入第三个伏击性买点。本次建仓属于中线波段性建仓计划，仓位控制以三分之二仓为主。

【道破选股天机】实训图谱 120

图例 120 朗科科技（300042）日线技术形态图谱

热点板块领涨龙头技术解码：

技术形态：深圳板块在今日成为次主流热点，而该股当天成为板块热点中领涨龙头品种。

日 K 线属于 N 型上升趋势，当天日 K 线呈放量中阳技术特征。VOL 指标中的 MA5 线与 MA30 线即将以金叉多头趋势运行。MACD 指标已经在 0 值线之上多头空间内以多头趋势运行。而生命线与决策线已经构成上升通道，量价结构十分健康。

买进策略：股价早盘低开向下封闭最近的缺口时，可即时迅速介入第一个买点。股价当天盘中在均价线附近震荡时，介入第二个伏击性买点。下午向上突破前收盘价时，可再次加进第三个追击性买点。本次建仓属于中线波段性建仓计划，仓位以三分之二仓为主。

【道破选股天机】实训图谱 121

图例 121　许继电气（000400）日线技术形态图谱

热点板块领涨龙头技术解码：

技术形态：充电桩板块在今日成为次主流热点，而该股当天成为板块热点中领涨龙头品种。日 K 线属于切入型，当天日 K 线呈缩量中阳技术特征。VOL 指标中的 MA5 线与 MA30 线即将以金叉多头趋势运行。MACD 指标已经在 0 值线之下空头空间内以空头趋势运行。中短期均线系统呈现为下降趋势，股价仅属于反弹而已。

买进策略：下跌趋势之中，股价并没有有效站稳，观望。

【道破选股天机】实训图谱 122

图例 122　铁汉生态（300197）日线技术形态图谱

热点板块领涨龙头技术解码：

技术形态：风沙治理概念板块在今日成为次主流热点，而该股当天成为板块热点中领涨龙头品种。日 K 线属于阳包阴，当天日 K 线呈缩量中阳技术特征。股价回落到决策线上得到支撑。VOL 指标中的 MA5 线与 MA30 线尚未金叉。MACD 指标在 0 值线之上多头空间内粘合。而生命线与决策线构成上升通道未变。

买进策略：股价在决策线上初步企稳，需要进一步蓄势，观望。

【道破选股天机】实训图谱 123

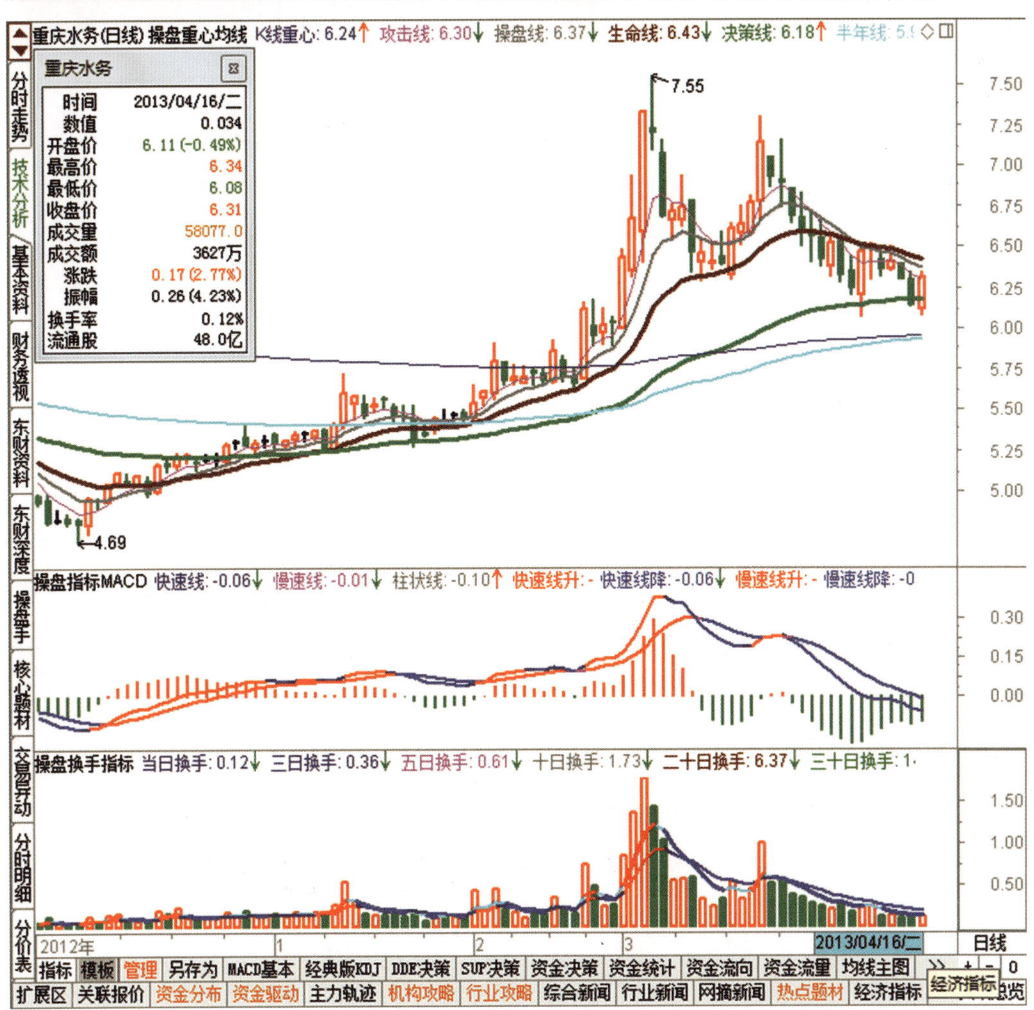

图例 123 重庆水务（601158）日线技术形态图谱

热点板块领涨龙头技术解码：

技术形态：水务板块在今日成为次主流热点，而该股当天成为板块热点中领涨龙头品种。日 K 线属于阳包阴，当天日 K 线呈缩量中阳技术特征。股价回落到决策线上得到支撑。VOL 指标中的 MA5 线与 MA30 线尚未金叉。MACD 指标在 0 值线之上即将向下死叉。而生命线即将向下与决策线构成死叉。

买进策略：股价在决策线上初步企稳，需要进一步蓄势，观望。

【道破选股天机】实训图谱 124

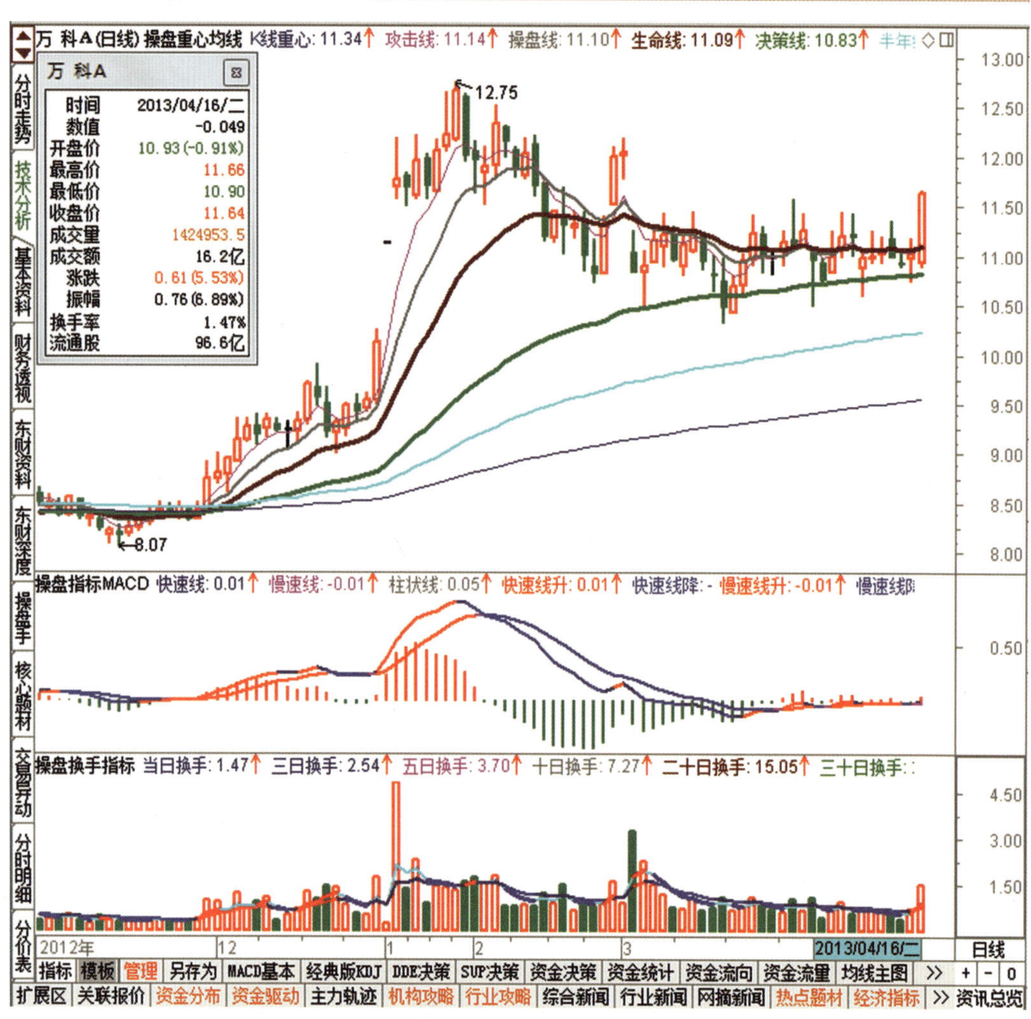

图例 124 万科 A（000002）日线技术形态图谱

热点板块领涨龙头技术解码：

技术形态：含 B 股板块在今日成为次主流热点，而该股当天成为板块热点中领涨龙头品种。日 K 线属于阳包阳，当天日 K 线放量大阳技术特征。股价昨日突破生命线后今日已经完成技术性回抽。VOL 指标中的 MA5 线与 MA30 线形成金叉。MACD 指标已经在 0 值线之上多头空间内持续粘合并以多头趋势运行。而攻击线与操盘线也再次形成粘合，量价结构十分健康。上述三个指标特征显示，股价短线攻击力极强，即将向上展开加速上涨。

买进策略：股价早盘低开攻击突破生命线时，可即时迅速介入第一个买点。股价当天盘中第三时间段站稳在均价线时，介入第二个伏击性买点。次日早盘实施技术性回抽时，可再次加进第三个追击性买点。本次建仓属于中线波段性建仓计划，仓位以三分之二仓为主。

【道破选股天机】实训图谱 125

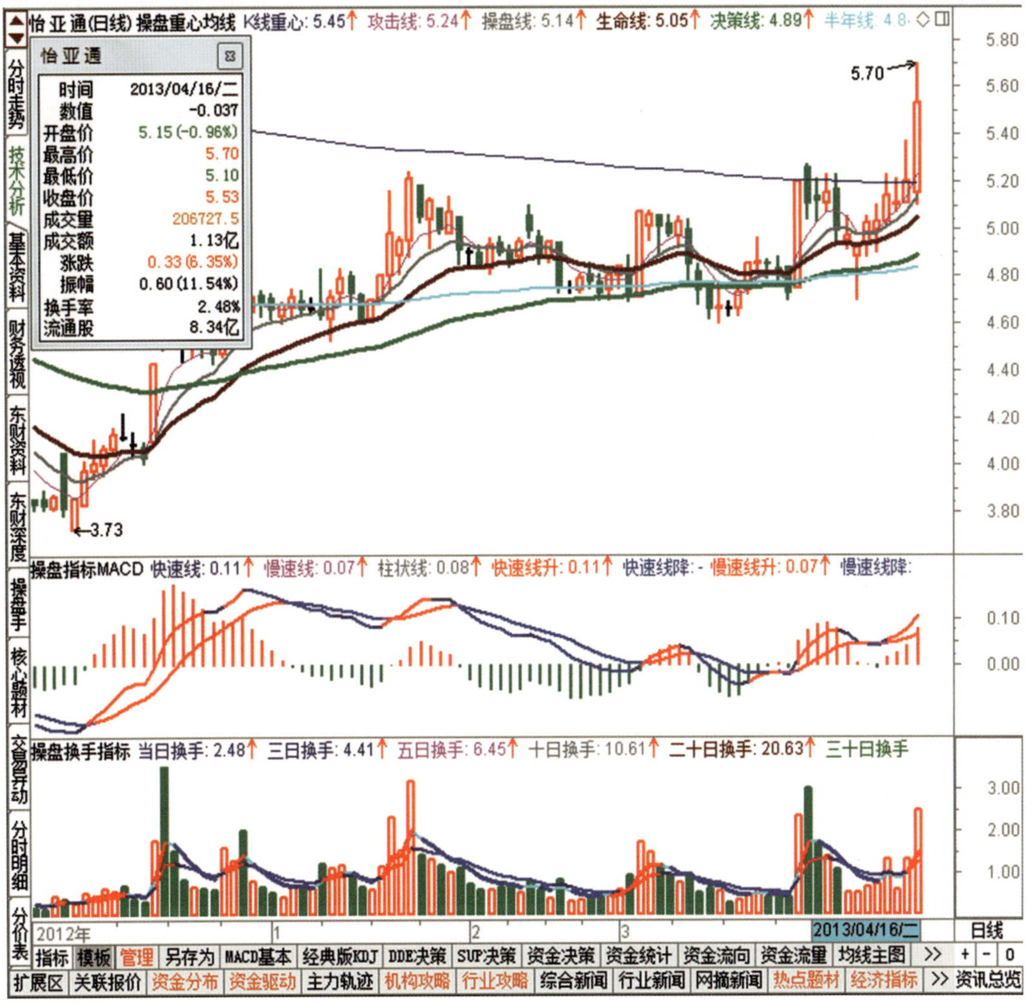

图例 125　怡亚通（002183）日线技术形态图谱

热点板块领涨龙头技术解码：

技术形态：仓储物流板块在今日成为次主流热点，而该股当天成为板块热点中领涨龙头品种。日 K 线属于腾飞点，当天日 K 线放量中阳技术特征。股价昨日突破年线后今日已经完成技术性回抽。VOL 指标中的 MA5 线与 MA30 线形成金叉。MACD 指标已经在 0 值线之上多头空间内以多头趋势运行。而攻击线与操盘线金叉向上，量价结构十分健康。上述三个指标特征显示，股价短线攻击力极强，即将向上展开加速上涨。

买进策略：股价早盘低开攻击突破操盘线时，可即时迅速介入第一个买点。股价当天盘中第二时间段站稳在均价线时，介入第二个伏击性买点。次日早盘实施技术性回抽时，可再次加进第三个追击性买点。本次建仓属于中线波段性建仓计划，仓位以三分之二仓为主。

【道破选股天机】实训图谱 126

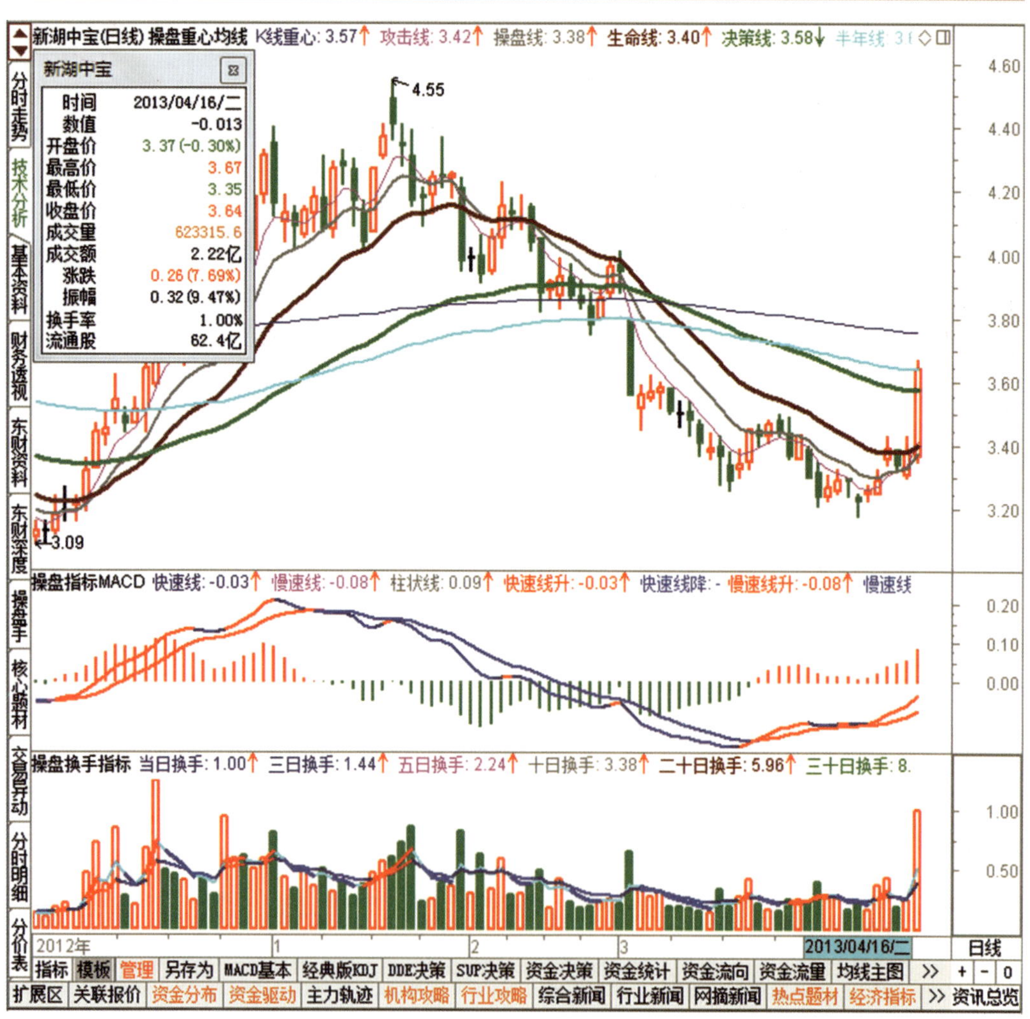

图例 126 新湖中宝（600208）日线技术形态图谱

热点板块领涨龙头技术解码：

技术形态：中市净率板块在今日成为次主流热点，而该股当天成为板块热点中领涨龙头品种。日 K 线属于一阳穿四线，当天日 K 线呈放量长阳技术特征。股价突破生命线后已经完成技术性回抽。VOL 指标中的 MA5 线与 MA30 线多头趋势运行。MACD 指标已经在 0 值线之下空头空间内向上运行。而攻击线与操盘线也形成金叉，量价结构十分健康。

买进策略：股价早盘小幅度低开不破操盘线时，可即时迅速介入第一个买点。股价当天盘中回落不破均价线时，介入第二个伏击性买点。本次建仓属于中线波段性建仓计划，仓位控制以三分之二仓为主。在波段上采取滚动操盘策略。

【道破选股天机】实训图谱 127

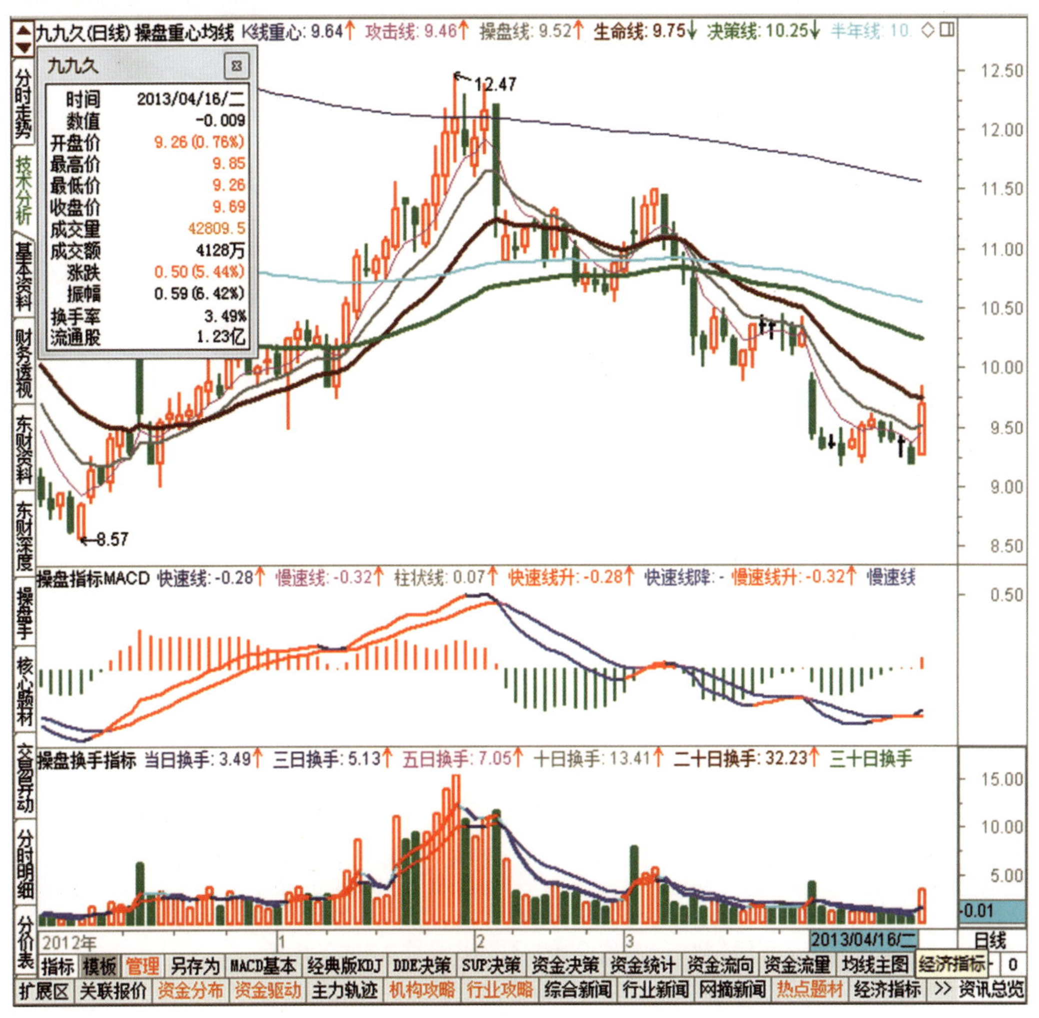

图例 127　九九久（002411）日线技术形态图谱

热点板块领涨龙头技术解码：

技术形态：锂电池板块在今日成为次主流热点，而该股当天成为板块热点中领涨龙头品种。日 K 线属于一阳穿三线，当天日 K 线呈放量长阳技术特征。股价突破操盘线后已经完成技术性回抽。VOL 指标中的 MA5 线与 MA30 线即将金叉。MACD 指标已经在 0 值线之下空头空间内金叉向上运行。攻击线与操盘线尚未形成金叉。

买进策略：股价正在构筑底部，尚未站稳，观望。

【道破选股天机】实训图谱 128

图例 128　三特索道（002159）日线技术形态图谱

热点板块领涨龙头技术解码：

技术形态：旅游板块在今日成为次主流热点，而该股当天成为板块热点中领涨龙头品种。

日 K 线属于高位阳包阴，当天日 K 线呈均衡量中阳技术特征。股价昨日跌破生命线后今日反攻。但下行趋势已经形成。VOL 指标中的 MA5 线与 MA30 线持续以空头趋势运行。MACD 指标已经在 0 值线之上多头空间内持续以空头趋势运行。

买进策略：股价呈现下行趋势，观望。

【道破选股天机】实训图谱 129

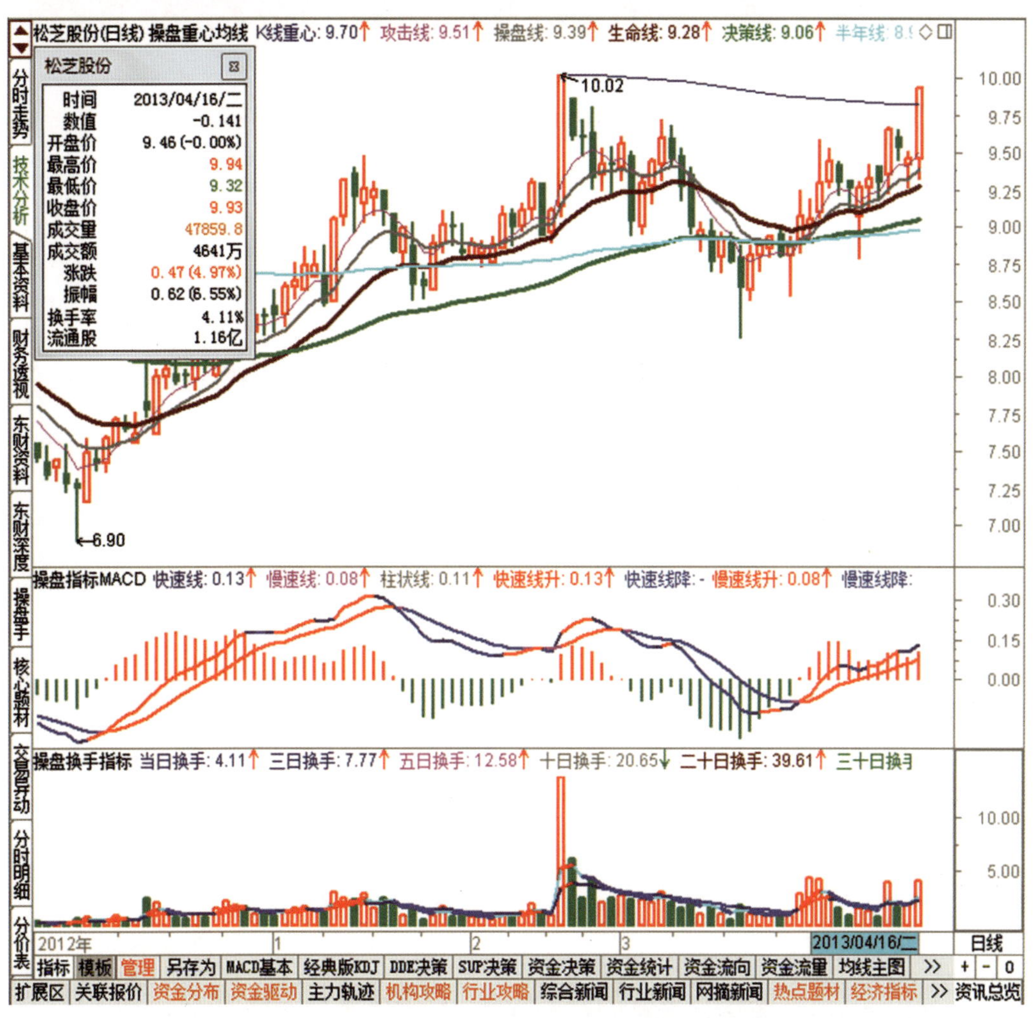

图例 129　松芝股份（002454）日线技术形态图谱

热点板块领涨龙头技术解码：

技术形态：汽车板块在今日成为次主流热点，而该股当天成为板块热点中领涨龙头品种。日K线属于主升型起涨点，当天日K线呈放量长阳技术特征。股价今日放量突破年线。VOL指标中的MA5线与MA30线即将金叉多头趋势运行。MACD指标已经在0值线之上多头空间内向上运行。而攻击线与操盘线也早就形成金叉，量价结构十分健康。

买进策略：股价即将进入腾飞阶段。股价早盘平开不破操盘线时，可即时迅速介入第一个买点。股价当天盘中回落不破均价线时，介入第二个伏击性买点。本次建仓属于短线建仓计划，仓位控制以三分之二仓为主。在操盘上采取快进快出策略。

【道破选股天机】实训图谱130

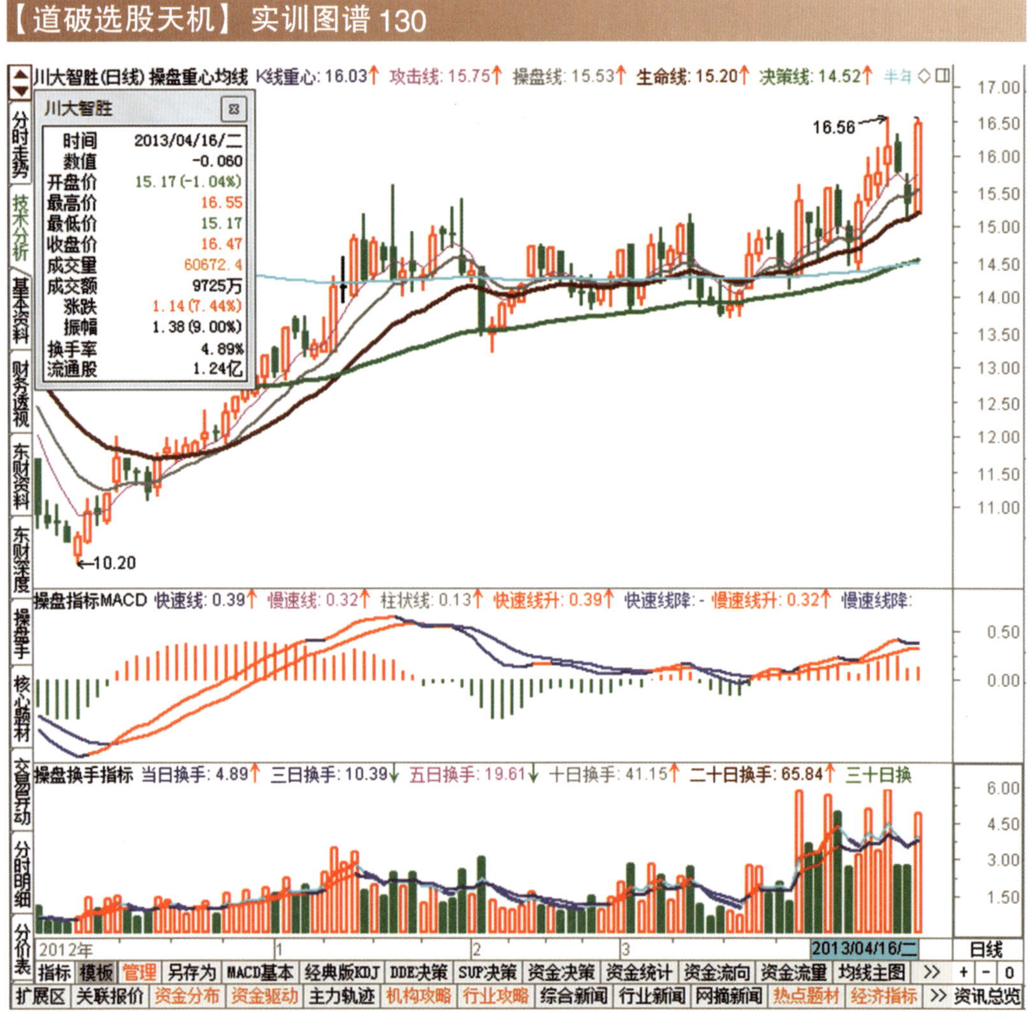

图例130 川大智胜（002253）日线技术形态图谱

热点板块领涨龙头技术解码：

技术形态：智能交通板块在今成为次主流热点，而该股当天成为板块热点中领涨龙头品种。日 K 线属于阳包阴，当天日 K 线呈放量长阳技术特征。VOL 指标中的 MA5 线与 MA30 线在当天放量金叉。MACD 指标已经在 0 值线之上多头空间内持续运行。而生命线与决策线已经构成上升通道，量价结构十分健康。

买进策略：股价早盘小幅度低开不破生命线时，可即时迅速介入第一个买点。股价当天盘中回调不破均价线时，介入第二个伏击性买点。次日早盘实施技术性回抽时，可再次加进第三个伏击性买点。本次建仓属于短线建仓计划，仓位控制以三分之二仓为主。

第九章

短线投资选股实训模版

第一节　开盘大单选股实训模版

【道破选股天机】实训图谱 131

图例 131　开盘大单选股实训图谱

对照软件，认真观察分析上边的实训图谱，然后把心得体会写在下边横线上。

（1）该股日线图的空间位置是什么？

（2）该股分时图前一日的均价是什么？

(3) 当天集合竞价时间段成交量匹配情况如何?

(4) 综合分析该股当前的技术特征,结论是什么?

(5) 实训操盘手当前的操盘决策如何制定?

【道破选股天机】实训图谱 132

图例 132 开盘大单选股实训图谱

对照软件,认真观察分析上边的实训图谱,然后把心得体会写在下边横线上。

(1) 该股日线图的空间位置是什么?

(2) 该股分时图前一日的均价是什么？

(3) 当天集合竞价时间段成交量匹配情况如何？

(4) 综合分析该股当前的技术特征，结论是什么？

(5) 实训操盘手当前的操盘决策如何制定？

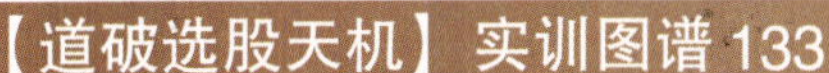

【道破选股天机】实训图谱 133

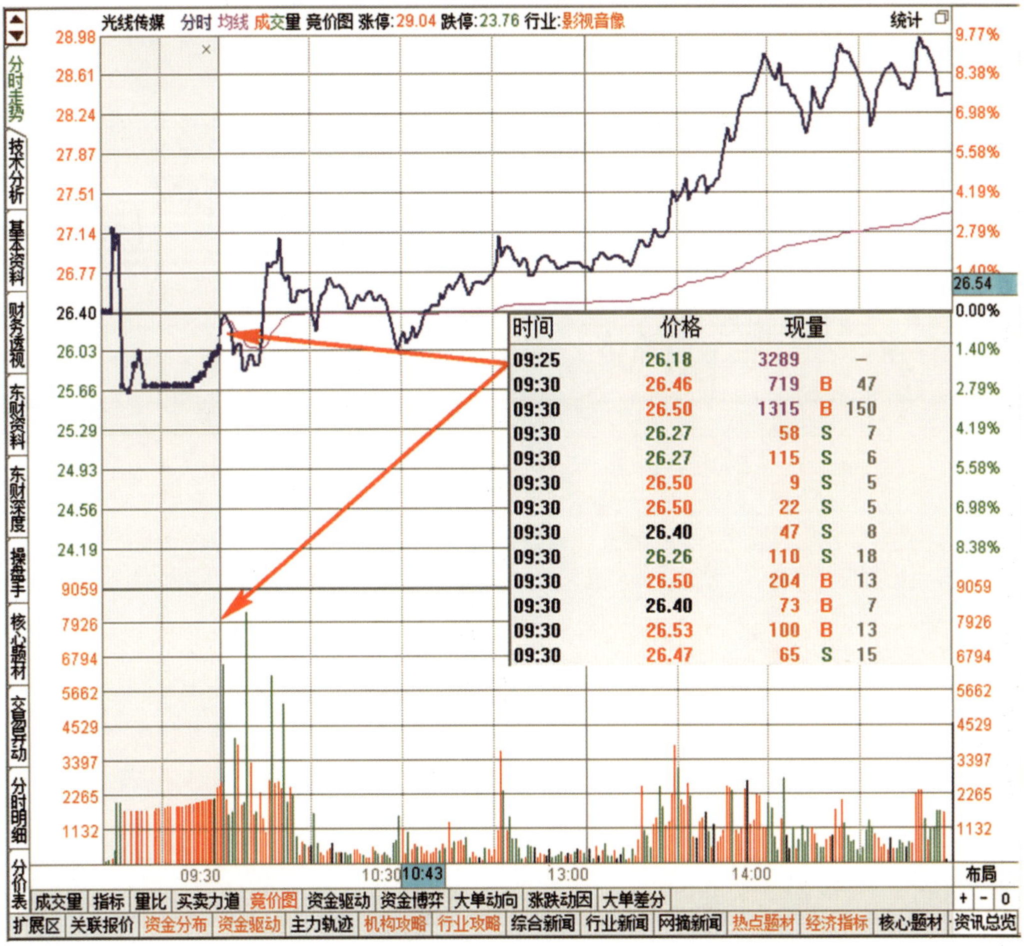
光线传媒 分时 均线 成交量 竞价图 涨停:29.04 跌停:23.76 行业:影视音像
统计
时间 价格 现量
09:25 26.18 3289 –
09:30 26.46 719 B 47
09:30 26.50 1315 B 150
09:30 26.27 58 S 7
09:30 26.27 115 S 6
09:30 26.50 9 S 5
09:30 26.50 22 S 5
09:30 26.40 47 S 8
09:30 26.26 110 S 18
09:30 26.50 204 B 13
09:30 26.40 73 B 7
09:30 26.53 100 B 13
09:30 26.47 65 S 15
09:30
10:30
10:43
13:00
14:00
26.54
布局

图例 133 开盘大单选股实训图谱

对照软件，认真观察分析上边的实训图谱，然后把心得体会写在下边横线上。

（1）该股日线图的空间位置是什么？

（2）该股分时图前一日的均价是什么？

（3）当天集合竞价时间段成交量匹配情况如何？

（4）综合分析该股当前的技术特征，结论是什么？

（5）实训操盘手当前的操盘决策如何制定？

【道破选股天机】实训图谱 134

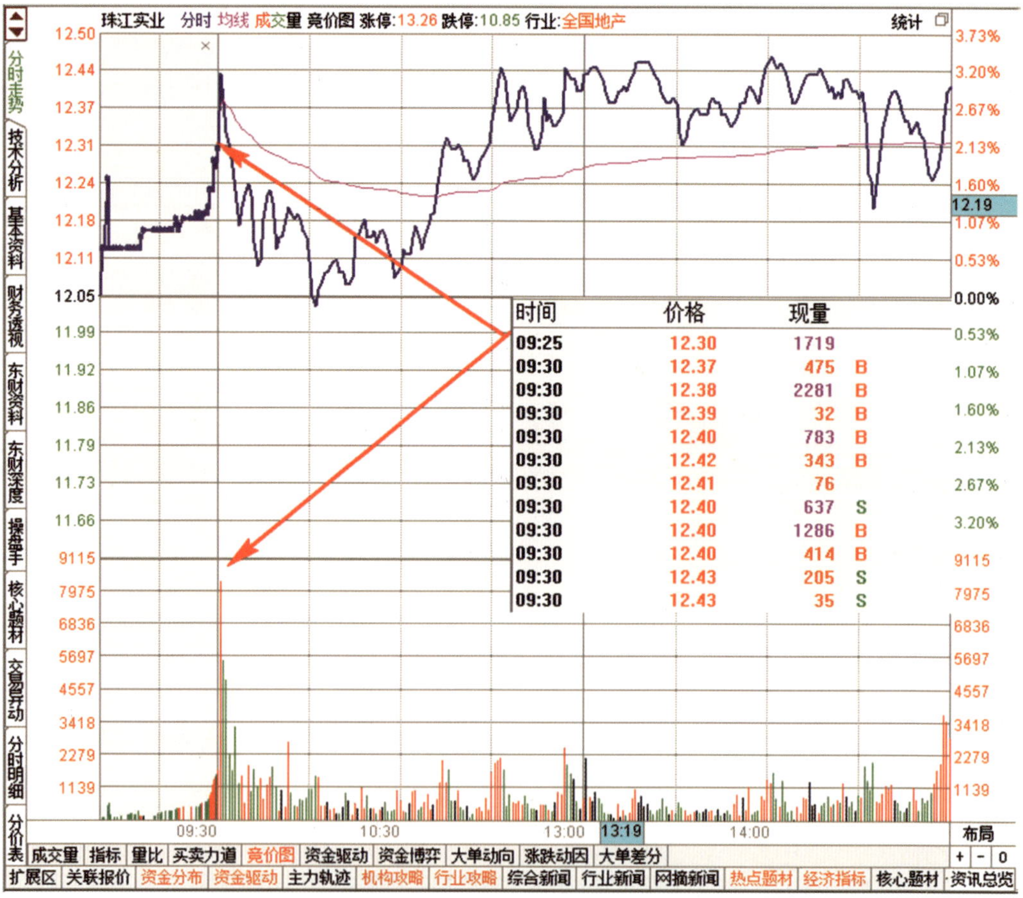
珠江实业 分时 均线 成交量 竞价图 涨停:13.26 跌停:10.85 行业:全国地产
统计
12.50
12.44
12.37
12.31
12.24
12.18
12.11
12.05
11.99
11.92
11.86
11.79
11.73
11.66
3.73%
3.20%
2.67%
2.13%
1.60%
12.19
1.07%
0.53%
0.00%
时间 价格 现量
09:25 12.30 1719
09:30 12.37 475 B
09:30 12.38 2281 B
09:30 12.39 32 B
09:30 12.40 783 B
09:30 12.42 343 B
09:30 12.41 76
09:30 12.40 637 S
09:30 12.40 1286 B
09:30 12.40 414 B
09:30 12.43 205 S
09:30 12.43 35 S
9115
7975
6836
5697
4557
3418
2279
1139
09:30
10:30
13:00
13:19
14:00
布局
分时走势
技术分析
基本资料
财务透视
东财资料
东财深度
操盘手
核心题材
交易异动
分时明细
分价表
成交量 指标 量比 买卖力道 竞价图 资金驱动 资金博弈 大单动向 涨跌动因 大单差分
扩展区 关联报价 资金分布 资金驱动 主力轨迹 机构攻略 行业攻略 综合新闻 行业新闻 网摘新闻 热点题材 经济指标 核心题材 资讯总览

图例 134　开盘大单选股实训图谱

对照软件，认真观察分析上边的实训图谱，然后把心得体会写在下边横线上。

（1）该股日线图的空间位置是什么？

（2）该股分时图前一日的均价是什么？

（3）当天集合竞价时间段成交量匹配情况如何？

（4）综合分析该股当前的技术特征，结论是什么？

（5）实训操盘手当前的操盘决策如何制定？

【道破选股天机】实训图谱 135

图例 135　开盘大单选股实训图谱

对照软件，认真观察分析上边的实训图谱，然后把心得体会写在下边横线上。

（1）该股日线图的空间位置是什么？

____

（2）该股分时图前一日的均价是什么？

____

（3）当天集合竞价时间段成交量匹配情况如何？

____

（4）综合分析该股当前的技术特征，结论是什么？

____

（5）实训操盘手当前的操盘决策如何制定？

____

【道破选股天机】实训图谱 136

时间	价格	现量	
09:25	3.69	21930	
09:30	3.66	1236	S
09:30	3.67	14490	B
09:30	3.67	59	B
09:30	3.67	539	B
09:30	3.64	532	B
09:30	3.66	318	B
09:30	3.66	704	B
09:30	3.64	310	S
09:30	3.66	111	B
09:30	3.64	130	S
09:30	3.65	920	

图例 136 开盘大单选股实训图谱

对照软件，认真观察分析上边的实训图谱，然后把心得体会写在下边横线上。

（1）该股日线图的空间位置是什么？

____

（2）该股分时图前一日的均价是什么？

____

（3）当天集合竞价时间段成交量匹配情况如何？

____

（4）综合分析该股当前的技术特征，结论是什么？

____

（5）实训操盘手当前的操盘决策如何制定？

____

【道破选股天机】实训图谱 137

昌九生化 分时 均线 成交量 竟价图 涨停:38.31 跌停:31.35 行业:化工原料

时间	价格	现量	
09:25	35.60	1451	
09:30	35.80	320	B
09:30	35.70	1459	S
09:30	35.80	102	B
09:30	35.90	82	B
09:30	35.70	188	S
09:30	35.70	144	B
09:30	35.85	257	B
09:30	35.70	227	S
09:30	35.82	78	B
09:30	35.85	267	B
09:30	35.84	55	B

图例 137　开盘大单选股实训图谱

对照软件，认真观察分析上边的实训图谱，然后把心得体会写在下边横线上。

（1）该股日线图的空间位置是什么？

____

（2）该股分时图前一日的均价是什么？

____

（3）当天集合竞价时间段成交量匹配情况如何？

____

（4）综合分析该股当前的技术特征，结论是什么？

____

（5）实训操盘手当前的操盘决策如何制定？

____

【道破选股天机】实训图谱 138

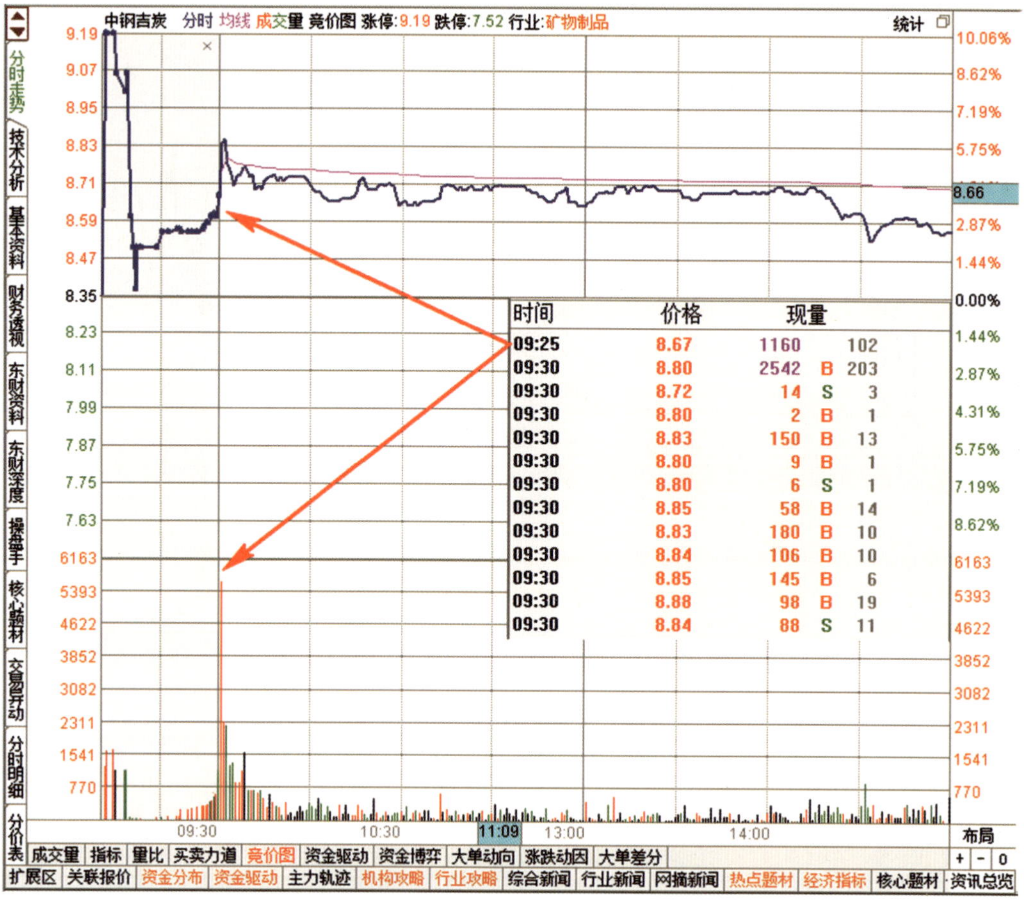
中钢吉炭 分时 均线 成交量 竞价图 涨停:9.19 跌停:7.52 行业:矿物制品
统计
9.19
9.07
8.95
8.83
8.71
8.59
8.47
8.35
8.23
8.11
7.99
7.87
7.75
7.63
10.06%
8.62%
7.19%
5.75%
8.66
2.87%
1.44%
0.00%
时间 价格 现量
09:25 8.67 1160 102
09:30 8.80 2542 B 203
09:30 8.72 14 S 3
09:30 8.80 2 B 1
09:30 8.83 150 B 13
09:30 8.80 9 B 1
09:30 8.80 6 S 1
09:30 8.85 58 B 14
09:30 8.83 180 B 10
09:30 8.84 106 B 10
09:30 8.85 145 B 6
09:30 8.88 98 B 19
09:30 8.84 88 S 11
6163
5393
4622
3852
3082
2311
1541
770
09:30
10:30
11:09
13:00
14:00
分时走势
技术分析
基本资料
财务透视
东财资料
东财深度
操盘手
核心题材
交易异动
分时明细
分价表
成交量 指标 量比 买卖力道 竞价图 资金驱动 资金博弈 大单动向 涨跌动因 大单差分
布局
扩展区 关联报价 资金分布 资金驱动 主力轨迹 机构攻略 行业攻略 综合新闻 行业新闻 网摘新闻 热点题材 经济指标 核心题材 资讯总览

图例 138 开盘大单选股实训图谱

对照软件，认真观察分析上边的实训图谱，然后把心得体会写在下边横线上。

(1) 该股日线图的空间位置是什么？

---

(2) 该股分时图前一日的均价是什么？

---

(3) 当天集合竞价时间段成交量匹配情况如何？

---

(4) 综合分析该股当前的技术特征，结论是什么？

---

(5) 实训操盘手当前的操盘决策如何制定？

【道破选股天机】实训图谱 139

图例 139 开盘大单选股实训图谱

对照软件，认真观察分析上边的实训图谱，然后把心得体会写在下边横线上。

（1）该股日线图的空间位置是什么？

____

（2）该股分时图前一日的均价是什么？

____

（3）当天集合竞价时间段成交量匹配情况如何？

____

（4）综合分析该股当前的技术特征，结论是什么？

____

（5）实训操盘手当前的操盘决策如何制定？

____

【道破选股天机】实训图谱 140

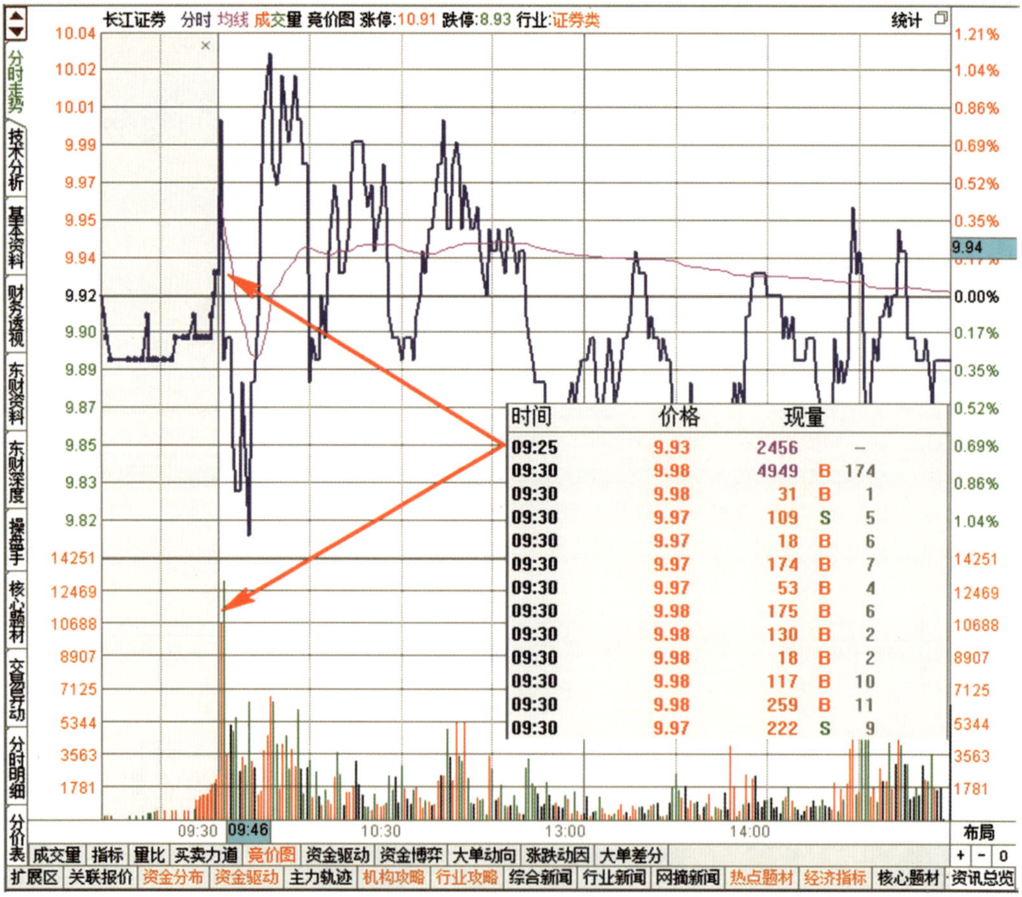
长江证券 分时 均线 成交量 竞价图 涨停:10.91 跌停:8.93 行业:证券类
统计
10.04
10.02
10.01
9.99
9.97
9.95
9.94
9.92
9.90
9.89
9.87
9.85
9.83
9.82
14251
12469
10688
8907
7125
5344
3563
1781
1.21%
1.04%
0.86%
0.69%
0.52%
0.35%
0.00%
0.17%
0.35%
0.52%
0.69%
0.86%
1.04%
时间 价格 现量
09:25 9.93 2456 –
09:30 9.98 4949 B 174
09:30 9.98 31 B 1
09:30 9.97 109 S 5
09:30 9.97 18 B 6
09:30 9.97 174 B 7
09:30 9.97 53 B 4
09:30 9.98 175 B 6
09:30 9.98 130 B 2
09:30 9.98 18 B 2
09:30 9.98 117 B 10
09:30 9.98 259 B 11
09:30 9.97 222 S 9
09:30 09:46 10:30 13:00 14:00
分时走势 技术分析 基本资料 财务透视 东财资料 东财深度 操盘手 核心题材 交易行动 分时明细 分价表
成交量 指标 量比 买卖力道 竞价图 资金驱动 资金博弈 大单动向 涨跌动因 大单差分
扩展区 关联报价 资金分布 资金驱动 主力轨迹 机构攻略 行业攻略 综合新闻 行业新闻 网摘新闻 热点题材 经济指标 核心题材 资讯总览
布局

图例 140　开盘大单选股实训图谱

对照软件，认真观察分析上边的实训图谱，然后把心得体会写在下边横线上。

（1）该股日线图的空间位置是什么？

____

（2）该股分时图前一日的均价是什么？

____

（3）当天集合竞价时间段成交量匹配情况如何？

____

（4）综合分析该股当前的技术特征，结论是什么？

____

（5）实训操盘手当前的操盘决策如何制定？

____

【道破选股天机】实训图谱 141

时间	价格	现量	
09:25	8.45	5514	
09:30	8.40	1234	S
09:30	8.43	10550	B
09:30	8.44	37	
09:30	8.45	159	B
09:30	8.46	1233	
09:30	8.47	453	B
09:30	8.44	465	S
09:30	8.47	543	B
09:30	8.46	128	S
09:30	8.45	648	S
09:30	8.46	324	

图例 141　开盘大单选股实训图谱

对照软件，认真观察分析上边的实训图谱，然后把心得体会写在下边横线上。

（1）该股日线图的空间位置是什么？

（2）该股分时图前一日的均价是什么？

（3）当天集合竞价时间段成交量匹配情况如何？

（4）综合分析该股当前的技术特征，结论是什么？

（5）实训操盘手当前的操盘决策如何制定？

【道破选股天机】实训图谱 142

中科英华 分时 均线 成交量 竞价图 涨停:6.82 跌停:5.58 行业:电气设备

时间	价格	现量	
09:25	6.21	1125	
09:30	6.23	117	B
09:30	6.24	1474	B
09:30	6.24	3	S
09:30	6.27	108	B
09:30	6.27	109	B
09:30	6.28	1532	B
09:30	6.28	595	B
09:30	6.28	45	B
09:30	6.29	349	B
09:30	6.30	1810	B

图例 142　开盘大单选股实训图谱

对照软件，认真观察分析上边的实训图谱，然后把心得体会写在下边横线上。

（1）该股日线图的空间位置是什么？

（2）该股分时图前一日的均价是什么？

（3）当天集合竞价时间段成交量匹配情况如何？

（4）综合分析该股当前的技术特征，结论是什么？

（5）实训操盘手当前的操盘决策如何制定？

【道破选股天机】实训图谱 143

图例 143　开盘大单选股实训图谱

对照软件，认真观察分析上边的实训图谱，然后把心得体会写在下边横线上。

（1）该股日线图的空间位置是什么？

____

（2）该股分时图前一日的均价是什么？

____

（3）当天集合竞价时间段成交量匹配情况如何？

____

（4）综合分析该股当前的技术特征，结论是什么？

____

（5）实训操盘手当前的操盘决策如何制定？

____

【道破选股天机】实训图谱 144

图例 144 开盘大单选股实训图谱

对照软件，认真观察分析上边的实训图谱，然后把心得体会写在下边横线上。

（1）该股日线图的空间位置是什么？

（2）该股分时图前一日的均价是什么？

（3）当天集合竞价时间段成交量匹配情况如何？

（4）综合分析该股当前的技术特征，结论是什么？

（5）实训操盘手当前的操盘决策如何制定？

【道破选股天机】实训图谱 145

图例 145　开盘大单选股实训图谱

对照软件，认真观察分析上边的实训图谱，然后把心得体会写在下边横线上。

（1）该股日线图的空间位置是什么？

____

（2）该股分时图前一日的均价是什么？

____

（3）当天集合竞价时间段成交量匹配情况如何？

____

（4）综合分析该股当前的技术特征，结论是什么？

____

（5）实训操盘手当前的操盘决策如何制定？

____

【道破选股天机】实训图谱 146

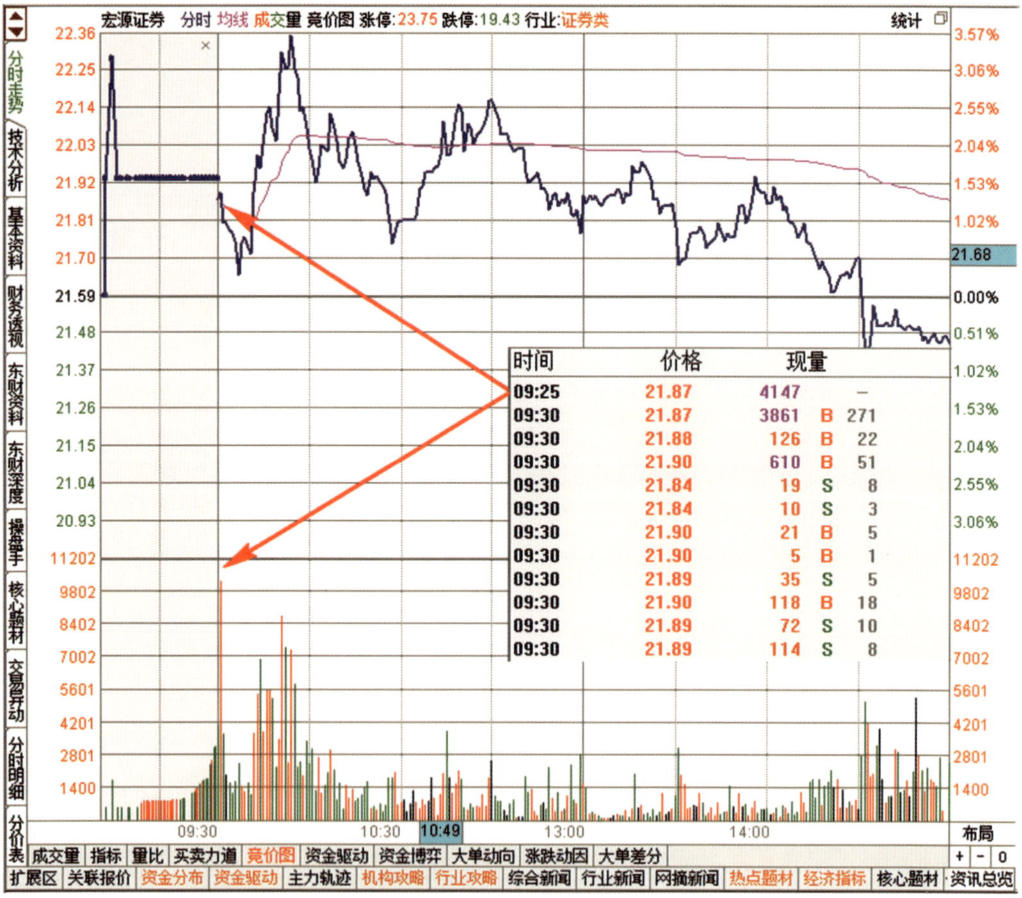

宏源证券 分时 均线 成交量 竞价图 涨停:23.75 跌停:19.43 行业:证券类
统计
22.36 22.25 22.14 22.03 21.92 21.81 21.70 21.59 21.48 21.37 21.26 21.15 21.04 20.93
3.57% 3.06% 2.55% 2.04% 1.53% 1.02% 0.00% 0.51% 1.02% 1.53% 2.04% 2.55% 3.06%
21.68
11202 9802 8402 7002 5601 4201 2801 1400
09:30 10:30 10:49 13:00 14:00
时间 价格 现量
09:25 21.87 4147 -
09:30 21.87 3861 B 271
09:30 21.88 126 B 22
09:30 21.90 610 B 51
09:30 21.84 19 S 8
09:30 21.84 10 S 3
09:30 21.90 21 B 5
09:30 21.90 5 B 1
09:30 21.89 35 S 5
09:30 21.90 118 B 18
09:30 21.89 72 S 10
09:30 21.89 114 S 8
分时走势 技术分析 基本资料 财务透视 东财资料 东财深度 操盘手 核心题材 交易异动 分时明细 分价表
成交量 指标 量比 买卖力道 竞价图 资金驱动 资金博弈 大单动向 涨跌动因 大单差分
扩展区 关联报价 资金分布 资金驱动 主力轨迹 机构攻略 行业攻略 综合新闻 行业新闻 网摘新闻 热点题材 经济指标 核心题材 资讯总览
布局

图例 146　开盘大单选股实训图谱

对照软件，认真观察分析上边的实训图谱，然后把心得体会写在下边横线上。

（1）该股日线图的空间位置是什么？

____

（2）该股分时图前一日的均价是什么？

____

（3）当天集合竞价时间段成交量匹配情况如何？

____

（4）综合分析该股当前的技术特征，结论是什么？

____

（5）实训操盘手当前的操盘决策如何制定？

____

【道破选股天机】实训图谱 147

图例 147　开盘大单选股实训图谱

对照软件，认真观察分析上边的实训图谱，然后把心得体会写在下边横线上。

（1）该股日线图的空间位置是什么？

____

（2）该股分时图前一日的均价是什么？

____

（3）当天集合竞价时间段成交量匹配情况如何？

____

（4）综合分析该股当前的技术特征，结论是什么？

____

（5）实训操盘手当前的操盘决策如何制定？

____

【道破选股天机】实训图谱 148

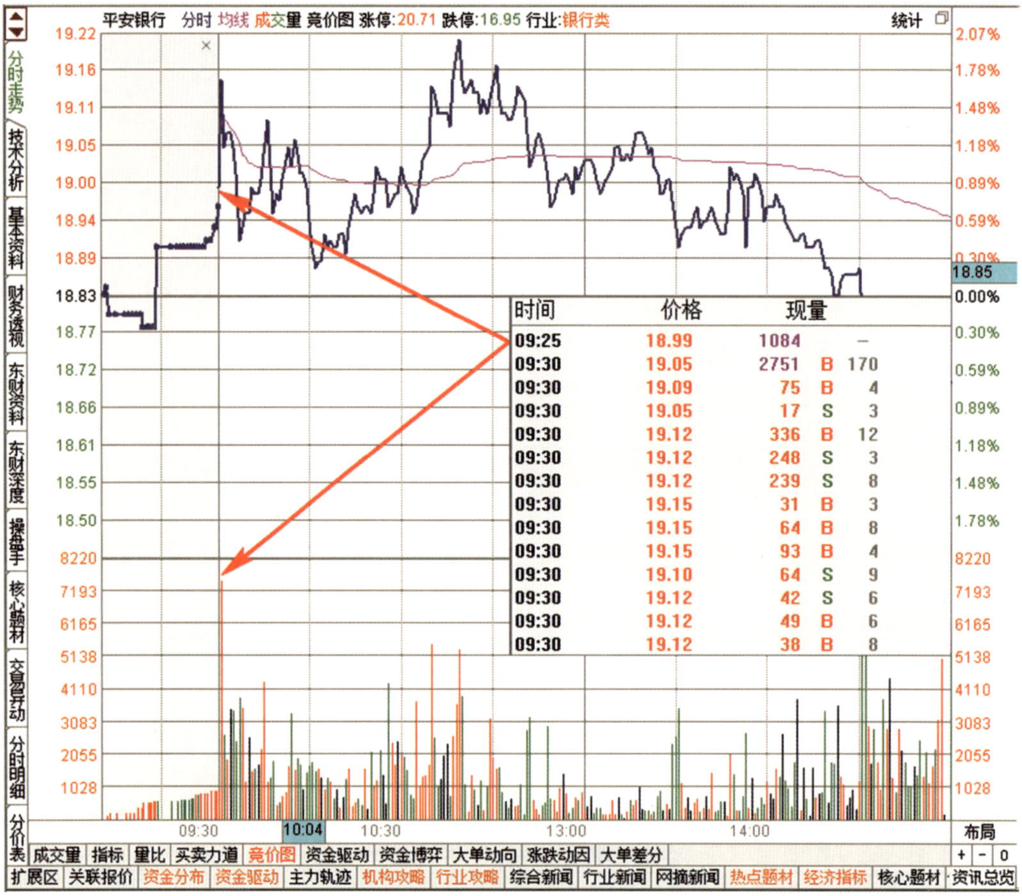

平安银行 分时 均线 成交量 竞价图 涨停:20.71 跌停:16.95 行业:银行类
统计
19.22 19.16 19.11 19.05 19.00 18.94 18.89 18.83 18.77 18.72 18.66 18.61 18.55 18.50
2.07% 1.78% 1.48% 1.18% 0.89% 0.59% 0.30% 0.00%
18.85
8220 7193 6165 5138 4110 3083 2055 1028
09:30 10:04 10:30 13:00 14:00
时间 价格 现量
09:25 18.99 1084 –
09:30 19.05 2751 B 170
09:30 19.09 75 B 4
09:30 19.05 17 S 3
09:30 19.12 336 B 12
09:30 19.12 248 S 3
09:30 19.12 239 S 8
09:30 19.15 31 B 3
09:30 19.15 64 B 8
09:30 19.15 93 B 4
09:30 19.10 64 S 9
09:30 19.12 42 S 6
09:30 19.12 49 B 6
09:30 19.12 38 B 8
分时走势 技术分析 基本资料 财务透视 东财资料 东财深度 操盘手 核心题材 交易异动 分时明细 分价表
成交量 指标 量比 买卖力道 竞价图 资金驱动 资金博弈 大单动向 涨跌动因 大单差分
扩展区 关联报价 资金分布 资金驱动 主力轨迹 机构攻略 行业攻略 综合新闻 行业新闻 网摘新闻 热点题材 经济指标 核心题材 资讯总览
布局

图例 148　开盘大单选股实训图谱

对照软件，认真观察分析上边的实训图谱，然后把心得体会写在下边横线上。

（1）该股日线图的空间位置是什么？

____

（2）该股分时图前一日的均价是什么？

____

（3）当天集合竞价时间段成交量匹配情况如何？

____

（4）综合分析该股当前的技术特征，结论是什么？

____

（5）实训操盘手当前的操盘决策如何制定？

____

【道破选股天机】实训图谱 149

图例 149 开盘大单选股实训图谱

对照软件，认真观察分析上边的实训图谱，然后把心得体会写在下边横线上。

（1）该股日线图的空间位置是什么？

（2）该股分时图前一日的均价是什么？

（3）当天集合竞价时间段成交量匹配情况如何？

（4）综合分析该股当前的技术特征，结论是什么？

（5）实训操盘手当前的操盘决策如何制定？

【道破选股天机】实训图谱 150

图例 150　开盘大单选股实训图谱

对照软件，认真观察分析上边的实训图谱，然后把心得体会写在下边横线上。

（1）该股日线图的空间位置是什么？

____

（2）该股分时图前一日的均价是什么？

____

（3）当天集合竞价时间段成交量匹配情况如何？

____

（4）综合分析该股当前的技术特征，结论是什么？

____

（5）实训操盘手当前的操盘决策如何制定？

____

第二节　收盘大单选股实训模版

【道破选股天机】实训图谱 151

图例 151　收盘大单选股实训图谱

对照软件，认真观察分析上边的实训图谱，然后把心得体会写在下边横线上。

（1）该股日线图的空间位置是什么？

____

（2）该股当日最后一根 60 分钟 K 线是什么？

____

（3）当天第六时间段成交量情况如何？

____

（4）综合分析该股当前的技术特征，结论是什么？

____

（5）实训操盘手当前的操盘决策如何制定？

____

【道破选股天机】实训图谱 152

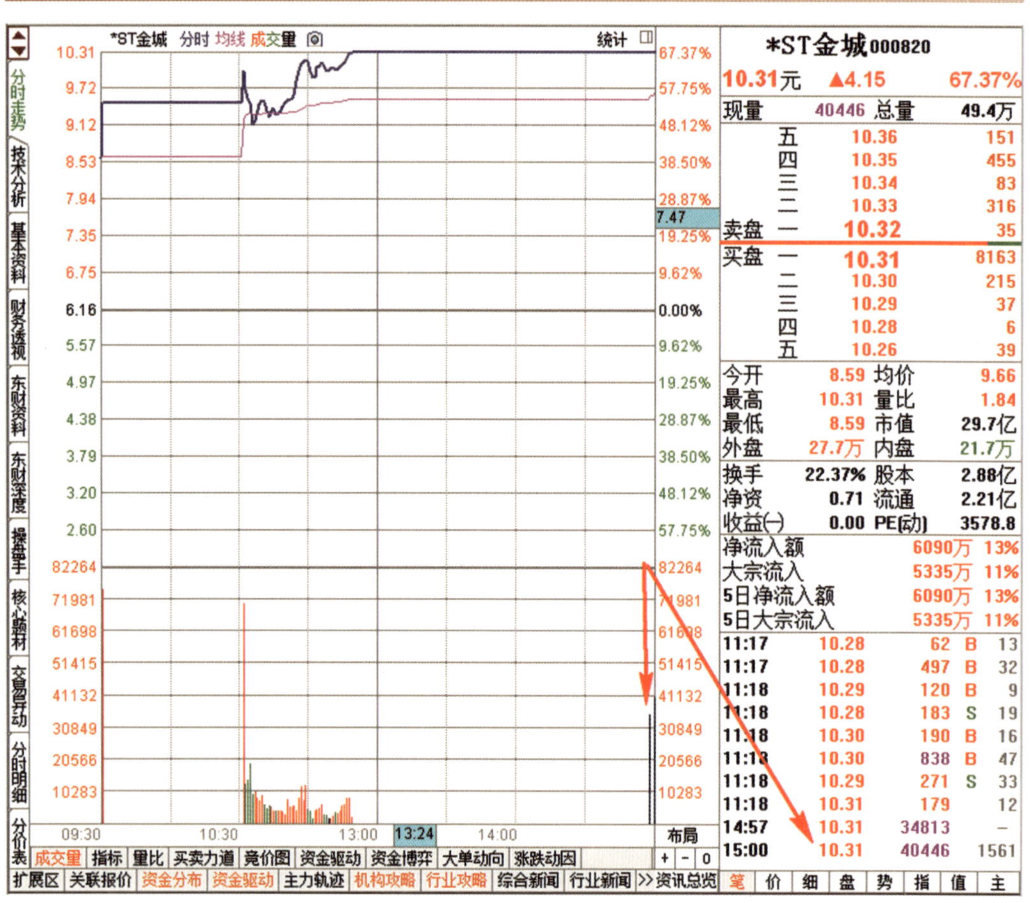

图例 152 收盘大单选股实训图谱

对照软件，认真观察分析上边的实训图谱，然后把心得体会写在下边横线上。

（1）该股日线图的空间位置是什么？

____

（2）该股当日最后一根 60 分钟 K 线是什么？

____

（3）当天第六时间段成交量情况如何？

____

（4）综合分析该股当前的技术特征，结论是什么？

____

（5）实训操盘手当前的操盘决策如何制定？

____

【道破选股天机】实训图谱 153

图例 153 收盘大单选股实训图谱

对照软件，认真观察分析上边的实训图谱，然后把心得体会写在下边横线上。

（1）该股日线图的空间位置是什么？

____

（2）该股当日最后一根 60 分钟 K 线是什么？

____

（3）当天第六时间段成交量情况如何？

____

（4）综合分析该股当前的技术特征，结论是什么？

____

（5）实训操盘手当前的操盘决策如何制定？

____

【道破选股天机】实训图谱 154

图例 154　收盘大单选股实训图谱

对照软件，认真观察分析上边的实训图谱，然后把心得体会写在下边横线上。

（1）该股日线图的空间位置是什么？

____

（2）该股当日最后一根 60 分钟 K 线是什么？

____

（3）当天第六时间段成交量情况如何？

____

（4）综合分析该股当前的技术特征，结论是什么？

____

（5）实训操盘手当前的操盘决策如何制定？

____

【道破选股天机】实训图谱 155

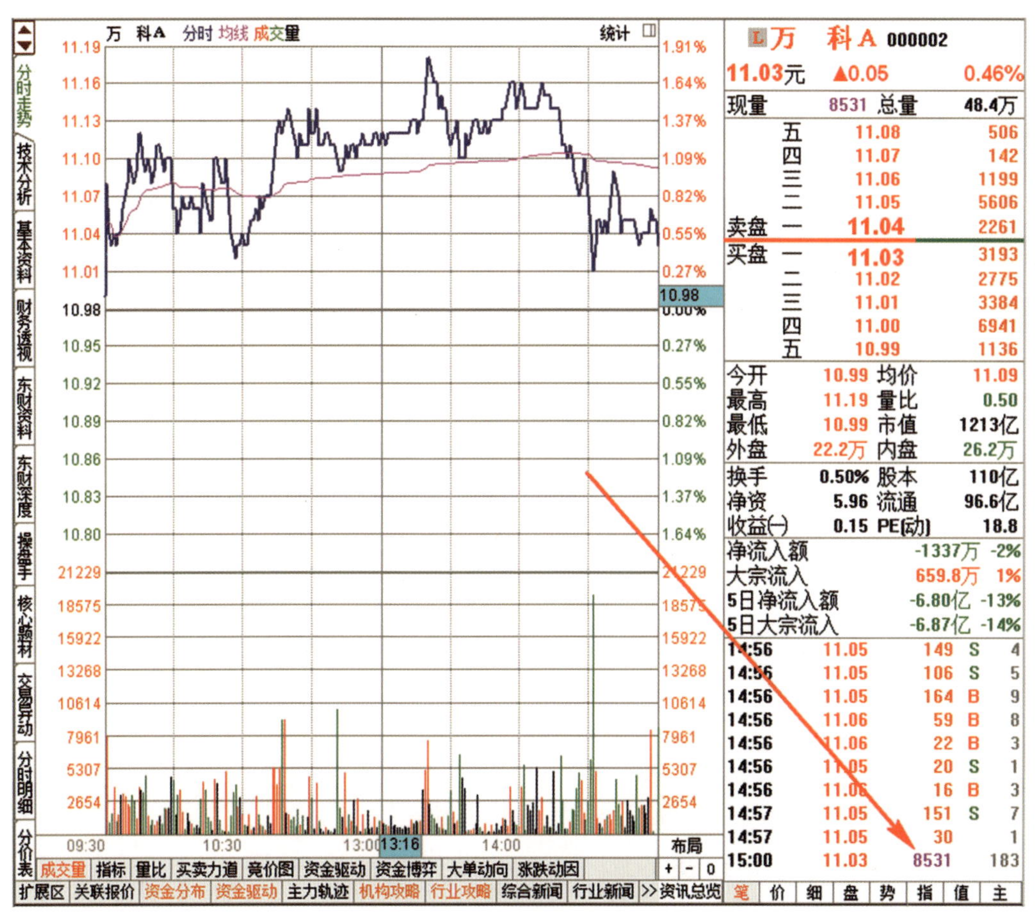

图例 155 收盘大单选股实训图谱

对照软件，认真观察分析上边的实训图谱，然后把心得体会写在下边横线上。

（1）该股日线图的空间位置是什么？

（2）该股当日最后一根 60 分钟 K 线是什么？

（3）当天第六时间段成交量情况如何？

（4）综合分析该股当前的技术特征，结论是什么？

（5）实训操盘手当前的操盘决策如何制定？

【道破选股天机】实训图谱 156

图例 156 收盘大单选股实训图谱

对照软件，认真观察分析上边的实训图谱，然后把心得体会写在下边横线上。

（1）该股日线图的空间位置是什么？

____

（2）该股当日最后一根 60 分钟 K 线是什么？

____

（3）当天第六时间段成交量情况如何？

____

（4）综合分析该股当前的技术特征，结论是什么？

____

（5）实训操盘手当前的操盘决策如何制定？

____

【道破选股天机】实训图谱 157

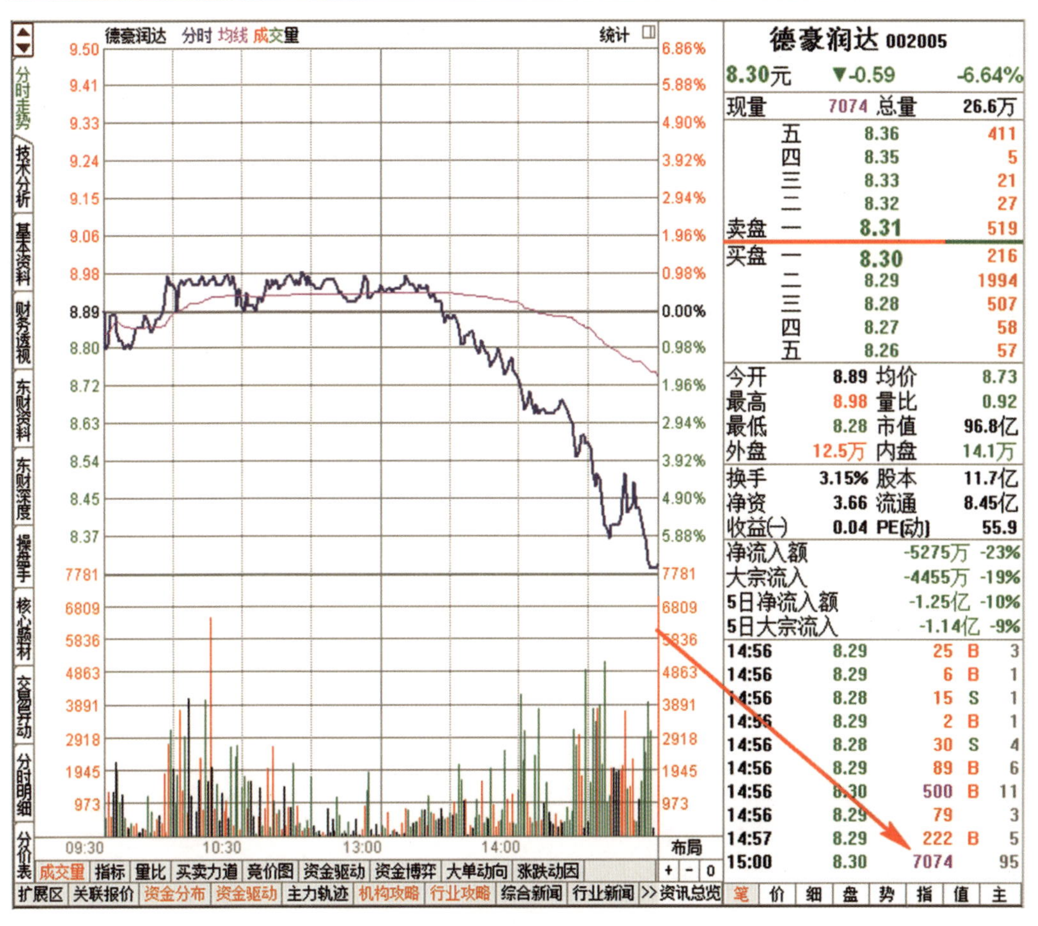

图例 157 收盘大单选股实训图谱

对照软件，认真观察分析上边的实训图谱，然后把心得体会写在下边横线上。

（1）该股日线图的空间位置是什么？

______

（2）该股当日最后一根 60 分钟 K 线是什么？

______

（3）当天第六时间段成交量情况如何？

______

（4）综合分析该股当前的技术特征，结论是什么？

______

（5）实训操盘手当前的操盘决策如何制定？

______

【道破选股天机】实训图谱 158

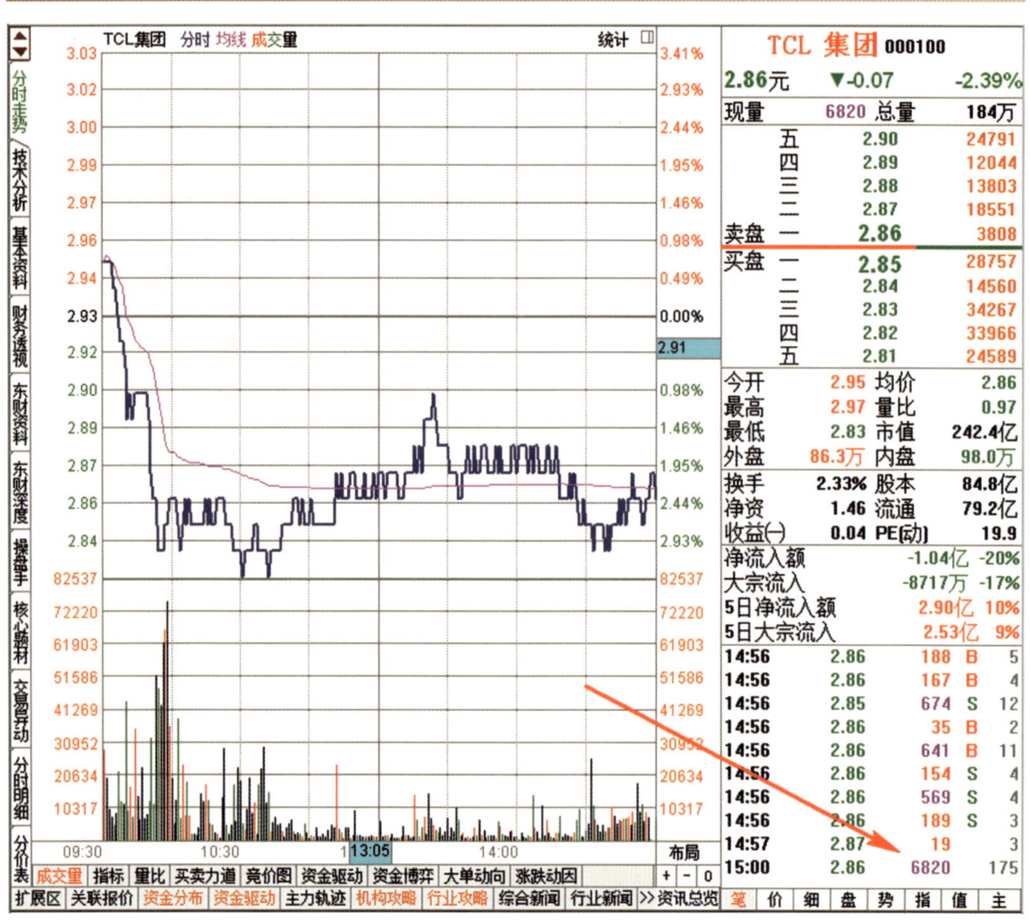

图例 158 收盘大单选股实训图谱

对照软件，认真观察分析上边的实训图谱，然后把心得体会写在下边横线上。

（1）该股日线图的空间位置是什么？

（2）该股当日最后一根 60 分钟 K 线是什么？

（3）当天第六时间段成交量情况如何？

（4）综合分析该股当前的技术特征，结论是什么？

（5）实训操盘手当前的操盘决策如何制定？

【道破选股天机】实训图谱 159

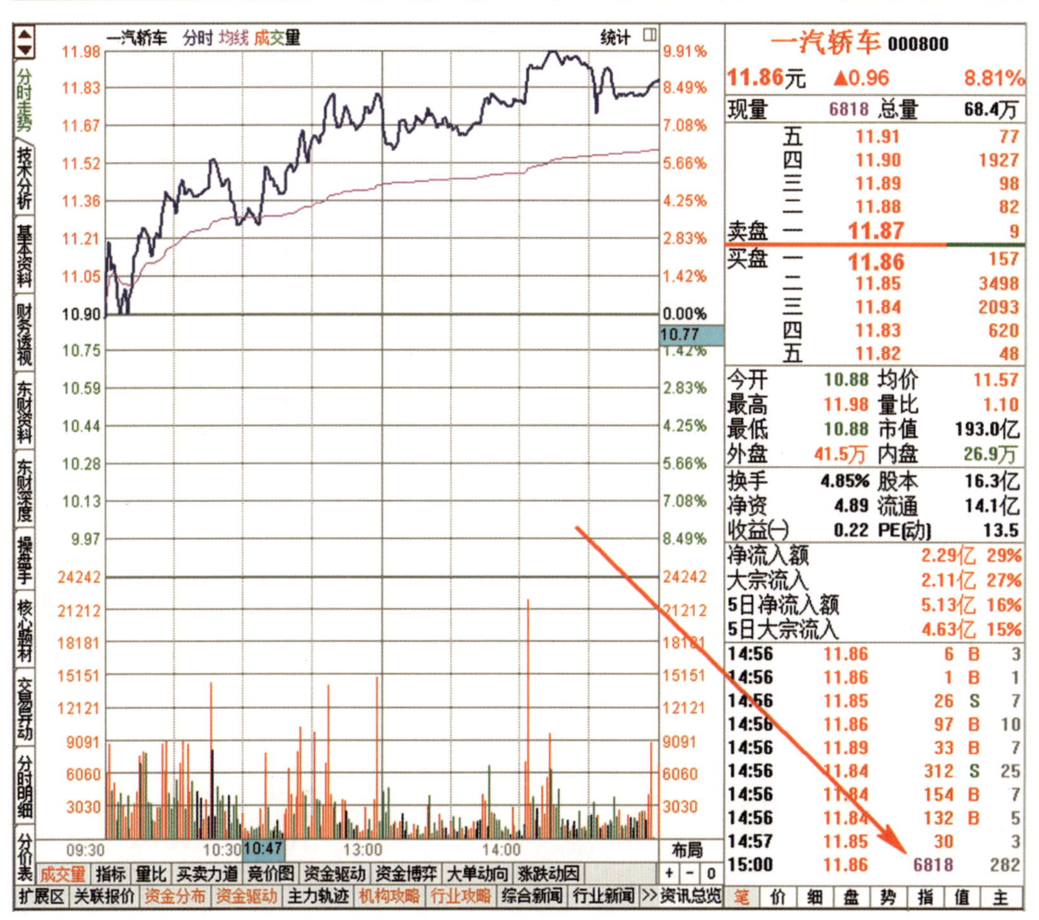

图例 159 收盘大单选股实训图谱

对照软件，认真观察分析上边的实训图谱，然后把心得体会写在下边横线上。

（1）该股日线图的空间位置是什么？

（2）该股当日最后一根 60 分钟 K 线是什么？

（3）当天第六时间段成交量情况如何？

（4）综合分析该股当前的技术特征，结论是什么？

（5）实训操盘手当前的操盘决策如何制定？

【道破选股天机】实训图谱 160

图例 160 收盘大单选股实训图谱

对照软件，认真观察分析上边的实训图谱，然后把心得体会写在下边横线上。

（1）该股日线图的空间位置是什么？

（2）该股当日最后一根 60 分钟 K 线是什么？

（3）当天第六时间段成交量情况如何？

（4）综合分析该股当前的技术特征，结论是什么？

（5）实训操盘手当前的操盘决策如何制定？

【道破选股天机】实训图谱 161

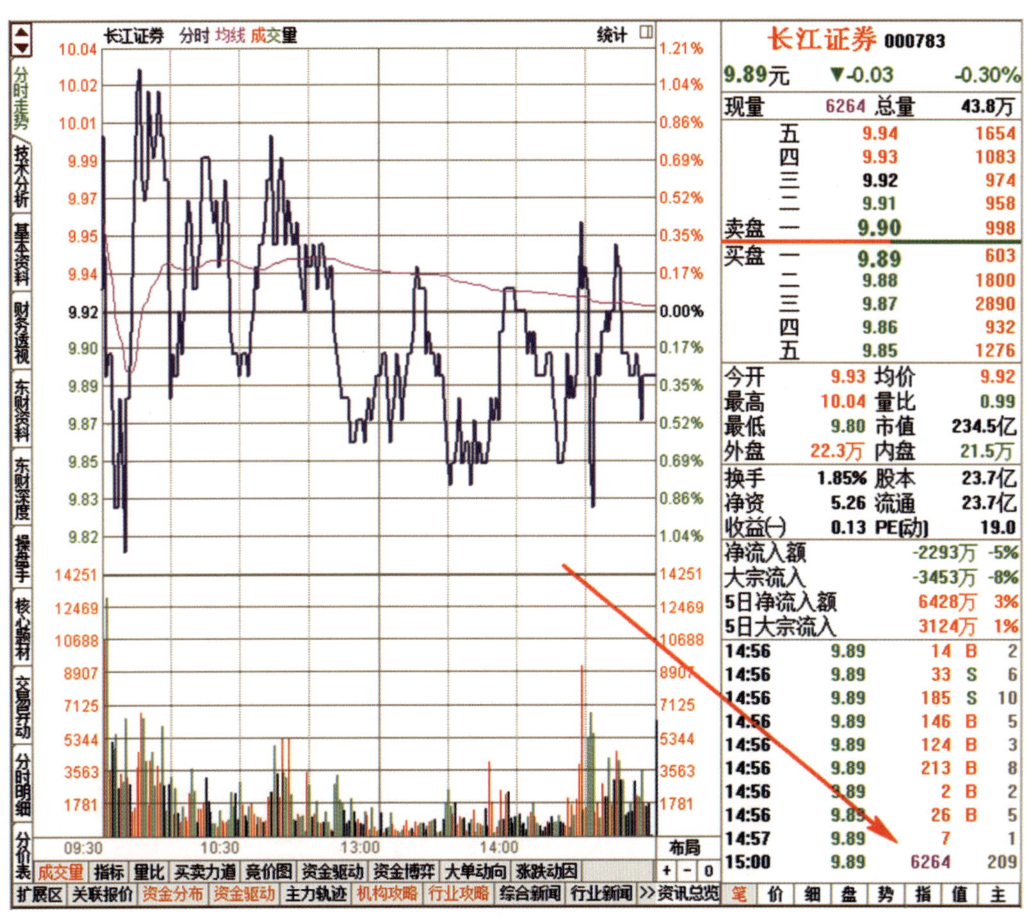

图例 161　收盘大单选股实训图谱

对照软件，认真观察分析上边的实训图谱，然后把心得体会写在下边横线上。

（1）该股日线图的空间位置是什么？

（2）该股当日最后一根 60 分钟 K 线是什么？

（3）当天第六时间段成交量情况如何？

（4）综合分析该股当前的技术特征，结论是什么？

（5）实训操盘手当前的操盘决策如何制定？

【道破选股天机】实训图谱 162

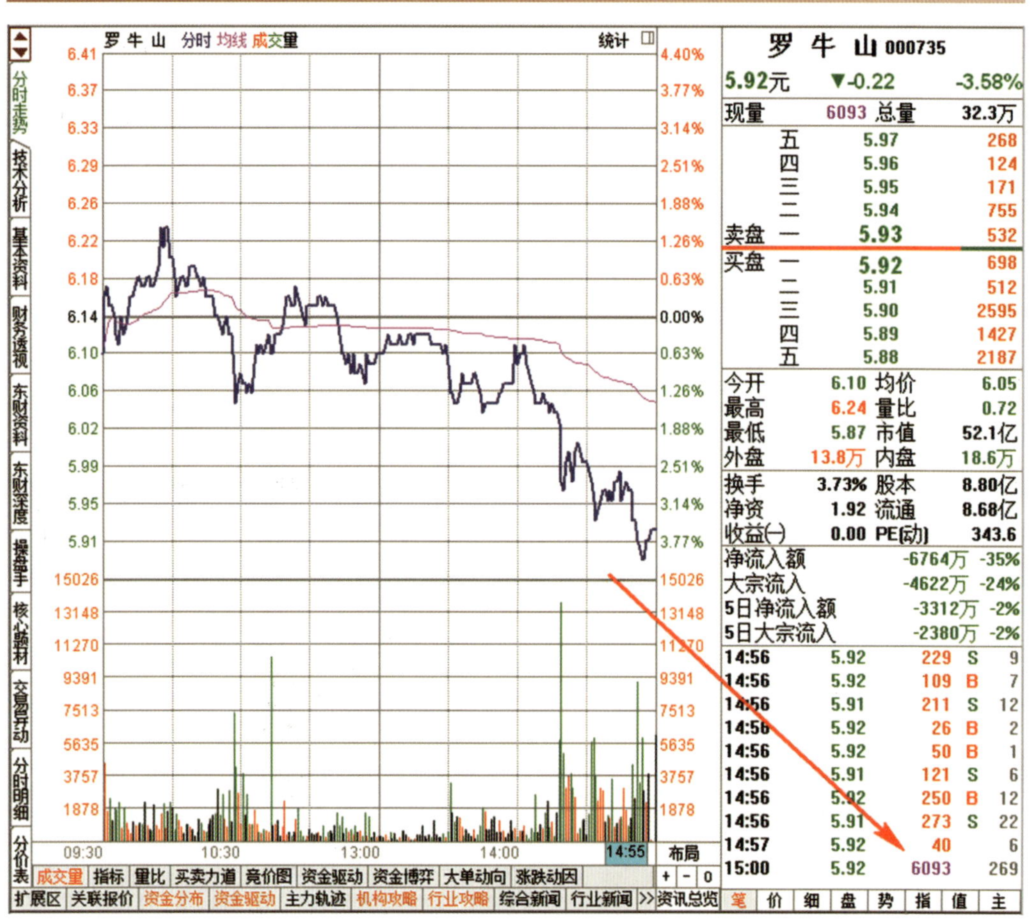

图例 162 收盘大单选股实训图谱

对照软件，认真观察分析上边的实训图谱，然后把心得体会写在下边横线上。

（1）该股日线图的空间位置是什么？

____

（2）该股当日最后一根 60 分钟 K 线是什么？

____

（3）当天第六时间段成交量情况如何？

____

（4）综合分析该股当前的技术特征，结论是什么？

____

（5）实训操盘手当前的操盘决策如何制定？

____

【道破选股天机】实训图谱 163

图例 163 收盘大单选股实训图谱

对照软件，认真观察分析上边的实训图谱，然后把心得体会写在下边横线上。

（1）该股日线图的空间位置是什么？

（2）该股当日最后一根 60 分钟 K 线是什么？

（3）当天第六时间段成交量情况如何？

（4）综合分析该股当前的技术特征，结论是什么？

（5）实训操盘手当前的操盘决策如何制定？

【道破选股天机】实训图谱 164

图例 164 收盘大单选股实训图谱

对照软件，认真观察分析上边的实训图谱，然后把心得体会写在下边横线上。

（1）该股日线图的空间位置是什么？

（2）该股当日最后一根 60 分钟 K 线是什么？

（3）当天第六时间段成交量情况如何？

（4）综合分析该股当前的技术特征，结论是什么？

（5）实训操盘手当前的操盘决策如何制定？

【道破选股天机】实训图谱 165

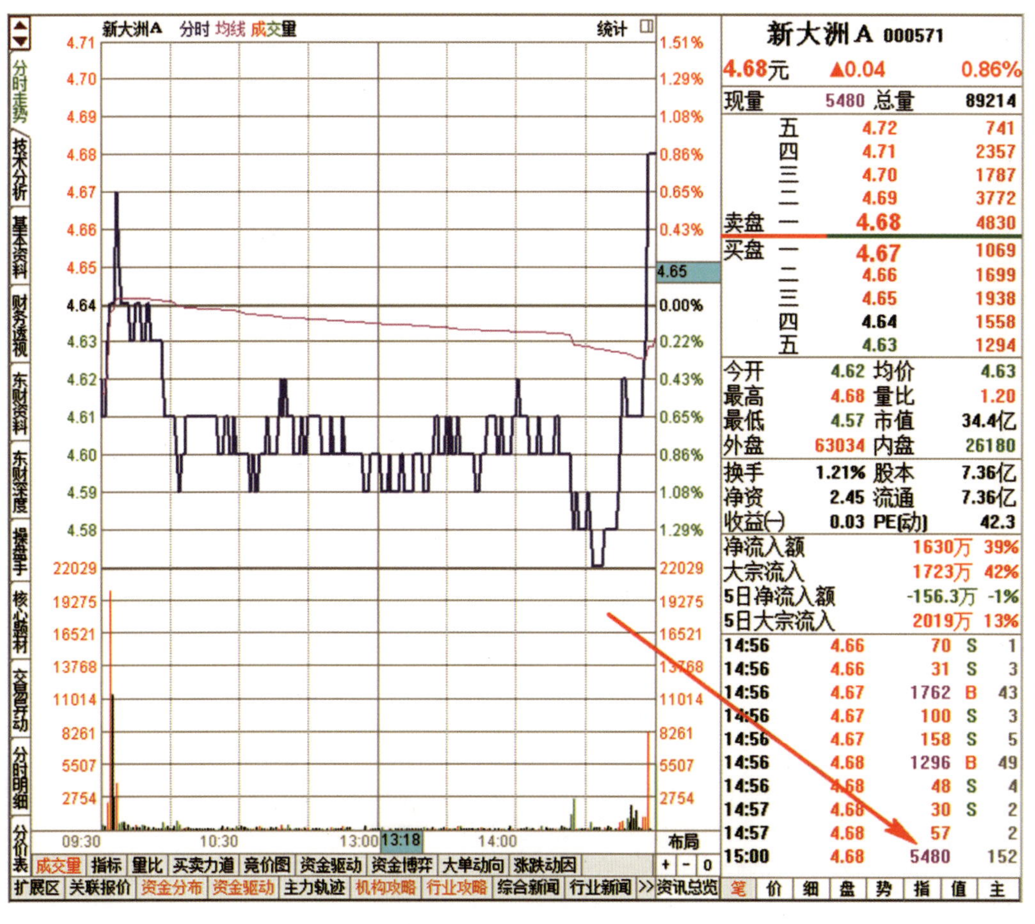

图例 165　收盘大单选股实训图谱

对照软件，认真观察分析上边的实训图谱，然后把心得体会写在下边横线上。

（1）该股日线图的空间位置是什么？

____

（2）该股当日最后一根 60 分钟 K 线是什么？

____

（3）当天第六时间段成交量情况如何？

____

（4）综合分析该股当前的技术特征，结论是什么？

____

（5）实训操盘手当前的操盘决策如何制定？

____

【道破选股天机】实训图谱 166

图例 166　收盘大单选股实训图谱

对照软件，认真观察分析上边的实训图谱，然后把心得体会写在下边横线上。

（1）该股日线图的空间位置是什么？

____

（2）该股当日最后一根 60 分钟 K 线是什么？

____

（3）当天第六时间段成交量情况如何？

____

（4）综合分析该股当前的技术特征，结论是什么？

____

（5）实训操盘手当前的操盘决策如何制定？

____

【道破选股天机】实训图谱 167

图例 167 收盘大单选股实训图谱

对照软件，认真观察分析上边的实训图谱，然后把心得体会写在下边横线上。

（1）该股日线图的空间位置是什么？

____

（2）该股当日最后一根 60 分钟 K 线是什么？

____

（3）当天第六时间段成交量情况如何？

____

（4）综合分析该股当前的技术特征，结论是什么？

____

（5）实训操盘手当前的操盘决策如何制定？

____

【道破选股天机】实训图谱 168

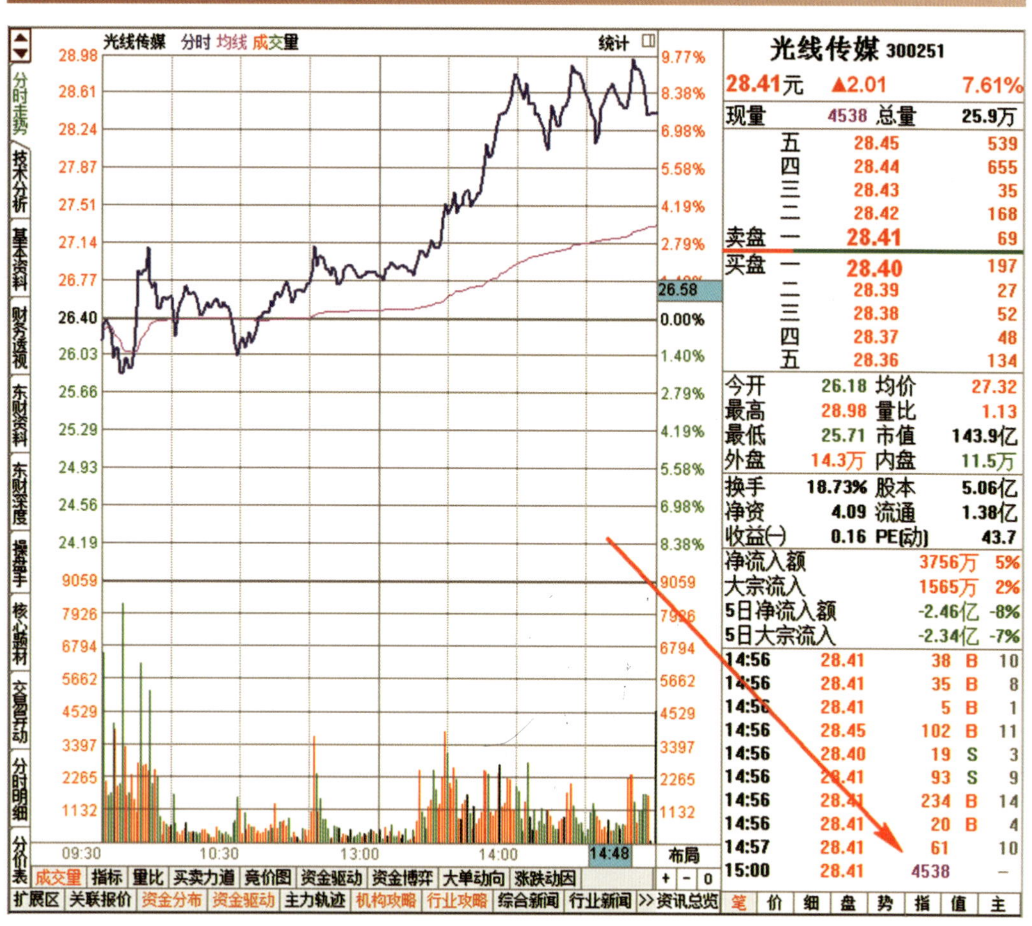

图例 168 收盘大单选股实训图谱

对照软件，认真观察分析上边的实训图谱，然后把心得体会写在下边横线上。

（1）该股日线图的空间位置是什么？

____

（2）该股当日最后一根 60 分钟 K 线是什么？

____

（3）当天第六时间段成交量情况如何？

____

（4）综合分析该股当前的技术特征，结论是什么？

____

（5）实训操盘手当前的操盘决策如何制定？

____

【道破选股天机】实训图谱 169

图例 169　收盘大单选股实训图谱

对照软件，认真观察分析上边的实训图谱，然后把心得体会写在下边横线上。

（1）该股日线图的空间位置是什么？

（2）该股当日最后一根 60 分钟 K 线是什么？

（3）当天第六时间段成交量情况如何？

（4）综合分析该股当前的技术特征，结论是什么？

（5）实训操盘手当前的操盘决策如何制定？

【道破选股天机】实训图谱 170

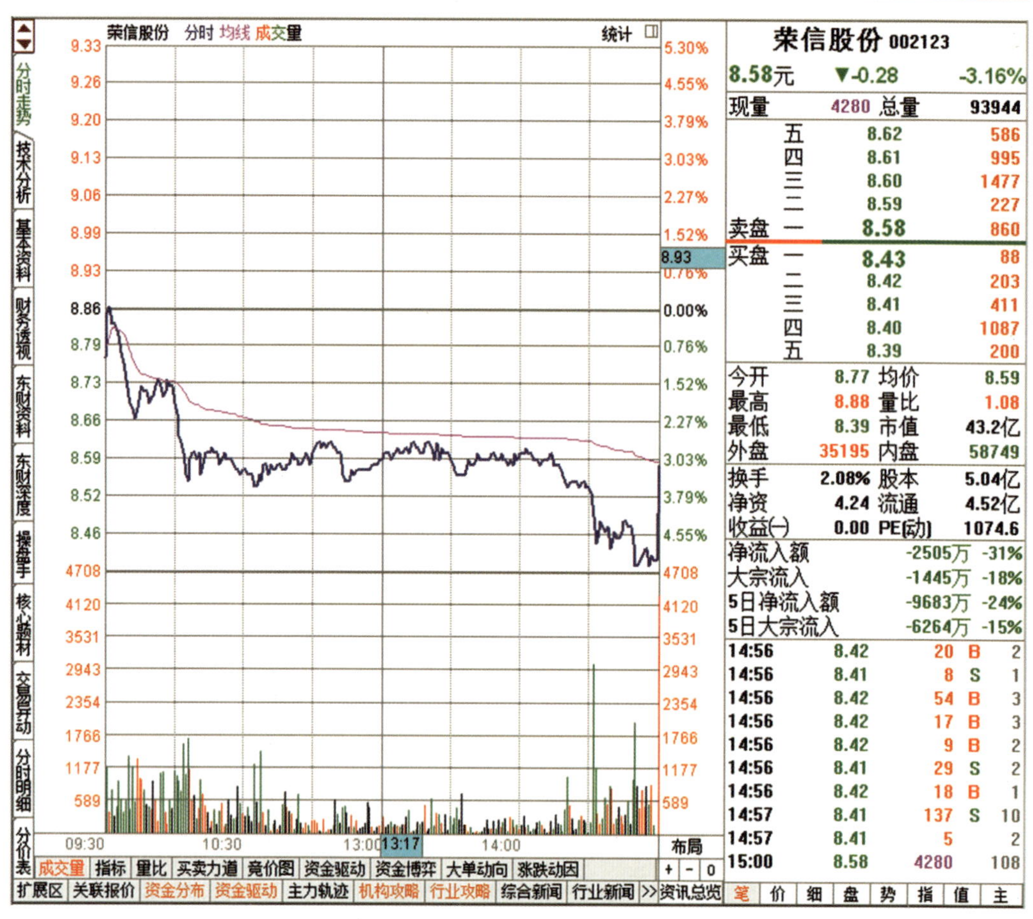

图例 170　收盘大单选股实训图谱

对照软件，认真观察分析上边的实训图谱，然后把心得体会写在下边横线上。

（1）该股日线图的空间位置是什么？

（2）该股当日最后一根 60 分钟 K 线是什么？

（3）当天第六时间段成交量情况如何？

（4）综合分析该股当前的技术特征，结论是什么？

（5）实训操盘手当前的操盘决策如何制定？

第三节　异常大单选股实训模版

【道破选股天机】实训图谱 171

图例 171　异常大单选股实训图谱

对照软件，认真观察分析上边的实训图谱，然后把心得体会写在下边横线上。

(1) 该股日线图的空间位置是什么？

---

(2) 该股当日最大振幅是多少？

---

(3) 当天当日最大换手率是多少？

---

(4) 综合分析该股当前的技术特征，结论是什么？

---

(5) 实训操盘手当前的操盘决策如何制定？

【道破选股天机】实训图谱 172

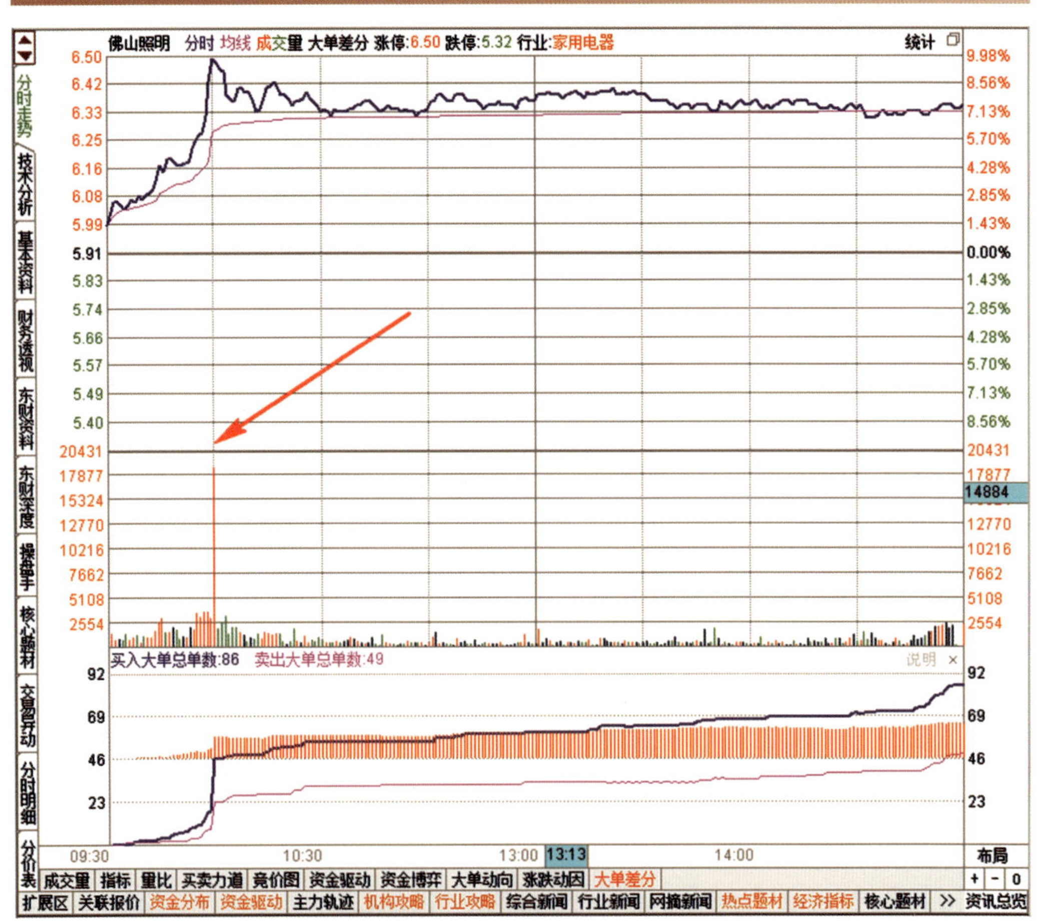

图例 172 异常大单选股实训图谱

对照软件，认真观察分析上边的实训图谱，然后把心得体会写在下边横线上。

（1）该股日线图的空间位置是什么？

____

（2）该股当日最大振幅是多少？

____

（3）当天当日最大换手率是多少？

____

（4）综合分析该股当前的技术特征，结论是什么？

____

（5）实训操盘手当前的操盘决策如何制定？

____

【道破选股天机】实训图谱 173

图例 173 异常大单选股实训图谱

对照软件，认真观察分析上边的实训图谱，然后把心得体会写在下边横线上。

（1）该股日线图的空间位置是什么？

（2）该股当日最大振幅是多少？

（3）当天当日最大换手率是多少？

（4）综合分析该股当前的技术特征，结论是什么？

（5）实训操盘手当前的操盘决策如何制定？

【道破选股天机】实训图谱 174

图例 174　异常大单选股实训图谱

对照软件，认真观察分析上边的实训图谱，然后把心得体会写在下边横线上。

（1）该股日线图的空间位置是什么？

______

（2）该股当日最大振幅是多少？

______

（3）当天当日最大换手率是多少？

______

（4）综合分析该股当前的技术特征，结论是什么？

______

（5）实训操盘手当前的操盘决策如何制定？

______

【道破选股天机】实训图谱 175

图例 175 异常大单选股实训图谱

对照软件，认真观察分析上边的实训图谱，然后把心得体会写在下边横线上。

（1）该股日线图的空间位置是什么？

（2）该股当日最大振幅是多少？

（3）当天当日最大换手率是多少？

（4）综合分析该股当前的技术特征，结论是什么？

（5）实训操盘手当前的操盘决策如何制定？

【道破选股天机】实训图谱 176

图例 176 异常大单选股实训图谱

对照软件，认真观察分析上边的实训图谱，然后把心得体会写在下边横线上。

（1）该股日线图的空间位置是什么？

（2）该股当日最大振幅是多少？

（3）当天当日最大换手率是多少？

（4）综合分析该股当前的技术特征，结论是什么？

（5）实训操盘手当前的操盘决策如何制定？

【道破选股天机】实训图谱 177

图例 177 异常大单选股实训图谱

对照软件，认真观察分析上边的实训图谱，然后把心得体会写在下边横线上。

（1）该股日线图的空间位置是什么？

（2）该股当日最大振幅是多少？

（3）当天当日最大换手率是多少？

（4）综合分析该股当前的技术特征，结论是什么？

（5）实训操盘手当前的操盘决策如何制定？

【道破选股天机】实训图谱 178

图例 178 异常大单选股实训图谱

对照软件，认真观察分析上边的实训图谱，然后把心得体会写在下边横线上。

（1）该股日线图的空间位置是什么？

____

（2）该股当日最大振幅是多少？

____

（3）当天当日最大换手率是多少？

____

（4）综合分析该股当前的技术特征，结论是什么？

____

（5）实训操盘手当前的操盘决策如何制定？

____

【道破选股天机】实训图谱 179

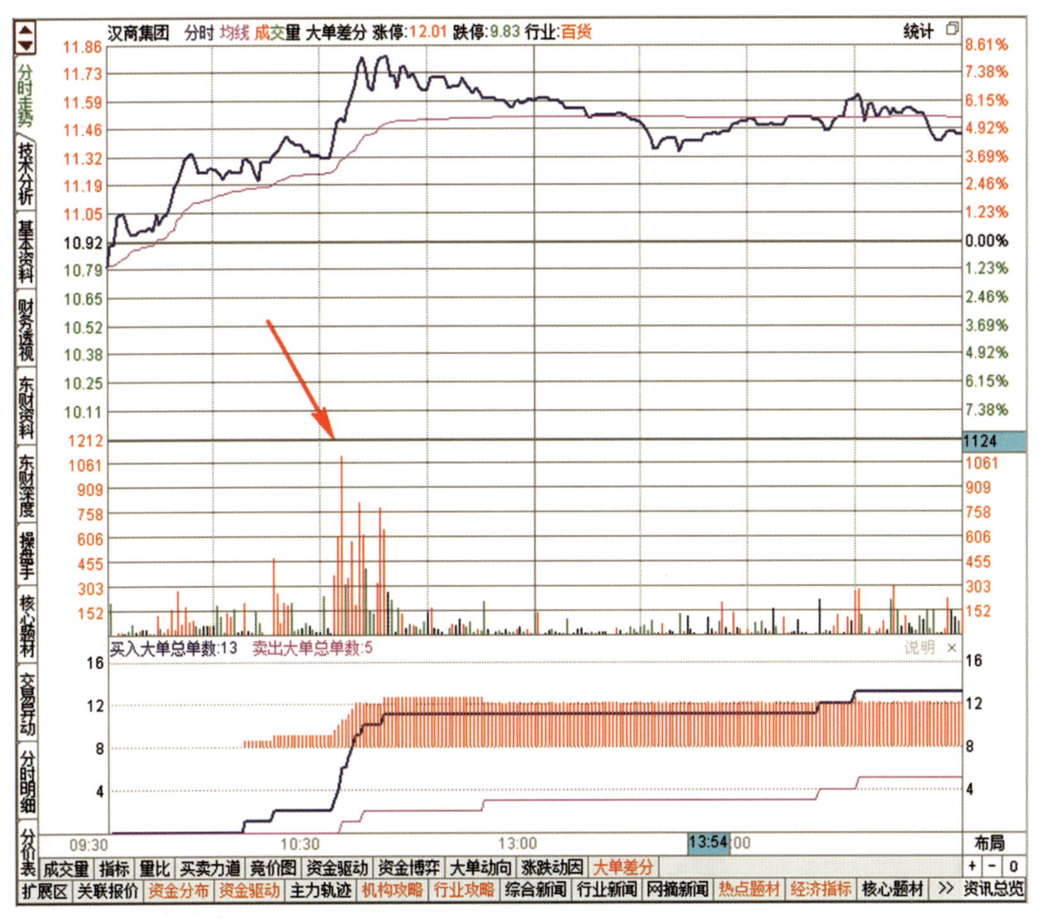

图例 179 异常大单选股实训图谱

对照软件，认真观察分析上边的实训图谱，然后把心得体会写在下边横线上。

（1）该股日线图的空间位置是什么？

（2）该股当日最大振幅是多少？

（3）当天当日最大换手率是多少？

（4）综合分析该股当前的技术特征，结论是什么？

（5）实训操盘手当前的操盘决策如何制定？

【道破选股天机】实训图谱 180

图例 180 异常大单选股实训图谱

对照软件，认真观察分析上边的实训图谱，然后把心得体会写在下边横线上。

（1）该股日线图的空间位置是什么？

____

（2）该股当日最大振幅是多少？

____

（3）当天当日最大换手率是多少？

____

（4）综合分析该股当前的技术特征，结论是什么？

____

（5）实训操盘手当前的操盘决策如何制定？

____

【道破选股天机】实训图谱 181

图例 181 异常大单选股实训图谱

对照软件，认真观察分析上边的实训图谱，然后把心得体会写在下边横线上。

（1）该股日线图的空间位置是什么？

（2）该股当日最大振幅是多少？

（3）当天当日最大换手率是多少？

（4）综合分析该股当前的技术特征，结论是什么？

（5）实训操盘手当前的操盘决策如何制定？

【道破选股天机】实训图谱 182

图例 182 异常大单选股实训图谱

对照软件，认真观察分析上边的实训图谱，然后把心得体会写在下边横线上。

（1）该股日线图的空间位置是什么？

____

（2）该股当日最大振幅是多少？

____

（3）当天当日最大换手率是多少？

____

（4）综合分析该股当前的技术特征，结论是什么？

____

（5）实训操盘手当前的操盘决策如何制定？

____

【道破选股天机】实训图谱 183

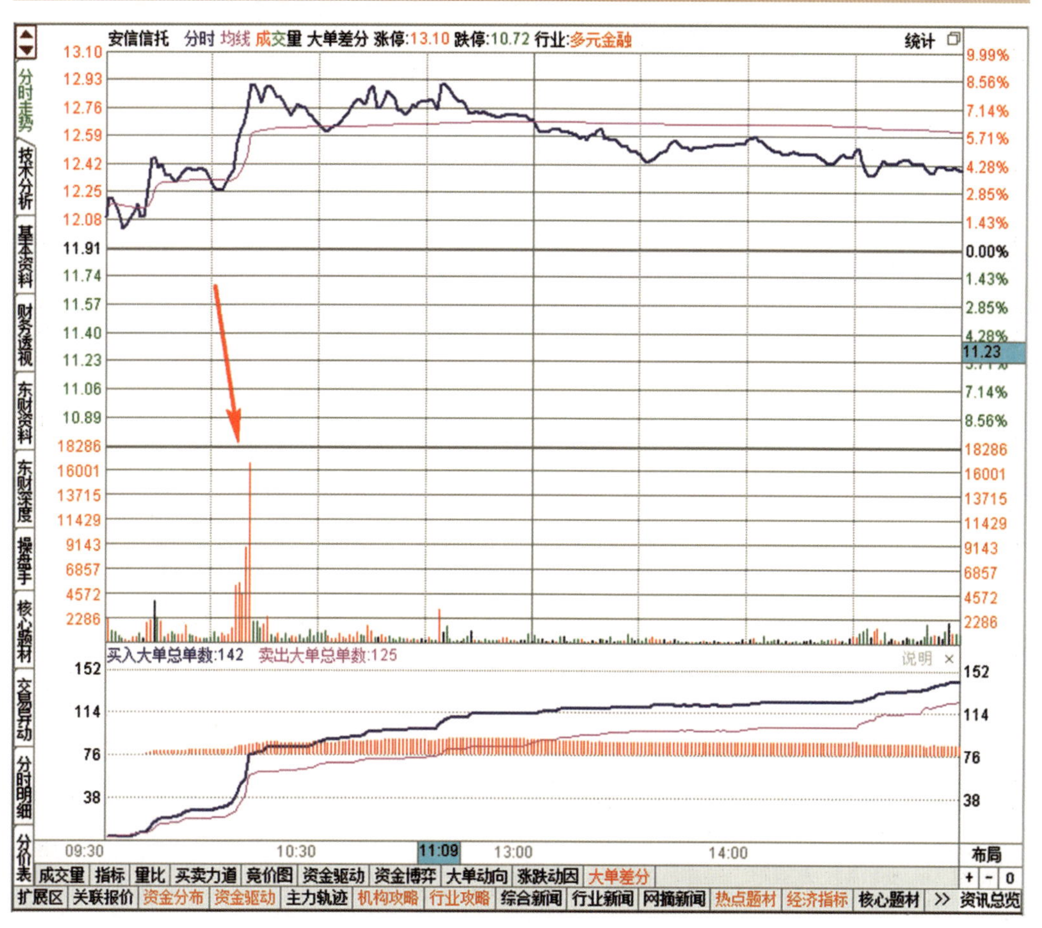

图例 183 异常大单选股实训图谱

对照软件，认真观察分析上边的实训图谱，然后把心得体会写在下边横线上。

（1）该股日线图的空间位置是什么？

____

（2）该股当日最大振幅是多少？

____

（3）当天当日最大换手率是多少？

____

（4）综合分析该股当前的技术特征，结论是什么？

____

（5）实训操盘手当前的操盘决策如何制定？

____

【道破选股天机】实训图谱 184

图例 184 异常大单选股实训图谱

对照软件，认真观察分析上边的实训图谱，然后把心得体会写在下边横线上。

（1）该股日线图的空间位置是什么？

____

（2）该股当日最大振幅是多少？

____

（3）当天当日最大换手率是多少？

____

（4）综合分析该股当前的技术特征，结论是什么？

____

（5）实训操盘手当前的操盘决策如何制定？

____

【道破选股天机】实训图谱 185

图例 185 异常大单选股实训图谱

对照软件，认真观察分析上边的实训图谱，然后把心得体会写在下边横线上。

（1）该股日线图的空间位置是什么？

____

（2）该股当日最大振幅是多少？

____

（3）当天当日最大换手率是多少？

____

（4）综合分析该股当前的技术特征，结论是什么？

____

（5）实训操盘手当前的操盘决策如何制定？

____

【道破选股天机】实训图谱 186

图例 186　异常大单选股实训图谱

对照软件，认真观察分析上边的实训图谱，然后把心得体会写在下边横线上。

（1）该股日线图的空间位置是什么？

____

（2）该股当日最大振幅是多少？

____

（3）当天当日最大换手率是多少？

____

（4）综合分析该股当前的技术特征，结论是什么？

____

（5）实训操盘手当前的操盘决策如何制定？

____

【道破选股天机】实训图谱 187

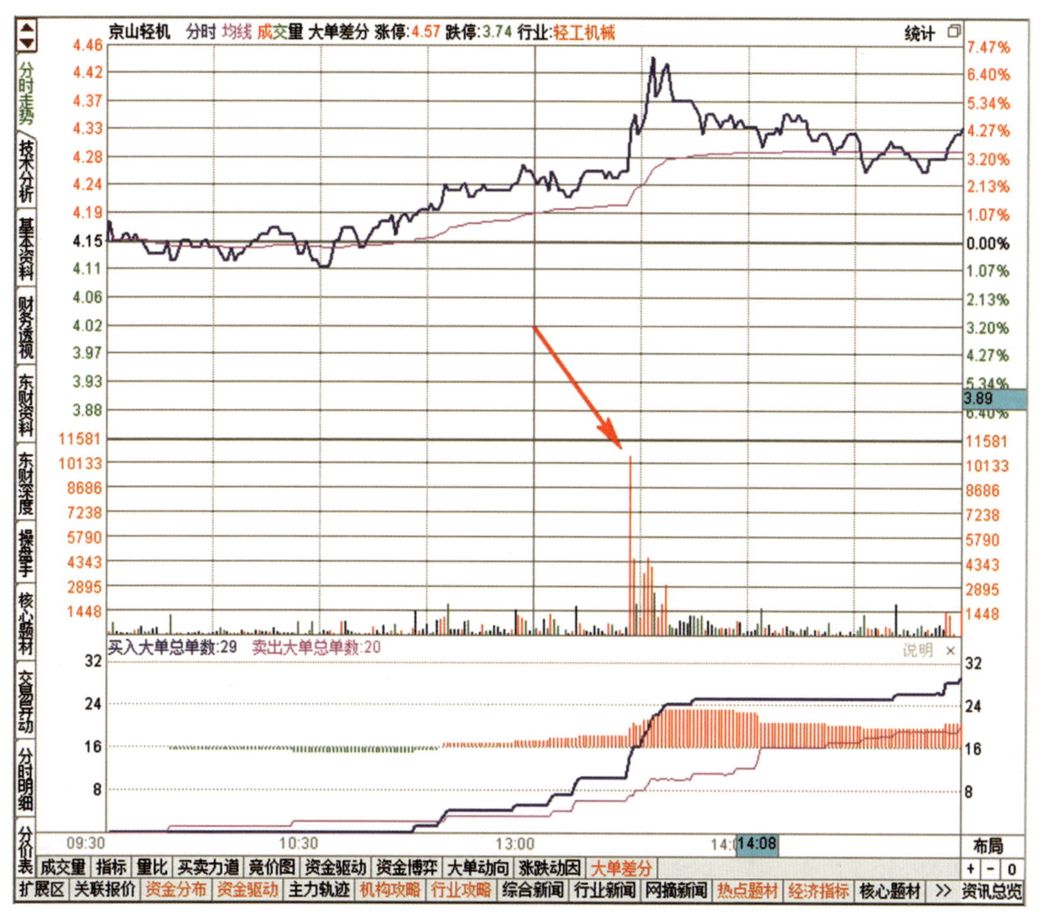

图例 187 异常大单选股实训图谱

对照软件，认真观察分析上边的实训图谱，然后把心得体会写在下边横线上。

（1）该股日线图的空间位置是什么？

____

（2）该股当日最大振幅是多少？

____

（3）当天当日最大换手率是多少？

____

（4）综合分析该股当前的技术特征，结论是什么？

____

（5）实训操盘手当前的操盘决策如何制定？

____

【道破选股天机】实训图谱 188

图例 188 异常大单选股实训图谱

对照软件，认真观察分析上边的实训图谱，然后把心得体会写在下边横线上。

（1）该股日线图的空间位置是什么？

____

（2）该股当日最大振幅是多少？

____

（3）当天当日最大换手率是多少？

____

（4）综合分析该股当前的技术特征，结论是什么？

____

（5）实训操盘手当前的操盘决策如何制定？

____

【道破选股天机】实训图谱 189

图例 189 异常大单选股实训图谱

对照软件，认真观察分析上边的实训图谱，然后把心得体会写在下边横线上。

（1）该股日线图的空间位置是什么？

____

（2）该股当日最大振幅是多少？

____

（3）当天当日最大换手率是多少？

____

（4）综合分析该股当前的技术特征，结论是什么？

____

（5）实训操盘手当前的操盘决策如何制定？

____

【道破选股天机】实训图谱 190

图例 190 异常大单选股实训图谱

对照软件，认真观察分析上边的实训图谱，然后把心得体会写在下边横线上。

（1）该股日线图的空间位置是什么？

____

（2）该股当日最大振幅是多少？

____

（3）当天当日最大换手率是多少？

____

（4）综合分析该股当前的技术特征，结论是什么？

____

（5）实训操盘手当前的操盘决策如何制定？

____

《道破选股天机》彩图版上册后记

一个学生在QQ上留言：伍老师，我又做错了！请问该怎么办啊？

我说：你知道你错在哪里吗？

他说：我没有按技术要求去做，买进时间提前了十分钟，结果当天收盘前就套住了，真郁闷啊。我说：好啊，不套住你这种人，庄家套谁去？

他说：怎么办啊？

我问：本周，你交易了几次，对了几次，错了几次？

他说：我总共交易三次，前两次都做对了，后一次做错了。

我继续问：做对的是怎么回事？

他说：恩，是这样，这两次对的，我都是严格按技术要求操作的。

我说：很好！那么做错的这次是怎么回事呢？

他说：唉！当天我选了两只股，准备在尾盘买进其中一只，结果还没到尾盘，我看到其中一只调整状态看起来比较好，我以为可以捡便宜了，便下单买了它。结果，持仓这只今天跌了5%，而没买的另一只却涨停了……

我发了一个大笑的表情给他。

我说：这么牛的事情你也干得出来。如果下次还犯猎，我继续恭喜你！

他说：老师，现在套住了，应该怎么办？我说：你的交易纪律中不是有风险控制原则吗？现在应该是你执行自己的原则问题了，怎么还要问我？

他说：哦，就是有点舍不得。做对的时候总是半仓，套牢的时候却是全仓，亏的要比赚的多。我说：你总是犯错，没办法。老天爷要是不这么处罚你，你想成为投资高手是不可能的事情。他说：我无语。

上面是最近发生的一个案例，其实这样的案例每天都在上演。在我的学生中，也存在于广大的普通散户中间。这个问题的核心是什么呢？譬如，我讲技术，他们都懂，都明白。我讲 MACD 金叉是做多信号，同时，对这个金叉有许多严格的技术参数要求。因为，事实上并不是所有的金叉就是买进信号。可是，真正能够运用这一技术要点的人却很少。

懂技术，但并不会利用技术去获得操作的成功，这说明了什么问题？

这个问题的核心存在两个方面：

其一，并不真正懂技术。知行合一，才算是懂技术。知行不合一，说明只是一知半解。

其二，贪婪、恐惧与侥幸。这是一个病态的心理。具备这种心理的投资者只能称之为“病人”。这种心理的病人有一个共同的特点就是：股价上涨的时候贪婪，总是梦想涨停板，涨停之后又梦想连续涨停；套牢的时候害怕继续跌，怕坠入无底深渊；买进的时候心存侥幸，以为技术原则不要太死板，一定要灵活应变。

刚才讲的这两个临床表现，就是受到投资心魔所控制的典型症状。

给所有学习的朋友一个忠告：不要以为跟着伍朝辉学习，你就可以战无不胜了。如果不 赶走你的投资心魔，就是神仙也救不了你。

所幸，这个受投资心魔所控制的学生仅仅只是个案。

一个成功的学生告诉我，她在 2010 年的操盘业绩是 10 倍收益！我为她的成功感到骄傲。她的成功经历是怎么样的呢？

首先，她也经历的痛苦的学习过程。因为在这个过程中，她有两个现象值得别人借鉴：

第一个是，不断的斩仓。因为总是做错，所以只好执行纪律。一直斩到不敢看股票，心里发抖的地步；第二个是，每天凌晨就醒来了，因为做梦也在研究技术，醒来后就迅速打开电脑看股票，对照技术找案例。然后，把自己理解到的技术要点，同时也发到我的 QQ 上。因为次日，她知道我一打开 QQ，就会首先解决她的问题。

这个痛苦的过程折磨了她一段时间。之后，她的成功感言是什么呢？她说，她终于战胜了自己，现在的所有操作都是严格按技术原则展开交易，完全变成了一个交易机器人。

OK，这就对了！一个优秀的职业操盘手，他就是的一个没有任何情绪的交易机器人。他所有的操作都是严格按照自己的技术交易原则来完成的。如果是在工厂，那么这种交易方式可以归纳为：程序化、标准化、流水作业。

基于上面这些内容，有一个关于六祖慧能的故事可能会对大家有所感悟，我们现在来看一看：两僧人对着一面幡在激烈争论，一僧说没有风，幡如何动？所以是风在动。一僧说幡不动，又如何知道风在动，所以是幡在动。两人面红耳赤各执一词。此时，慧能大师听到了，对二位僧人说：并非幡动，亦非风动，而是你们的心在动啊。

那么，如何破解你的投资心魔？

那么，最好的方法就是按照这位成功的学生之所说，把自己变成了个不受外界环境与个人情绪干扰的交易机器人。只要你的心不乱动，不好动，以这样的方式，你就会逐渐走出心魔控制的怪圈了。

伍朝辉

2013 年 4 月 28 日

关于中国第一套证券职业操盘培训教材

这几年来，在和广东经济出版社的合作过程中，笔者通过与好友罗振文先生的多次沟通，反复磋商，经过精心策划，严密论证，集思广益，便有了《中国证券职业操盘培训教材》这个成熟的写作方案。把写作方案逐一付诸文字，便有了今天这套职业操盘培训教材。

或许，这真的是“中国第一套证券职业操盘培训教材”。因为，在此之前，还从来没有一个出版社出版过这么专业的、系统的、翔实的职业操盘培训教材。更从来没有一个证券界作者，站在职业操盘培训教材这个非常专业的角度来详细著作。

这些年来在第一线操盘，颇有心得。笔者最早期的想法，是仅仅想出两本专业的股票操盘技术之类的作品，总结一下自己多年来的实战经验。但随着创作的深入，便越来越觉得向读者陈述的知识和技术要更加全面、细致和深入，这样才能满足各类读者的实际需求。而专业类的职业操盘培训教材，可以通过模块化、工具化、细节化、专业化和系统化的教学程序，让更多的读者得到更全面的指导和系统化的职业教育。

所以，《中国证券职业操盘培训教材》的问世，既是笔者的偶然所得，也是笔者长期在股市一线操盘的经验积累和心血之作，更是广大读者朋友的幸运。

当然，毫不夸张地说，这套《中国证券职业操盘培训教材》亦是广东经济出版社对中国证券界的杰出奉献，更是里程碑之作。它至少标志着我国股民在接受职业化、专业化、系统化投资教育方面步入了一个崭新的时期。因为这套教材的出版问世，它将极大地提高普通投资者在中国股市的实战投资技能和抗风险能力，这对我国股市任重道远的风险投资教育而言，起到了一个巨大的推动作用。有鉴于此，笔者既感到兴奋，也充满光荣。

《中国证券职业操盘培训教材》彩图版全套教材以《道破股市天机》系列丛书第一版为基础，加以整理、修订、拓展和充实，按照写作思路，共分为通识培训类、实战案例类、实训图谱类三大模块。具体而言，通识培训类目前已经出版的共6部12册，分别如下：

1.《道破K线天机》彩图版上下册

2.《道破盘口天机》彩图版上下册

3.《道破趋势天机》彩图版上下册

4.《道破短线天机》彩图版上下册

5.《道破涨停天机》彩图版上下册

6.《道破选股天机》彩图版上下册

通识培训类教材属于职业操盘的基础培训教材，按照计划，还将出版以下内容：

7.《道破量价天机》彩图版上下册

8.《道破解套天机》彩图版上下册

9.《道破指标天机》彩图版上下册

10.《道破期货天机》彩图版上下册

11.《道破游资天机》彩图版上下册

12.《道破私募天机》彩图版上下册

按照设想，所有通识培训类教材的出版规划在2015年前全部出版完毕，而实战案例类和实训图谱类教材则在今后滚动出版，面向全国市场发行。

在股市中，学习职业操盘技术是一个极其枯燥乏味的过程。任何一个高手的成长，都要经过痛苦、彷徨、孤独、无奈这样漫长的阶段。如果没有坚定的信念，没有一个人能够随随便便成功！同样，阅读职业操盘培训教材更将是一个痛苦的经历。因为，在这里没有惊艳的故事情节，和优美的文字描述，这里只有呆滞的图谱和不厌其烦的、甚至是唠叨的、反复强调的、近似于单调的解说。

有这样一部分读者朋友在电子邮件中诉说着他们这样或者那样的痛苦，太单调了、太枯燥了，有点读不下去了。而且，许多新股民朋友对于专业的词汇和术语，还缺乏基本的理解能力。这对阅读本套教材增加一些技术性的难度。

然而，更多的读者朋友以及许多骨灰级的老股民给笔者发来了大量的电子邮件，感谢这套教材的出版问世，让他们一改过去的随意操作行为，找到了光明的职业操盘前景。因此，他们将这套教材视为珍品，常常深入研读，辛勤练习，通过教材中的技术指导不断获得一个又一个操盘战例的成功。笔者为此而感到巨大的荣幸和无比的欣慰。

和所有的股民朋友一样，笔者也是从无知到成功的。经历了所有股民朋友都有过的痛苦过程，曾经在失败、徬徨、苦闷、孤独中度过一天又一天。在缺乏明师指点的环境中，笔者坚持必胜的信念和不服输的劲头，通过自我锻炼，反复修炼，在大量阅读前辈大师们的技术著作中获取经验和知识，创造性地进入系统化、专业化的职业操盘训练阶段，走向了通往光明之途，终于成就了自己。

笔者坚信，只要你抱有必胜的信心，和坚定的职业投资信念，持之以恒，反复磨练自己，锲而不舍坚持下去，你就能获得巨大的成功。我相信，你通过系统的职业化操盘培训教育，可以快速缩短成功的过程，达到事半功倍的效果。

这些年来，笔者所经营的私募机构投资规模越来越庞大。而每年，笔者仍坚持训练一批又一批职业操盘手，让他们成为精英，走向市场，投入到中国股市火热的行情之中。但是，由于日常操盘任务的繁重，伏案写作让笔者不胜其苦。为了尽快让这套教材出版，笔者更是夜以继日地工作。名利如浮云，与我何加焉？促使笔者如此忘我工作的，不是为了个人的名利，而是一种神圣的社会使命感和职业责任感在催促笔者前行。是为记。

伍朝辉

2013 年 5 月 28 日

致读者

（1）凡是广东经济出版社的读者，均可报名参加学习。

（2）中国操盘学院所有课程，均是免费授课，不收学费。

（3）授课时间一般是每周六上午 9 点至 10 点，如有变动另行通知。

（4）中国操盘学院授课教室设在视高视频公司的网络教学场地。

（5）需要参加学习的读者请自行跟视高公司联系，自行办理听课席位。

（6）视高公司的网络教室软件下载地址：http：//www. seegletop. com/download. html

（7）在办理听课席位时，请告诉视高公司，把你的座位挂靠在我们的企业名下，单位名称：广东经济出版社，单位帐号：802093

（8）请各位自行熟悉网络教室使用方法，如果有疑难问题，可以咨询管理人员。

全职交易的读者可以联系韩钢班长，他的 QQ 是 1364436281。

非全职交易的读者可以联系刘闻浩班长，他的 QQ 是 258427653

（9）各位读者可以拨打 400－640－7890 客服专线申请试用，视高公司将安排专人为您提供服务支持。视高公司广州负责人小元，电话是 13798165165，QQ 号码是 806952496。订座位时请各位读者直接跟他联系，办理相关手续。更多的事宜，请联系视高公司客服人员，寻求援助。如果还有什么疑问，可以发邮件到业务邮箱：caopanxue@ qq. com 咨询，特地说明。